高职高专“十四五”规划教材

大学生体育与健康

DAXUESHENG TIYU YU JIANKANG

主　编　卓贤迪　夏盈盈

副主编　（按姓氏笔画排序）

毛庆根　周亚美　谢银儿

编　委　（按姓氏笔画排序）

王越锋　刘　鸣　成　雁

张四清　林甲换

扫码看本书

数字资源

北　京

冶　金　工　业　出　版　社

2021

内 容 提 要

本书对大学生体育与健康的相关知识进行了详细阐述，内容分上篇基础理论和下篇运动项目两部分，上篇基础理论包括绪论、塑造健康行为、职业体能训练、常见运动性伤病的防治、学生体质健康测试等内容；下篇运动项目包括田径运动、球类运动、武术运动、健塑运动、舞蹈运动、户外运动及其他运动等体育项目与技术方法等内容。

本书为高职高专院校“体育与健康”课程的教材，也可供企事业单位人员、广大体育爱好者参考。

图书在版编目（CIP）数据

大学生体育与健康／卓贤迪，夏盈盈主编．—北京：冶金工业出版社，2021．8

高职高专“十四五”规划教材

ISBN 978-7-5024-8890-1

Ⅰ．①大…　Ⅱ．①卓…　②夏…　Ⅲ．①体育—高等职业教育—教材　②健康教育—高等职业教育—教材

Ⅳ．①G807．4　②G717．9

中国版本图书馆 CIP 数据核字（2021）第 163358 号

出 版 人　苏长永
地　　址　北京市东城区嵩祝院北巷 39 号　邮编　100009　电话　（010）64027926
网　　址　www. cnmip. com. cn　电子信箱　yjcbs@ cnmip. com. cn
责任编辑　杨　敏　美术编辑　彭子赫　版式设计　禹　蕊
责任校对　窦　唯　责任印制　李玉山
ISBN 978-7-5024-8890-1
冶金工业出版社出版发行；各地新华书店经销；三河市双峰印刷装订有限公司印刷
2021 年 8 月第 1 版，2021 年 8 月第 1 次印刷
787mm×1092mm　1/16；17. 75 印张；429 千字；275 页
49. 80 元

冶金工业出版社　投稿电话　（010）64027932　投稿信箱　tougao@cnmip.com.cn
冶金工业出版社营销中心　电话　（010）64044283　传真　（010）64027893
冶金工业出版社天猫旗舰店　yjgycbs. tmall. com
（本书如有印装质量问题，本社营销中心负责退换）

前言

PREFACE

本书是根据教育部颁布的《大学生体质健康标准》，结合《“健康中国 2030”规划纲要》对普及健康生活、优化健康服务、建设健康环境的要求而编写的。本书运用运动医学基础理论知识，对人体运动状态下的身体机能状况进行评定，并将理论知识与运动实践相结合，科学指导运动实践，以达到健康运动与卫生保健的目的。

本书内容主要包括上篇基础理论与下篇运动项目两大部分。上篇基础理论包括绪论、塑造健康行为、职业体能训练、常见运动性伤病的防治、学生体质健康测试等内容；下篇运动项目包括田径运动、球类运动、武术运动、健塑运动、舞蹈运动、户外运动及其他运动等体育项目与技术方法等内容。

本书具有以下特点：

(1)实用易行。本书在内容编排上，针对体育项目或动作特点，提供了相当数量的练习方法。通过这些练习方法，不仅能够有针对性地解决技术动作难点，提高运动能力水平，而且娱乐性较强，有利于学生在愉快的活动中掌握技术动作要点，寓教于乐。

(2)内容丰富。本书注重理论与实际结合，内容适合不同性别、性格类型、体质状况的学生，既满足课内需要，又延伸到课外，达到因材施教、引导自主锻炼的效果。书中配有大量动作技能展示图片，与精准的文字表达相结合，有利于学生更直观地学习。

(3)难易适度。本书内容详略得当，重点介绍那些简单易学的技术动作，由易而难，由浅而深，使学生能很快掌握项目基本技术，进而组织训练、比赛。

本书由卓贤迪、夏盈盈主编。在此对为本书的编写提供资料的老师表示诚挚的谢意！

由于编者水平有限，书中不足之处，敬请读者批评指正。

编　者

2021 年 3 月

目录

CONTENTS

上篇　基础理论

第一章　绪　　论

第二章　塑造健康行为

第三章　职业体能训练

第四章 常见运动性伤病的防治

第五章 学生体质健康测试

下篇 运动项目

第六章 田径运动

第七章 球类运动

第八章 武术运动

第九章 健塑运动

第十章 舞蹈运动

第十一章 户外运动

第十二章 其他运动

上篇

基础理论

第一章 绪论

学习目标

(1)掌握健康的标准。

(2)掌握体育锻炼的原则。

(3)掌握体育锻炼的方法。

情境导入

雨果(公元1802~1885年),法国19世纪的伟大作家。一生作品甚丰。公元1841年,他年近40,却不幸患了心脏病,被病魔折磨得脸色铁青,肢体浮肿,走路气喘吁吁,无法提笔创作。不少人为他惋惜说:“这颗巨星将要陨落了。”但病中的雨果并不伤感,他很乐观,自信其病一定会好起来,在积极治疗的同时听从医生的指导进行运动锻炼,如每天早晨外出散步、做操、打拳;身体稍好之后,又加大运动量,进行跑步、游泳、爬山等运动。后来,雨果的病情逐渐好转,体质增强了,他又获得了充沛的精力,重新拿起笔创作了许多如《悲惨世界》这样震撼文坛的作品。直到84岁高龄,雨果才逝世。一个心脏病人竟成了长寿者,真是“运动”创造了奇迹。

第一节 健康标准

健康是人类生存中永恒的主题,是人们生活中共同的追求。1989年,世界卫生组织对健康做出的最新定义,即“健康不仅是没有疾病,而且包括躯体健康、心理健康、社会适应性良好和道德健康。”

一、世界卫生组织(WHO)提出的十条健康标准

(1)精力充沛,能从容不迫地应付日常生活和工作的压力而不感到过分紧张。

(2)处事乐观,态度积极,乐于承担责任,事无巨细,不挑剔。

(3)善于休息,睡眠良好。

(4)应变能力强,能适应环境的各种变化。

(5)能够抵挡一般性感冒和传染病。

(6)体重得当,身材匀称,站立时头、肩、臂的位置协调。

(7)眼睛明亮,反应敏锐,眼睑不发炎。

(8)牙齿清洁,无空洞、无痛感;齿龈颜色正常,不出血。

(9)头发有光泽,无头屑。

(10)肌肉丰满、皮肤富有弹性,走路轻松有力。

二、世界卫生组织提出的衡量标准

世界卫生组织曾提出身体健康及心理健康的衡量标准:用“五快”来衡量机体的健康状况,用“三良”来衡量心理的健康状况。

(一)“五快”

“五快”包括食得快、说得快、走得快、睡得快、便得快。

(1)食得快:进食时有良好的胃口,不挑剔食物,能快速吃完一餐饭。说明内脏功能正常。

(2)说得快:语言表达正确,说话流利。说明头脑敏捷,心肺功能正常。

(3)走得快:行走自如、活动灵敏。说明精力充沛,身体状态良好。

(4)睡得快:一旦有睡意,上床后能很快入睡,且睡得好。醒后精神饱满,头脑清醒。说明中枢神经系统兴奋、抑制功能协调,且内脏无病理信息干扰。

(5)便得快:一有便意,能很快排泄完毕,且感觉良好。说明胃肠肾功能良好。

(二)“三良”

“三良”包括良好的个性、良好的处事能力、良好的人际关系。

(1)良好的个性:情绪稳定,性格温和,意志坚强,感情丰富,胸怀坦荡,豁达乐观。

(2)良好的处事能力:观察问题客观现实,具有良好的自控能力,能应付复杂环境。对事物的变迁保持良好的情绪,有知足感。

(3)良好的人际关系:待人宽厚,珍视友情,助人为乐,与人为善,与他人的关系良好。不吹毛求疵,不过分计较。

第二节 体育锻炼的原则与方法

体育锻炼是人们运用各种身体练习方法,促进身体的生长发育,增强体质、调节心理状态,提高适应能力的一种有目的的身体活动。由于个人的兴趣爱好、健康状况和身体素质等因素各不相同,从事体育锻炼的内容、方法形式也是不同的。要想有效增强体质、提高健康水平、取得理想效果,就必须遵循体育锻炼的原则,正确运用体育锻炼方法。

一、体育锻炼的原则

(一)循序渐进原则

循序渐进原则是指体育锻炼要按照人体生长发育规律、机体适应性规律和超量恢复原理,逐步增强体质。参加体育锻炼,必须把握人体基本活动规律,根据锻炼者的实际情况确定运动负荷的大小,做到量力而行,使锻炼后的疲劳感适度。人体由静止状态进入运动状态时,需要一个运动负荷由小到大,动作由易到难、由简到繁的适应过程。在单次锻炼以及长期锻炼的过程中都要遵循这个原则,既不能急于求成,也不能停滞不前。要按照体育锻炼的要求、内容、方法和运动负荷等,结合个人年龄、性别、健康状况等实际情况,进行由易到难、由简到繁、由已知到未知的运动,实现由小到大的负荷。在体育锻炼的过程中,我们要始终注意自身安全。

(二)全面性原则

全面发展原则是指为了促进身体的全面协调发展,而选择多样的锻炼内容和手段。全面发展要求身体全面、均衡发展,而不是要求个人从事很多项目的锻炼。如果能通过某些项目的锻炼使身体得到全面、均衡发展,特别是身体薄弱环节得到发展,就是实现了全面发展。从广义上看,全面发展除了身体本身的发展外,还包括心理、道德的发展,只有实现了生理、心理、道德、智力等方面的和谐发展,才是真正意义上的全面发展。

(三)区别对待原则

进行体育锻炼时,要根据每个锻炼者的年龄、性别、爱好、身体条件、职业特点、锻炼基础等不同情况做到区别对待,使体育锻炼更具有针对性。

(四)经常性原则

体育锻炼贵在持之以恒、经常坚持,养成良好的习惯,使之成为日常生活中不可缺少的部分。

人的体质的增强是一个不断积累和逐步提高的过程,既不能一劳永逸,也不能设想在短期内一举取得显效。体育锻炼的直接作用是促进体内异化作用的加强,继而使得同化作用的加强,加快体内物质的合成,从而使机体内部物质得到补充、增加和积累。长此以往,体质必然增强。而这个变化过程的重要条件,在于是否保持经常的身体运动。经常运动,就可以保持和加强已经获得的效果,使机体的结构和机能产生新的适应性,体质就会不断增强,动作技能形成的条件反射也会不断得到强化,导致运动技巧的熟练掌握。如果不常运动,或运动时间间隔过长,或运动完全中断,则已经获得的各器官、系统的机能增强以及动作技能形成的条件反射就会逐渐消退,乃至下降到原有水平或更差。

(五)安全性原则

从事任何形式的体育活动都要注意安全,如果体育锻炼安排得不合理,违背科学规律,就会出现伤害事故。所以,在锻炼前要做好充分的准备活动;锻炼过程中要全身心地投入;进行跑步锻炼时,最好不在沥青马路和水泥地面上进行,以防出现各种劳损症状;特殊人群参加体育锻炼更应注意量和强度的合理安排及医务监督,以免出现意外事故。

二、体育锻炼的基本方法

进行体育锻炼时既要遵守体育锻炼的基本原则,也要掌握正确的锻炼身体的方法,以达到健身强体之目的。

(一)有氧锻炼法

有氧锻炼法是指锻炼者在没有负氧债的情况下进行身体锻炼的锻炼方法。这种锻炼方法,可以有效提高心血管和呼吸机能,促进新陈代谢,并能减少脂肪积累,是当前普遍采用的锻炼方法。

这种锻炼方法的关键是控制运动强度,使锻炼者能够不负氧债,通常都是用控制心率来测定是否是有氧锻炼。在锻炼时,脉搏保持在130次/分左右,不高于150次/分。

采用有氧锻炼的典型项目有长跑、竞走、游泳、骑自行车、滑雪、耐力体操及韵律操、徒步旅行等。运用这些项目锻炼,只要坚持慢速度、距离较长或持续时间保持在5min以上,均可达到有氧锻炼的效果。

(二)间歇锻炼法

在进行一定的练习后,按规定的间歇时间休息,在机体尚未完全恢复时立即进行下一次(组)练习的方法叫间歇锻炼法。间歇时间根据心率指标高低情况确定。一般情况下,当心率指标低于有效价值时应缩短间歇时间;高于价值标准时要延长间歇时间。实践中心率恢复到130次/分左右时,就应进行下次(组)的锻炼了。间歇时,应采取积极的休息方式,如慢走、深呼吸、做机体放松运动等。

(三)持续锻炼法

在较长时间内用较稳定且不太大的强度,不间歇地连续进行练习的方法称为持续锻炼法,常用于周期性项目的锻炼。一些非周期性项目锻炼中运用此法时一般是用于学习、掌握、巩固某一动作而进行连续性的练习。心率保持在140次/分左右锻炼20~30min,可使机体的各个部位都长时间地获得充分的血液和氧的供应,能有效地发展有氧代谢能力,提高锻炼者的一般耐力。

(四)循环锻炼法

循环锻炼法是根据身体锻炼的需要,将多个具有不同身体发展功能的项目搭配起来,在一次练习中依次循环进行练习的方法。这种练习方法,可以弥补某些项目对身体发展作用比较单一的不足,使各项目之间功能互为补充,达到全面发展身体的目的。此外，由于内容多样，锻炼起来生动活泼，故易激发和调动锻炼者的积极性。

（五）变换锻炼法

变换锻炼法是指在改变锻炼内容、强度和环境的条件下进行练习的方法，如变换练习项目、提高或降低运动负荷、调整练习要素、变更练习地点等。

采用变换锻炼法，能够提高中枢神经系统的灵活性，发展身体的调节能力和适应能力，同时对于修正锻炼计划，活跃锻炼气氛也有一定的意义。

（六）自然力锻炼方法

人体健康水平和体质强弱的重要标志，就是是否能适应外界自然环境的变化。人体利用自然力进行锻炼，提高适应外界环境的变化的能力，增进健康和增强体质的方法称为自然力锻炼方法，包括日光浴、空气浴、冷水浴等。

思考题

1-1 简述世界卫生组织（WHO）提出的十条健康标准。

1-2 体育锻炼应遵循哪些原则？

1-3 简述体育锻炼的基本方法。

第二章 塑造健康行为

学习目标

(1)掌握健康的概念,了解健康内涵的发展。

(2)掌握运动与营养的科学原则。

(3)掌握运动改善睡眠的方法。

(4)了解体重与身体锻炼之间的关系。

(5)掌握体育锻炼与心理健康的关系。

(6)掌握体育锻炼与社会适应性。

情境导入

麦克道格(John McDougall)医生早些年在夏威夷做医生,非常喜爱美式快餐。直到麦克道格发生一次小中风后,他反思和注意到,在夏威夷有很多亚洲人种,其中老一辈直到生命暮年都还比较健康,而他们的下一代早早就肥胖,患上和死于糖尿病、心血管病和癌症。他调查了他们的生活习惯和方式,发现他们的差别是:老一辈做更多体力活动和劳作,平常吃的基本上是原生地蔬菜水果和淀粉类为主的食物。为此麦克道格开始提倡以植物性饮食为主导的健康医疗模式,在西方很有影响和甚受欢迎,其通过食物和自然疗法治愈了很多病人。

第一节 全面认识健康

一、健康的概念

什么样的身体状态才能被称为健康?《现代汉语词典》对健康的解释是:"①(人体)生理机能正常,没有缺陷和疾病。②(事物)情况正常,没有缺陷。"

对任何生物体来说,健康都是一种动态的平衡。这种平衡状态,均衡地输入和输出能量和物质,意味着生命有继续生存的可能。对有智慧的动物人类来说,健康有更广的概念。现代健康的含义并不仅是传统所指的身体没有病而已。根据世界卫生组织的解释:"健康不仅指一个人没有疾病或虚弱现象,而是指一个人生理上、心理上和社会上的完好状态。"这就是现代关于健康的较为完整的科学概念。现代健康的含义是多元的、广泛的,包括生理、心理和社会适应性3个方面,其中社会适应性归根结底取决于生理和心理的素质状况。心理健康是身体健康的精神支柱,身体健康又是心理健康的物质基础。良好的情绪状态可以使生理功能处于最佳状态,反之则会降低或破坏某种功能而引起疾病。身体状况的改变可能带来相应的心理问题,生理上的缺陷、疾病,特别是痼疾,往往会使人产生烦恼、焦躁、忧虑、抑郁等不良情绪,导致各种不正常的心理状态。作为身心统一体的人,身体和心理是紧密依存的两个方面。属于医学领域的健康核心是环境健康、营养学、疾病预防和公共健康事务,因此这些方面便成了帮助人们评测健康程度的标准。

19世纪后期,健康观念开始在西方国家逐渐流行,此时正是中产阶级开始出现的时期;也正是从那时开始,一个新兴的繁荣的群体有了充足的时间和资源来追求幸福和其他形式的自我提升。早期的许多消费产品都是从公众对健康日益增长的兴趣中派生出来的。

二、健康内涵的发展

随着社会的发展、人类的进步,健康的概念也不断被注入新的内涵。1989年,世界卫生组织将健康定义为:"一个人只有在生理健康、心理健康、社会适应良好和道德健康等四个方面都健全,才算是完全健康的人。"对于每一个人来说,健康都是非常重要的。因此应当全面理解健康的概念,树立正确的健康思想。

(1)生理健康是指人的身体能够抵抗一般性感冒和传染病,体重适中,体形匀称,眼睛明亮,头发有光泽,肌肉皮肤有弹性,睡眠良好等。

生理健康是人们正常生活和工作的基本保障,只有达到了这一点,才谈得上是健康。

(2)心理健康是指人的精神、情绪和意识方面的良好状态,包括智力发育正常、情绪稳定乐观、意志坚强、行为规范协调、精力充沛、应变能力较强,能适应环境,能从容不迫地应付日常生活和工作压力,经常保持充沛的精力,乐于承担责任,人际关系协调,心理年龄与生理年龄相一致,能面向未来。

心理健康同生理健康同样重要。良好的心态,能促进人体分泌出更多有益的激素,能增强机体的抗病能力,促进人体健康。

(3)社会适应良好。较强的社会适应能力是心理健康的重要特征。心理健康的大学生应能与社会保持良好的接触,对于社会现状有着清晰、正确的认识;既有远大的理想和宏伟的抱负,又不会沉湎于不切实际的幻想与漫无边际的奢望,注重现实与理想的统一。对于现实生活中所遇到的各种困难和挑战,用切实有效的办法去解决,而不是怨天尤人。当发觉自己的理想与目标与社会的发展背道而驰时,能够迅速地进行自我调节,争取达到与社会发展相一致,而不是逃避现实,更不一意孤行。

(4)道德健康主要指能够按照社会道德行为规范准则约束自己,并支配自己的思想和行为,有辨别真与伪、善与恶、美与丑、荣与辱的是非观念和能力。

巴西著名医学家马丁斯研究发现,屡犯贪污受贿的人易患癌症、脑出血、心脏病和精神过敏症。品行善良、心态淡泊、为人正直、心地善良、心胸坦荡,则会心理平衡,有助于身心健康;相反,有违于社会道德准则,胡作非为,则会导致心情紧张、恐惧等不良心态,有损健康。试想,一个整日生活在提心吊胆的环境中,食不甘味、睡不安寝、惶惶不可终日的人,又怎么去奢谈健康?据科学测定,这类人很容易产生神经中枢、内分泌系统功能失调等症状,免疫系统的防御能力也会减弱,最终会在恶劣心态的重压和各种身心疾病的折磨下,或者早衰,或者早亡。

第二节　营养与身体健康

营养是人类维持生命、生长发育和健康的重要物质基础,是人类体能与智能发展的必要条件。合理营养是指人体每天从食物中摄入的能量、各种营养元素的量及其相互间的比例能满足在不同生理阶段、在不同劳动环境和强度下的需要,并使人体处于良好的健康状态。

平衡膳食也称为合理膳食,就是要求膳食中的食物营养成分齐全、数量充足、比例适当,能满足合理营养要求和机体需要,达到供给和消耗的平衡。平衡膳食的基本要求就是食物要多样化,并且做到主食和副食搭配,粗粮和细粮搭配,荤菜和素菜搭配,粮、肉、菜、油都不缺。

一、膳食指南

膳食指南是根据营养科学的原则和人体的营养需要,结合当地食物生产供应情况及人群生活实践,专门针对食物选择和身体活动提出的指导意见。

合理选择食物实践平衡膳食,积极运动维持适宜体重,保持良好健康生活状态,可以预防和减少膳食相关慢性疾病的发生,提高大学生整体健康素质。《中国居民膳食指南(2016)》针对2岁以上的所有健康人群提出了以下6条核心推荐。

(1)推荐一:食物多样,谷类为主。

(2)推荐二:吃动平衡,健康体重。

(3)推荐三:多吃蔬果、奶类、大豆。

(4)推荐四:适量吃鱼、禽、蛋、瘦肉。

(5)推荐五:少盐少油,控糖限酒。

(6)推荐六:杜绝浪费,兴新食尚。

平衡膳食实践主要是指引导大学生在日常生活中如何具体实践膳食指南的科学推荐,通过食物选择和营养饮食指导,引导大学生依据指南安排一日三餐的饮食。可视化图形制作的中国居民平衡膳食宝塔(见图 2-1)和中国居民平衡膳食餐盘(见图 2-2),非常便于大学生对平衡膳食知识的理解、学习、操作和传播。

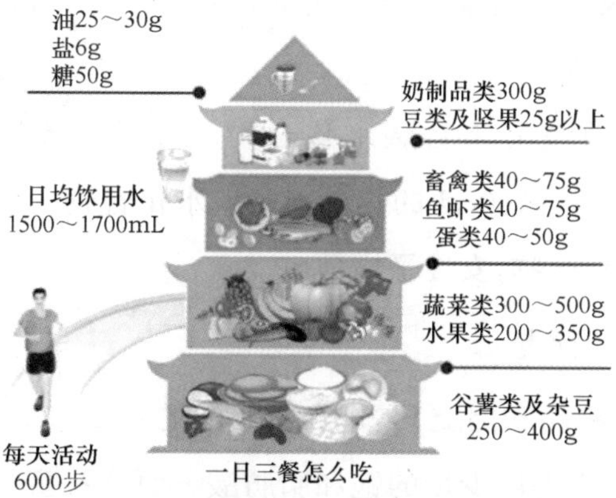

图 2-1 中国居民平衡膳食宝塔(2016)

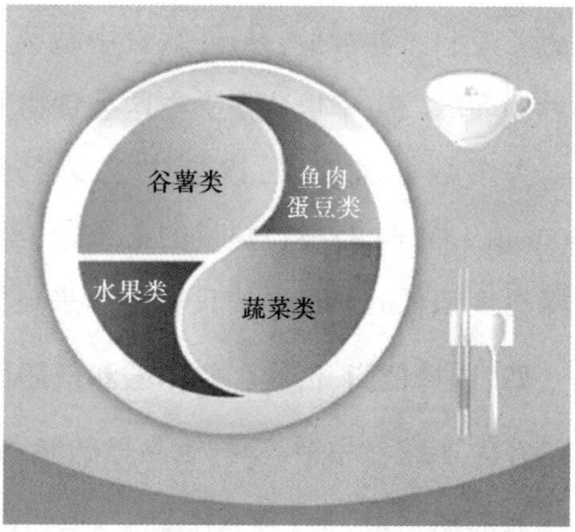

图 2-2 中国居民平衡膳食餐盘(2016)

膳食指南的目标是以大学生健康利益为根本,引导食物消费、调整膳食结构、促进平衡膳食模式、合理运动、提倡健康饮食新食尚。《中国居民膳食指南(2016)》推荐的 6 个核心条目,为最大程度满足大学生营养健康需要提供了建议。

二、平衡膳食并参加体育锻炼

在美国,肥胖是普遍的现象(33%的成年人和 20%的青少年),与此相关的是高血压、心脏病、中风、糖尿病、某些癌症、关节炎和其他类型的疾病的发病率呈现上升趋势。目前,中国的肥胖症发病率也呈现逐年上升的趋势。维持健康的体重,既可以通过运动,还可以通过食用各类低热量和低脂肪的食物来达到目的,这类食物包括水果、蔬菜、全谷类、脱脂奶制品、烤鱼和家禽肉等。

现在,中国国民人均摄入的热量比 20 年前提高了很多,而且很多成年人没有有规律地参加体育锻炼。实际上,有的成年人根本就不参加运动。那么,肥胖现象越来越普遍的原因就很明显了——因为摄入的热量大大超过了消耗的热量。

应该指出的是,国外把体育锻炼作为饮食指导中重要的组成部分,如在 1990 年美国农业部的指导方针中称“保持健康的体重”,在 1995 年变为“平衡饮食和体育锻炼,保持或降低体重”。

三、饮食中应含有大量谷类制品、蔬菜和水果

在饮食指导的大纲中，每餐都应该食用比较多的谷类食品，另外也需食用大量的蔬菜和水果。谷类（稻米、小麦、玉米及其他杂粮）应该是大多数人进餐时的主食，随着谷类产品、水果、蔬菜、碳水化合物和纤维素的摄入量的增加，脂肪和胆固醇的摄入量就会下降。

饮食中纤维素摄入的增加，已经被证明与结肠癌发病率下降有关，并且有助于糖尿病患者控制血糖水平。另外饮食中蔬菜、水果和全谷类食物摄入量高的人，他们的心脏病和癌症的发生率也比很少吃这类食物的人要低。

大多数专家建议，饮食中至少55%的热量应来自碳水化合物。对于一天摄入2000cal（1cal=4.1868J）热量的人来说，至少应有1100cal的热量来自碳水化合物。一般成年男性消耗的热量平均只有49%来自碳水化合物，女性平均是52%。

四、选择低脂、低饱和脂肪酸和低胆固醇的饮食

在大多数食品中，动物制品里的脂肪（奶制品和肉类）是饱和脂肪酸的主要来源，另外还有熟油（棕榈油）和氢化脂（人造奶油）也能提供少量的饱和脂肪酸。而这些富含饱和脂肪酸的食物通常也富含胆固醇。

每天胆固醇的吸收量男性应低于300mg，女性应低于212mg。然而，据调查显示男性每天的平均摄入量实际上超过了推荐的数值，达到了334mg。在所有食物中，动物类食品是胆固醇的主要来源，其中蛋黄是最丰富的原料之一，每个蛋黄含有约220mg的胆固醇。总之，建议大家应该选择低脂肪或脱脂的奶制品，食用瘦肉并且选择低脂量的食物。

五、选择含糖量适中的饮食

糖和许多含糖食品（如软饮料和甜点心）热量很高但营养价值有限，糖还会使牙齿受到损害，绝大多数的健康者应该适度控制糖的摄入，即使热能需要量低的人也应该注意这个问题。不过应该指出的是，糖的摄入量还没有被证明与心脏病、癌症或糖尿病的发病率升高之间有必然的联系。

六、选择含盐适量的饮食

食盐含40%的钠，在一汤匙的食盐中含有约2000mg的钠。许多健康专家建议，每天食用少于300mg的钠（少于一个半汤匙）就可以降低高血压的发病率。但是大多数人摄入的钠较多，平均每天钠的摄入量是4000～6000mg，大大超过了身体的需要量。含钠丰富的食物有盐、味精、酱油、番茄酱等调味品，以及虾、海藻等海产品和经过烹调腌制的肉类产品等。

七、控制酒精饮料的摄入量

酒精类饮料热量高,但其中的营养素含量却很少,甚至没有。饮用它们大多数时候对健康无益,容易诱发许多健康问题,还可能导致酒精成瘾。虽然有研究显示,适度地饮用葡萄酒可以降低冠心病的发病率,但同时科学家又证明某些癌症的发病率的升高与饮酒有密切关系。

如果成年人饮用含酒精的饮料,应该注意适量。对男性来讲,一天最好不超过 2 次,女性不超过 1 次。一次的饮酒量约相当于普通的啤酒 360mL、白酒 150mL 或烈酒 45mL,以上每一种饮料中都含有约 15mL 的纯乙醇。

第三节　睡眠与身体健康

在人的一生中,睡眠占据 1/4 的时间,很多人认为,到了晚上就是睡眠时间,瞌睡来了就睡。但是在日常生活中,有可能我们在想睡的时候却不能睡,得不到很好的休息,导致睡眠不正常而影响身体健康。在工作、生活中,虽然我们的睡眠时间有时会打乱,但是合理科学地调整睡眠,对身体健康是有很大益处的。

一、睡眠紊乱

医学教材将睡眠定义为“一种处于可以被感官刺激或其他刺激唤醒的无意识状态”。换句话说,它不像昏迷,昏迷是“一个人不能从无意识状态被唤醒”。失眠的特征包括:

(1)难以入睡。

(2)经常在夜间醒来后,难以再入睡。

(3)早晨醒得过早,并且不能使精力恢复。

睡眠问题已经成为现代社会一个普遍存在的问题,它严重地影响我们的体力和精神,许多人为了更好地适应白天的工作和生活,不得不想尽方法来改善晚上的睡眠。

然而,即使是想尽办法改善睡眠的人,也可能因为白天各种压力引起的大脑混乱,无法获得高质量睡眠。患慢性失眠症的病人,注意力和记忆力下降,白天很难正常学习和工作,并且不能与其他人融洽相处、合作共事。低质量睡眠还会导致人体易疲劳,人为的出错率和事故发生率都会大大提高。

睡眠的持续时间与寿命也有关系。在一项规模较大的对 100 万美国人的研究中,对于年龄在 45 岁以上的人而言,睡眠时间持续每晚超过 10h 或少于 5h 者,其死亡率比每晚睡 7h 者要高。

二、改善睡眠

在夜生活和娱乐日益丰富的现代社会,能够在晚上睡一个好觉对许多人来说已经很困难了。国际精神卫生组织将每年的 3 月 21 日定为世界睡眠日。

睡眠的 8 条原则:

(1)睡眠有规律。这个早晨起得晚、下个早晨起得早将导致“家庭式的生理节奏破坏现象”。为了保持体内生物钟的正常,有规律的作息时间表是“保证睡眠的最好方法”。

(2)减少刺激因素。如果睡前 6~8h 摄入含有咖啡因的物质(咖啡、软饮料、药等),就会导致难以入睡,深度睡眠减少,并且夜里睡得不熟。

(3)睡觉的床要舒适。如果睡觉的床太小、太软、太硬或太冷,入睡后就很难睡熟,也很难睡得放松。

(4)睡前不要吸烟。尼古丁是比咖啡因还强的刺激剂,睡前大量吸烟会减少快波睡眠和深慢波睡眠的时间,使人难以入睡,即使睡着也容易醒。

(5)饮酒适度。酒精在晚上能抑制快波睡眠和深慢波睡眠,而且能加速睡眠各阶段之间的转变。

(6)睡前抛开一切焦虑或晚上提前做好计划。在睡觉之前,解决了焦虑、担心或有待解决的问题之后,睡眠才会有所改善。

(7)睡前不宜太饱或饥饿。晚上吃得太多,会使消化系统工作时间延长,导致夜间辗转反侧,不易睡好;睡前如果感觉过于饥饿,也会影响睡眠质量。

(8)参加有规律的运动锻炼。运动可以消除白天积累的紧张心情,使身体和思想放松,从而促进睡眠。适度运动有助于改善和加深睡眠,每星期至少从事 3 天快走、慢走、游泳或者骑自行车等运动,每次 20~30min,但运动时间不宜太晚。在晚上,应该放松自己使身体平静下来,而不是剧烈运动。理想的运动时间是在下午或者清晨,运动能使白天的工作压力转化成晚上的放松状态。

第四节　体重与身体健康

现代社会的物质条件的改善,让肥胖的问题变得越来越严重了,构成了对人类健康的一个重大威胁。其实,只要能够合理地运动与控制体重,就能很好地控制体重。

一、肥胖的原因

现代社会物质条件的改善,使肥胖问题日趋严重,构成了对人类健康的一大威胁。以美国为例,18 世纪美国的能源中 1/3 来自人力;如今,美国人力提供的能源只占其总量的 0.5%！其实，不少国家和地区都是同一趋势，这样，人的身体运动减少，造成了过剩能量储存，形成了肥胖。而进一步研究表明，肥胖者与非肥胖者的饮食并无明显差别，但是在身体运动形态上差别显著。因此，专家指出，造成肥胖的原因，主要是缺乏身体活动。造成人体肥胖的原因固然是多方面的，如遗传因素、幼年肥胖、内分泌失调、水平低的基础代谢率、摄取过多热量等，但身体活动在控制体重上起关键作用。刻意安排适量的运动，在体重控制上有很大好处。运动可以抑制食欲、减少进食。人体不同时期有不同的理想体重，即体重的基础点。而有计划有规律的运动有助于调整体重的基础点，并可以长期维持较低的体重。

大部分专家认为，肥胖与以下三个因素有密切关系。

（一）遗传的影响

25%以上的肥胖可用遗传因素来解释。有研究显示，当一对双胞胎分别由 2 个家庭抚养成人后，他们的体重还是要比其他的非血缘兄弟姐妹更接近。早在 1 岁前就被人抚养的父母肥胖的小孩，当他们成人后都出现了肥胖症状，尽管不是由他们的亲生父母抚养成人，但体重却和他们的生身父母一方极为相似。研究表明，由于遗传的因素，一些人可能比其他人更有可能发生肥胖。

（二）高热量、高脂肪饮食

很多研究者发现，大量食用高热量、高脂肪的食物是导致现代人肥胖问题的主要因素。脂肪摄入量过高，会使大部分人很快发胖。如果脂肪摄入量较少，大部分热量以碳水化合物的形式摄入，便会更容易获得理想的体重。

（三）较少的能量消耗

人们通过三种方法消耗热量。每天大约 2/3 的能量消耗用于静息状态时的新陈代谢，23%用于身体运动，10%用于消化食物（见图 2-3）。青少年时期由于生长发育的需要，新陈代谢消耗的能量较多，到了中年，新陈代谢缓慢下来，消耗能量相对就少了很多，这也是我们常说的“年轻的时候怎么也吃不胖”和“中年发福”的原因。

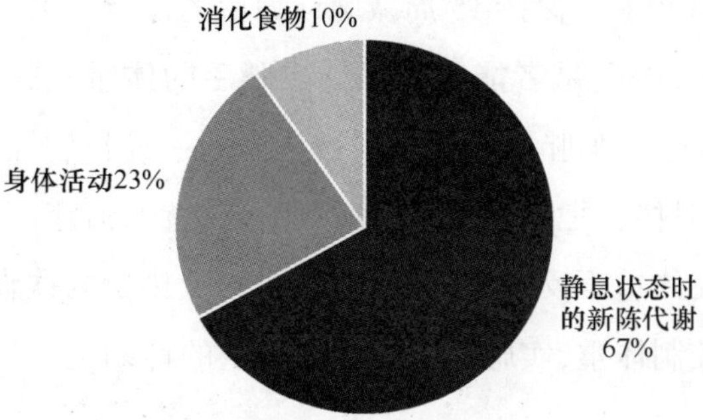

图 2-3 普通人的日常能量支出

二、肥胖对健康的危害

肥胖与健康密切相关。很多健康专家都认为肥胖是当今社会最为重要的医疗和社会问题之一。

至少有 8 个主要的健康问题和肥胖有关:

(1)心理负担。肥胖者往往承受着巨大的社会压力,经常受到内疚、抑郁、焦虑和自卑等情绪的困扰。

(2)增加骨质疏松的发病率。肥胖者的膝部和髋部骨质疏松的发病率都很高。

(3)高血压。在肥胖者中,高血压非常普遍,并且随着体重的增加高血压的发病率也随之增高。

(4)增加胆固醇和血脂的水平。肥胖者体内血液中的胆固醇、甘油三酸酯、低密度脂蛋白的含量比正常人更高。

(5)糖尿病。肥胖人群糖尿病的发病率是正常人的 3 倍。

(6)心脏疾病。肥胖者比正常人更易患心脏病,并且因此而死亡的比例也很高。

(7)癌症。肥胖者的癌症死亡率比正常人要高得多。

(8)减少寿命。很多研究者指出,肥胖人群要比正常人更易过早死亡。

三、肥胖的治疗

减轻体重,并使体重不反弹,一直以来被认为是最具挑战性的课题之一。根据治疗肥胖症的专家们的报告,很多过度肥胖的病人根本无法治愈。要么达不到他们理想的体重,要么就是体重减轻一段时间后又反弹回来。

几乎没有科学研究证实目前大部分的减肥方法是确实有效和安全的。研究表明,根据减肥计划在短期内减肥者能成功地减轻体重,但是当这些减肥者完成减肥计划以后,又会出现体重反弹的现象。例如,在一项为期 4 年的研究中,对 152 名成年男性和女性实施了 15 周的减肥计划(包括饮食调整、体育锻炼、行为调整等)。在 4 年的跟踪研究中发现,只有不到 3%的受试者能够保持 15 周减肥计划后的体重。另一项同类课题的研究也显示,在 5 年后,只有 5%的受试者能完全保持减肥后的体重,18%的人能保持减去超过 11 磅的体重。专家们认为,肥胖更多的时候被认为是一种长期性的疾病,与心脏病和风湿病一样,但是治疗的时候会把它当作急性疾病治疗,就像治疗流感,既然减肥的终极目标是为了减轻体重并使体重不反弹,那么均衡营养和低热量的饮食对一个肥胖病人来说是最合适的。要长期控制体重,实施综合的减轻体重的计划,就必须进行饮食、体育锻炼和行为各方面的调整。

根据大部分体重控制专家的看法,治疗肥胖的手段应该包括以下两点。

（一）饮食控制法

通过饮食来控制体重，不是单纯地节食或禁食，而是采取调整饮食结构、限制热量摄入、改善饮食方式及控制食量等科学的综合的饮食计划来达到降低体重、减少脂肪比例的目的。

导致体重增加和肥胖的最重要的饮食因素之一，是饮食的脂肪含量过多、热量过高。研究发现，高脂肪饮食比高碳水化合物饮食更易引起脂肪型肥胖；含大麦、粗粮少，或蔬菜少的饮食也有助于肥胖的发生；嗜甜食、零食及以晚餐进食过多也易于导致脂肪型肥胖。因此，调整饮食结构，首先应减少饮食中碳水化合物、脂肪的比例和含量，限制热量的摄取量，选择食用低糖、低脂食品及少食高糖、高脂食品；同时，提高蛋白的摄入量，注意补充维生素、矿物质、微量元素及食物纤维等营养丰富的食物，多食蔬菜、水果。做到既减体重，又不失营养平衡，保证机体正常的生理需要。

1.适当控制食量

控制食量不等于单纯地节食或禁食，而是在合理调整饮食结构的基础上，适度控制进食总量。食量控制以既有饥饿感，但又不影响正常的活动精力和体力为宜。控制饮食要循序渐进，逐量递减，一般来说，降至平时正常需要量的60%~70%即可。

如果采用一味地禁食或单纯节食的方式来限制热量的摄取，将会因摄入的糖、脂肪过少及其他各营养素的摄取减少，难以满足人体正常的活动需要而造成营养不良，并严重影响人体健康。此时即便出现了体重的减轻，往往也不是脂肪的减少，而主要是水分和肌肉组织的减少。因而单纯的禁食或节食是不科学的，也是很危险的。

2.保持良好的饮食习惯

良好的饮食习惯是科学的生活方式的重要组成部分，是有效控制体重不可或缺的环节。它包含了以下几个方面的内容：

（1）少吃多餐，增加进餐次数。一日可进餐4~6次。但总热量须在限度以内。避免少餐多吃。这可减少餐后胰岛素的分泌和体脂合成。此外可使胃的容积缩小，减少饥饿感。

（2）放慢进餐速度、细嚼慢咽。这可减少进食量。进餐速度过快易造成多吃。

（3）不要进餐后即睡或静坐不动。进餐后如适当活动，这样可使食物的热能消耗比平时增加2倍。

（4）减少食盐摄入量，改进食物烹调方式，少煎、炸、多拌、煮，能生吃的尽量生吃。

（5）少吃刺激食欲的食物。如辣椒、味精等。

（6）酒精是高热量食物，应戒酒或少饮酒，少饮或不饮酒精饮料、咖啡等，适量饮茶。

（7）预先了解食物的营养成分是否为自己所需，做到营养素的摄入心中有数。

(二)运动控制法

研究发现,经常进行有氧运动,创造并维持体能量摄取与消耗的负平衡状态,可逐步消除多余体脂,有效改变身体成分,达到减轻肥胖、降低体重的目的。

运动增加能量消耗,是使机体热能负平衡的另一种手段。此外,运动还作用于神经分泌系统,使之改善对脂肪代谢的调节,促进脂肪的分解,减少脂肪合成。如运动时肾上腺素分泌增加,释放脂解激酶增加,从而使甘油三酯的水解过程加强。运动还同时使胰岛素分泌减少,从而抑制体内脂肪的合成,促进脂肪的分解。运动可使血液中游离脂肪酸和葡萄糖利用率增高,一方面使脂肪细胞释放大量的游离脂肪酸,细胞缩小;另一方面,使多余的葡萄糖被消耗,不转化为脂肪,减少异生脂肪的聚积。

但是,不是任何运动都能减肥,必须符合下面条件才能有效。

1.中等负荷强度(即最大耗氧量55%左右的运动强度)最好

中等负荷强度以心率计为每分钟110~130次。强度过大最大摄氧量80%以上,能量消耗是以糖为主,此时反而抑制脂肪组织中脂肪酸的释放,肌肉氧化脂肪的能力也较低;而负荷强度小,机体热能消耗不多,达不到热能负平衡,起不到减肥作用。

2.持续较长时间

中等强度运动时,开始阶段不是立即动用脂肪,因为从脂肪释放出脂肪酸并运到肌肉,需要一定时间,一般至少20min。因此,消耗体内脂肪的运动持续时间至少在30min以上,1~2h更好。

3.经常运动

经常运动可使体内神经内分泌系统以及酶的活性等生理生化过程发生一系列适应性变化,使骨骼肌氧化脂肪酸和酮体的能力增强,有利于消耗体内的脂肪。运动的项目和形式不限,包括走路、慢跑、自行车、游泳、球类活动、迪斯科舞等。

减轻体重与减少体脂是完全不同的两个概念。已经证实,经常性的有氧运动结合适当且科学的饮食计划,是减少体脂、控制体重的最佳方法,它使体重减少部分的95%是脂肪组织,仅5%为肌肉组织。对于重度肥胖者而言,在严格实行长期热量摄入限制时,运动导致的体内热能消耗、散失远比单纯饮食控制效果好,且体重降低明显,保持瘦体重时间长,呼吸循环系统耐力增加。

第五节　体育锻炼与身体健康

一次持续30~50min的有氧运动,能使呼吸速率升高到静息状态时的3倍左右,进入肺中的空气量大约是静息状态的20倍以上;心率是静息状态的2~3倍,心脏的排出量升高4~6倍，工作肌的耗氧量比静息状态高10多倍。这些由运动引起的身体功能的突然、暂时的变化被称为对运动的急性反应，它们将在运动停止后不久消失。如果每天进行类似的有氧运动并且持续至少7周，那么身体的功能在静息和运动状态下都会改变，静息心率（在静息状态下的心率）每分钟将减慢10~30次，并且由于心脏的泵血效率提高，不管在何种运动的负荷下，心率都会较慢，运动状态下的心脏每次能泵出较多的血量，同时，在大强度运动时肺的呼吸量也会增加，结果是有更多的氧供应给肌肉，使它们能燃烧更多的能源物质，产生更多的能量（也就是提高新陈代谢），VO_2max 显著升高，肌肉本身将在储存、燃烧脂肪方面变得更有效。

随着有规律的运动训练，机体的结构和功能发生的持续的变化被称为对运动的慢性适应，这种变化使机体对运动的反应更灵敏。许多变化发生得更迅速，例如，在第1~3周的大强度有氧运动期间可以测得 VO_2max 静息和运动状态下的心率及肺的呼吸功能都有显著的提高。有些人对有氧运动的适应期会持续久些，例如，肌肉内毛细血管数目的增加可以持续几个月甚至几年。

这种慢性变化的幅度取决于训练的量和强度，还有训练开始时的身体状况。例如，肥胖者和中年人由于缺乏锻炼，VO_2max 提高的潜力接近100%，大学生的 VO_2max 则提升幅度较小（大约10%~20%）；进行中等强度步行的训练者，他们的心肺功能往往比跑步者的增强速度要慢，且变化不大。

有趣的是，运动导致的身体功能的提高和这种提高状况的丧失都很迅速，下面将阐述慢性和急性的适应，并将重点放在如何采取有规律的运动训练来避免适应的快速倒退。

一、心脏和血液对有氧运动适应性的影响

进行耐力性训练的个体和不进行耐力性训练的个体之间的最大区别就是心脏每次泵血的量。通过运动训练，训练者的心脏变得更大更强壮，静息心率变慢，而且在运动期间，较低的心率就可得到相同的输出血量。由于训练者的心脏可以泵出更大的血量，运输更多的氧气给工作肌肉，所以他们能以较快的速度进行跑步、游泳和骑车等运动。

人体的心脏相当于拳头大小，静息状态时，心脏每分钟泵出大约5L的血液，通过人体内总长度大约96000km的血管。普通成年人体内的血液大约有5L，所以几乎所有的血液每分钟都会通过心脏，大多数未经训练的人的静息心率是每分钟60~80次，每次泵出大约55~75mL的血液。

心输出量（每分钟从心脏中泵出的血量）是心脏的搏动次数与每次泵出血量的乘积。一个人静息状态下的心率是70次/分，每次泵血最多为70mL，总的心输出量就是70次/

分×70毫升/次=4900mL/min。耐力性训练者最大的特点是心脏尺寸会增大。曾经,心脏的增大被认为对健康是有害的(被称为运动员心脏),经过研究验证,人们认为心脏增大是进行规律性的有氧运动训练之后产生的正常的有益的变化。

在运动过程中,心率的升高与运动的强度成正比。最大心率在力竭时可以测得,以220减去年龄可以粗略地得出某个个体的最大心率值。例如,一个40岁的人的最大心率约为180次/分(220 - 40=180)。

美国运动医学院建议,人们可以参加使心率在最大心率的60%~90%的运动来改善心肺系统。对一个40岁的人来说,最佳运动心率是108~162次/分,如果在运动结束阶段心率稍微再高一些,则会产生更大的训练好处。在运动过程中测定运动对人体心率的影响,会发现随着训练的进行,心脏变大且变得更强壮,它能泵出更多的血液和氧,这意味着它能以较低的心率完成相同的工作。为了使心率保持在适当的水平,运动训练者需要以更快的速度进行跑步、骑车、游泳等训练以达到持续的训练效果。

训练者体内的血液总量也会增加,一般处于静息状态的人体内约有5L的血液,而优秀运动员的血液接近6L,受过训练的人会在这两者之间。

在运动过程中,随着体温升高,流经皮肤的血液开始增多,出汗量也开始增多。同时,血液给肌肉提供能源,使它们收缩和工作得更好。显而易见,拥有更多的血液就意味着运动员可以更好地将血液在肌肉和皮肤之间进行分配,从而提高运动成绩。

二、遗传对有氧运动适应性的影响

据统计,不同的人VO_2max存在差异,遗传性因素的影响要占25%~50%。即使通过长期训练来提高有氧适应的能力也要受到遗传因素的制约。遗传因素和运动习惯对于VO_2max都是重要的,但遗传因素为运动训练的可能性设定了一个基本的范围。有氧运动的适应性或VO_2max在不同人的身上是千差万别,这里就有遗传因素的原因。例如,有些人能够参加奥林匹克运动会,而有些人虽经刻苦训练却怎么也无法成为奥运会选手。

三、性别对有氧运动适应性的影响

在对跑步和游泳项目中最优秀的男女运动员做比较后发现,女性的世界纪录成绩比男性的要慢6%~13%。虽然社会和文化因素的限制依然存在,但多数专家认为,考虑男女性别在运动成绩中的差距时,有几个生物学因素是非常重要的。同样是优秀的运动员,与男性相比,女性的去脂体重(肌肉、骨骼和其他不含脂肪的组织)较小,体脂的百分比较大,身体力量较弱,心搏出量较小,心率较高,血容量和血液中血红蛋白的含量较少,且VO_2max较低。

大约在青春期,男、女在身体的尺寸、组成成分和适应性方面就开始表现出很明显的区别。这些区别有:

(1)在各种激素尤其是睾酮的影响下,男性青春期的去脂体重比女性增加的多。到了成年期,一般女性的去脂体重只有男性的3/4。女性的上肢力量比男性的弱40%~60%,下肢力量比男性弱25%~30%。不过,有趣的是,如果肌肉的质量相同,那么两性之间的力量就没有差异。当女性进行举重训练后,可以测出其力量提高了20%~40%。然而。力量的增加与神经因素的关系要比肌肉尺寸的增加更加密切。

(2)女性体内的雌激素使骨盆增宽,刺激乳房的发育,使脂肪在大腿和骨部的沉积量加大。普通的成年女性体脂要比男性高6%~10%(年轻的成年女性为20%~25%,年轻的成年男性为13%~16%)。

(3)在一定的运动负荷(60%VO_2max)下,普通的成年女性与男性相比,心输出量较小而心率较高。女性较低的心输出量可能与她们心脏的血容量较少有关。这两者又是由于女性身体比较小巧的特点造成的。女性的血红蛋白含量也比男性要低。这就意味着,每单位血液中供给工作肌的氧气较少。

(4)普通的成年女性VO_2max只有男性的20%~75%,这种差异导致女性的运动水平相对较低。女性对有氧运动的反应与男性相似,但即使是优秀的女性耐力性运动员,VO_2max也比优秀的男运动员低15%~30%。对此较为合理的解释是,即使女性运动员再适应有氧运动训练,其体脂含量也比男运动员高,如果这种情况能改善的话,性别之间的差异会降到5%。

四、年龄对有氧运动适应性的影响

越来越多的证据证实,健康水平下降与年龄相关。这是由于随着年龄的增长,人们的运动量减少所致。虽然正常情况下,25岁后VO_2max每10年会下降8%~10%,但如果年纪较大的人进行有规律的运动则这种趋势可被延缓。在任何年龄段,经常参加运动的人普遍比很少运动的同龄人更加健康。但由于机体正处于衰老趋势,参与运动的老年人健康水平当然比参与运动的年轻人要低。他们的肌肉力量可以保持到45岁,但此后每10年就下降5%~10%。老年人对举重训练的反应较好,这样可以提高他们从事日常生活的能力。

许多老年学专家认为,有规律的身体运动是保持老年人健康的关键因素。在所有年龄组中,老年人从运动中获得的收效最大。美国的调查显示,在美国只有1/3的老年人从事规律性运动,这个数字少于任何其他年龄组的人。从美国疾病预防和控制中心获得的调查数据显示,在过去10年里,参加运动的老年人比例还在下降。

不管男性还是女性，其有氧运动适应性或 VO_2max 在 25 岁以后每 10 年均会下降 8%～10%。不过在任何年龄，人们只要从事剧烈的运动就会有较大的 VO_2max 提升。经研究证明，在 65～75 岁之间，运动的男性和女性会拥有与年轻但不运动的成年人相同的 VO_2max，并且能取得被认为是不可思议的成绩。

换句话说，衰老的过程是真实的，运动能力会随着年龄的增加而减退，且目前没有令人信服的数据显示通过有规律的耐力性运动训练可以阻止与年龄相关的有氧适应性的下降。即使机体试图保持运动状态，但随着年龄的增加，较低的心率和心搏出量、肌肉分离氧气能力的下降，都会导致 VO_2max 下降。

在任何年龄段，从事剧烈运动的运动员比不运动的同龄人的有氧运动适应性要高，但由于衰老的因素，年龄大的运动员又比年轻运动员的适应性要低。研究已证明，对于所有跑步和游泳项目，男性的运动高峰期是在 20 多岁的时候（如短跑 23 岁，马拉松 28 岁），因此大学阶段正处于人生运动的高峰期，如果大学生在这个时期加强体育锻炼，必将受益终身。

此外，应该强调的是，多数研究表明，不训练的人即使到了 80 岁也没有丧失对耐力性运动训练的适应能力。换句话说，一个人只要开始运动训练，不论在什么时候都不会晚。

五、停训的反应

规律性的运动训练可以使心血管产生迅速的、明显的适应性反应，并引起肌肉力量和尺寸的变化。但停止训练后的几个星期，由于血容量和心搏出量变小，会引起有氧适应性显著下降。每周至少 3 次强度为 70% VO_2max 的运动可以避免这种下降，4～12 周无负重训练之后，肌肉的力量就会恢复到运动前的水平。

如果一个人想保持运动对心脏、肺和肌肉的好处，就必须坚持规律性的运动。当骨折的肢体被限制在一个坚硬的模子里时，肌肉的尺寸和力量便会很快流失。在短短几天之内，当模子变松时，就可以观察到肌肉尺寸缩小的情况。几周后，在模子和肌肉之间的一大片空间表明，重要的肌肉正在发生萎缩或功能废退的变化。

停止训练对于肌肉力量和尺寸的影响也很大，停止举重训练 4～12 周，肌肉的力量就会下降到训练之前的水平。然而，每周 1～2 次的举重训练已被证明足以维持肌肉的力量。换句话说，一旦达到理想的肌肉力量后，就只需要很小的努力来维持它。

总的来说，心脏、肺脏和肌肉会对规律性的大强度运动产生积极的反应。虽然有氧运动的适应性受到遗传、性别、年龄的影响，但每个人都能达到一定的适应水平来完成个人的目标。另外，还可以努力使日常生活中的运动变得更容易，也更有趣。

第六节 体育锻炼与心理健康

体育锻炼不仅能增强人的体质,还可以培养优良的个性品质、坚强的意志、心理耐挫力和良好的情感,防止和减弱消极的不健康情感,进行合理宣泄,消除心理紧张,调节心理状态,维持心理平衡,从而提高生命质量。

一、体育锻炼与自尊自信的培养

自尊是一个人发展和前进的潜在动力,是一种高尚纯洁的心理品质。自信是一个人心理健康的基础,是良好心理素质的核心,也是走向成功的必由之路。大学生不仅可以在体育活动中认识自我、接纳自我,还能够通过体育运动有效地培养和展现自己的自尊和自信。

(一)自尊和自信

1.自尊

自尊,是自我尊重和自我爱护,自尊还包含要求他人、集体和社会对自己尊重的期望心理。在日常学习、生活和体育活动中,对自己的运动能力、身体外貌以及健康水平等身体状况的满意程度也是自尊的一个方面。大学阶段仍然是学生身体发育的增长期,可塑性较大,多参加体育锻炼有利于保持良好的身心状况。此外,在树立自尊的同时,同学之间的相互尊重也是形成健康心理的重要环节。

2.自信

自信是一种反映个体对自己是否有能力,或成功地完成某项活动的信任程度的心理特性。一个人有自信,他就会满怀热情地投入到行动中;在遇到困难时,也不会被困难和挫折所压倒。自信是一个人成功的基础。

3.自信与自卑和自负

自信的反面是自卑,而超过自己实际能力的虚假自信是自负,理解了什么是自卑和自负才会全面领悟自信的含义。

(二)在体育活动中展现和培养自尊自信

一个人的自信心是在克服困难、体验成功中产生的。体育锻炼是培养和发展自信的重要手段,在锻炼中不断克服困难、挑战自我,可以增强自信,展现自我。

1.展现自我

体育活动多种多样,要有明确的锻炼目标,看到自己的长处,不断提高。在群体活动中,与同伴积极配合,努力展现自我。

2.自我激励

首先,要经常鼓励和肯定自己。通过回忆自己成功经历中荣耀和自豪的事情,肯定自己的能力，鼓励自己说“过去行，现在更行”“别的事情能处理好，这个事情也能处理好”。其次，当面对有难度的活动项目或受到挫折时，要敢于面对困难，从那些战胜困难和挫折的成功者身上找到自己前进的方向。在困难面前，应运用积极、肯定的自我暗示为自己打气，例如“我可以”“我行”“成功一定属于我”等，以增强自信，克服困难。

3.量力而行

列一张清单，将自己没有达到的体育目标写下来，然后将目标从易至难依次排列。从最容易实现的目标开始练习，通过不断练习增强信心，首先实现第一个目标，然后再通过练习实现下一个目标，直至实现终极目标。

4.相互鼓励

在体育活动中，同学间要相互鼓励、愉快接纳，这将有助于从“同伴关系”中发展自尊、自信，同时也使你学会尊重他人。

5.发展专长

增强自信心的另一种方法是选择一种你喜欢做、做得好、自己欣赏、同伴也赞赏的体育活动，有计划地发展它。当你的专长得到同伴欣赏的时候，自我价值感油然而生，随之而来的就是自信心的增强。

二、体育与情绪的调控

情绪无时无刻不在伴随和影响着我们。良好的情绪会激励我们积极向上、生活愉快、学习进步；不良的情绪会减少快乐，干扰正常的学习和生活，甚至会损害身体健康。如果你能够主动地运用体育手段及时调控不良情绪，就可以把不良情绪的危害减少到最低限度，把积极情绪调节到最佳状态，进而体验到更多的幸福和欢乐，更好地服务于社会、享受生活，促进身心健康发展。

情绪的好与坏直接影响着人的身体健康、认知发展、个性发展以及人际关系。积极的情绪有利于机体的正常活动，使人思维敏捷，有利于营造良好的人际关系和形成健康的人格。不良的情绪会引起机体功能障碍，使人思维僵化，易形成不良行为，导致人际关系不和谐等。积极情绪与消极情绪与健康的关系见表2-1。

表2-1　情绪与健康

	身体健康	认知发展	个性发展	人际关系
积极情绪	促进机体正常活动，提高免疫力，有益身体健康	有利于注意力集中，感知清晰，记忆牢固，思维敏捷等	有利于形成良好的行为方式、性格特点和发展特长	积极情绪的表情，例如欣赏的微笑、认可的点头等，有利于与他人建立和谐友好、相互尊重的关系

续表2-1

	身体健康	认知发展	个性发展	人际关系
消极情绪	引起机体功能紊乱,导致免疫系统功能障碍,长期的消极情绪还会致病	使注意力难以集中,对事物的感知不深,记忆不牢,思维僵化等	易形成不良的行为方式和性格特点等	消极情绪的表情,例如冷漠的表情、不良的身体语言等,不利于人际沟通,会使同伴之间的关系疏远

情绪状态的调控能力是衡量体育锻炼对心理健康影响的最主要的指标。个体在复杂多变的社会环境中,常常会产生紧张、压抑、忧虑等不良情绪反应,体育锻炼可以使个体从烦恼和痛苦中摆脱出来,降低应激水平,使处理应激情境的能力增强。麦克曼(Mclman)等人的研究表明,经常参加身体锻炼者的焦虑、抑郁、紧张和心理紊乱等消极的心理变量水平明显低于不参加身体锻炼者,且愉快等积极的心理变量水平明显要高一些。体育锻炼之所以能够调节情绪,是因为体育锻炼的参与者能体验到运动带来的愉快感觉。心理学家认为,适度负荷的体育锻炼能够促进人体释放一种多肽物质——内啡肽,它能使人们获得愉快、兴奋的情绪体验。因此参加体育锻炼,尤其是参加那些自己喜爱和擅长的体育锻炼,可以使人从中得到乐趣,振奋精神,从而产生良好的情绪状态。

三、体育与意志品质的培养

意志品质指一个人的自觉性、果断性、坚韧性和自制力,以及勇敢顽强和独立主动的精神,是一个人行为特点的稳定因素的总和。意志品质需要在克服困难的实践过程中培养。体育锻炼本身就要不断克服客观困难(气候条件的变化、动作的难度或外部障碍等)和主观困难(如胆怯和畏惧心理、疲劳和运动损伤等),才能取得成功。体育锻炼的参与者应努力克服主、客观方面的困难,培养自身良好的意志品质。任务越困难,对个体的意志锻炼的作用越大,而良好的意志品质对于人的活动(尤其是体育锻炼)效果具有重要的意义。

四、运动如何促进心理健康

体育运动锻炼是怎样促进心理健康的?

至少有 6 种不同的理论可以解释两者的相互关系,包括成就感和自信心的提高、社会因素的作用、释放生活压力、改变脑部结构和化学物质、提高体内镇静物质水平可以产生良好的情绪。以上因素综合在一起,均证明了规律性运动可以提高心理健康水平。

(一)自我成就感

当人们开始并且坚持进行有规律的运动计划时(虽然许多人认为有困难),会随之产生成就感和自信心，换句话说，就形成了一种“我能做好它”的态度。

（二）社会因素的相互影响

通常运动是与其他人一起进行的，在运动中可以产生友谊，发生有趣的事并会引起旁人的注意，研究人员觉得这些社会性的因素将有利于提高心理健康水平。

（三）分散注意力

这个论点是指运动会使人从日常的生活压力中脱离出来，可以改善人体的情绪状态。

（四）提高大脑的健康水平

有人认为有氧练习可以提高脑部血流和氧气的输送，提高心理健康水平。动物研究表明，有规律的运动可导致脑部结构发生持久性的变化，包括产生额外的血管分支和神经末梢，而且运动训练可以明显地改变脑电波的活动，但是要想搞清楚运动影响大脑的具体机理还需要大量的研究。

（五）改变脑部的化学物质

脑部分泌多种化学物质或神经介质，包括血清素、多巴胺和去甲肾上腺素等。已经证明这些物质的失调与抑郁症及其他的心理障碍有关。运动可以通过维持脑内这些物质的正常水平来预防和治疗抑郁症。

（六）提高体内的镇静物质

在剧烈的运动中，脑垂体分泌鸦片肽类物质（β 内啡肽）的能力提高。

科研人员在对人体进行实验研究后，认为以上这些因素在某种程度上都可以改善心理健康状况，虽然对于运动怎样提高心理健康水平的机理还不清楚，但专家们一致认为，参加有规律的体育运动对心理健康水平的提高是大有好处的。

第七节　体育锻炼与社会适应

体育运动能增加人与人之间接触和交往的机会。通过与他人的交往，可以使个体忘却烦恼和痛苦，消除孤独感。通过参与在学校、家庭、社会中的各种群众性体育活动，可以得到社会强化和群体认同，从而在安全、友谊、爱情、亲情、支持、理解、尊重等方面得到应有的满足。

一、体育锻炼培养和谐的人际关系

体育，它的魅力在于使人们冲破隔阂和孤独，相聚在运动场，建立起平等、亲密、和谐的关系。青少年在运动场上可以建立起伙伴朋友关系。体育活动不分地位、肤色、贫富、职业、年龄，任何人都可以参加，而且经常超越世俗的界限，让人们平等而真诚地为一个目标而奔跑，为一场比赛而呐喊、兴奋、激动。孤独、分散的人们在运动场上相聚，重建人际关系。现代社会中，竞争是不可避免的，而人类需要友谊、和谐与和平共处。体育作为“理想的契约竞争关系”为人类提供了一个解脱困境的办法和重建人际关系的新模式。在体育比赛中，人类的竞争被保留、升华了，同时又被限制和规范了。在体育中，竞争是为了友谊，为了人类共同的发展、繁荣，为了健美、幸福、快乐。

二、体育锻炼培养自立精神和善于寻求社会支持的能力

确定体育目标并为实现这一目标而努力的过程，有助于培养运动者积极的人生态度，使他们具有更强的独立性和自理能力。在社会中，任何人都会遇到困难，是否具有为解决困难而寻求社会支持的能力，是社会适应性强弱的表现。体育锻炼作为一种个体行为，要想使它达到规范化要求，在寻找社会支持的努力中，除了需要加强与同伴之间的合作外，还必须提高主动获取体育与健康知识以及自我评价体育锻炼效果的能力。比如，在体育锻炼的实施过程中，我们不能事事依赖于课堂体育教育，要设法求助于报刊、书籍、电视或互联网等大众传媒，通过查阅与检索资料或从多媒体渠道直接获取信息，从中受益。大学生应学会用科学的方法指导自己的体育实践，从而加强体育锻炼与社会生活之间的联系。这种社会求助能力一旦在体育锻炼中得到提高，还可以通过迁移作用间接影响人们的其他日常生活与工作。这样不仅可以加强体育锻炼的社会适应性，还可加速个体的社会化进程。

三、体育运动培养良好的道德情操和规范行为

21 世纪人类进入精神发展的新纪元。为了适应更富人文精神的大科学时代对人格教育的要求，体育锻炼不仅要重视知识获取与促进健康的实效，还应关注人的个性发展与健康人格培养等非智力因素，并按照陶冶道德情操的要求，体验集体活动与个人活动的区别，强调、促进健康与品德修养之间的关系，使体育锻炼既促进人的生长发育，又加强人的道德修养。体育运动中有各种明确而详细的行为规范，如奥林匹克精神和原则、体育道德规范、比赛规则、竞赛规程等，这些规范是体育运动得以开展的必要条件，培养学生遵守规范是他们进入社会前的必修课。这一学习过程可以视为对社会法规和伦理道德的模拟学习过程，有助于他们理解遵守社会规范的意义和重要性。

四、体育运动培养适应社会的参与意识

体育锻炼具有强身健体、娱乐消遣的功能，并且形式多样，内容丰富多彩，又不受太多条件的限制，不仅是人类提高生活质量的需要，也完全符合现代社会的生活理念。

于是，不分肤色、贫富、贵贱、种族、信仰、年龄和性别，几乎人人都乐于参与体育锻炼。这表明，体育锻炼以它鲜明的公众效益和自由参与原则，为每个人提供了平等参与的机会。

实践证明，经常积极参与社区体育活动，使自己逐渐成为社会体育组织的一员，不仅可以让人们义务为他人提供帮助，还可以通过相互间的经验交流获得公众的指导，乃至从精神上得到必要的鼓励。这样的参与意识，能使体育锻炼产生积极的社会效益，使参与者通过参与体育锻炼扩大自己的生活领域，并达到促进个体社会化的目的。

五、体育运动培养适应不同社会角色的观念

不同的社会角色区分了社会行业和每个社会成员的职业，不同社会角色成员的组合，构成了五彩缤纷的社会。一个人要符合社会的要求，取得社会成员的资格，就必须学会接受适当的社会角色。而各种体育活动都要求参与者有一定的分工与协作，这就培养与增强了每位参与者适应社会需要的角色观念。运动场上有机会让大学生体验不同的角色和“做什么、怎么做”的不同分工，为他们走向社会打下基础，从而认识到人的主观努力是可以改变社会地位的重要意义。体育运动本身蕴含的协作因素、团队精神和群体性，可以促使锻炼者按协调配合与角色互补原则，妥善处理同伴与同伴之间、同伴与对手之间的关系；通过培养适应社会需要的角色的观念，潜移默化地学会在社会中适应自己的社会角色。

六、体育锻炼培养适应社会发展的生活方式

当前，由高科技开创的文明与繁荣使人们的生活水平有了极大的提高。与此同时，尽管空闲时间不断增多，但由于劳动性质改变、生活节奏加快与人际关系复杂等因素，现代文明病多有发生。基于这种现状，为了防止体力衰退，学会生存，提高生活质量，人们需要选择文明、和谐、健康、活泼的活动方式去善度余暇。人们在对各种活动方式进行认真比较之后，把丰富多彩的体育锻炼作为现代生活方式的一项重要内容和明智选择。体育锻炼的动态性、趣味性、娱乐性、保健性与休闲性，不仅可以通过人的肢体活动，使高度疲劳的神经系统得到休息，而且还可以调节身心平衡、丰富生活内容、提高健康水平。面对现代生活节奏的加快，为了解决身体和精神对快节奏生活的不适应，人们通过体育锻炼掌握运动技能，并以这种快速、敏捷的活动方式，提高人体对快节奏生产、生活的应变与耐受能力；为了消除精神对社会的不适应，人们通过户外运动拓宽生活领域，并以这种回归自然本原的活动方式，克服对快节奏生活的抵触、恐惧、烦怨和焦虑等心理障碍。正是由于体育锻炼的这种特性，它能够预防和消除许多精神和肉体的不适，构建适应生存竞争和享受生活乐趣的新的生活方式。

思考题

2-1 什么是健康，健康包括哪些方面？

2-2 简述如何做到营养膳食。

2-3 简述如何改善睡眠。

2-4 造成肥胖的原因是什么，如何治疗肥胖？

2-5 简述体育锻炼对心理健康的作用。

2-6 简述体育锻炼与社会适应的关系。

第三章　职业体能训练

学习目标

了解力量素质的分类与分析，掌握力量素质的练习方法。

情境导入

某学校的王健同学对自己的体能进行了评价，发现自己的健康状况正常，但肌肉力量较差，肌肉耐力一般；柔韧性较好，但体重超重。他可以采用的锻炼方法有中长跑、篮球、游泳、肩上举和俯卧撑等，考虑到学习时间等条件因素，他选用中长跑和俯卧撑来进行锻炼，并搭配良好的作息和合理的饮食。他的近期目标是肌肉力量和肌肉耐力都达到良好，远期目标是体重恢复正常。

他锻炼持续的次数、强度和时间如下：

次数：跑步每两天一次，俯卧撑每两天一次，根据情况交替进行。

强度：1000m 中长跑；俯卧撑每 20 个 1 组，每次做 5 组。

时间：每天 1~2h。

练习一个月后，他又进行了肌肉耐力和肌肉力量的测试，此时他的近期目标已经达成。

第一节　力量素质训练

力量素质是体育运动中的首要素质，对其他素质的发展起着重要作用。

一、力量素质的分类与分析

发展力量素质的训练过程是：刺激反应→适应→加大刺激强度→增长力量。增长了力量的肌肉，必须再增大刺激力量才能再增长，因此发展力量要遵循两个原则：一是逐步增加刺激强度；二是达到极限负荷。

发展力量素质的练习包括克服外部阻力和克服自身重量的练习，可分为静力性练习和动力性练习。体育运动绝大多数动作均要求快反应、高速度、爆发式完成，还要求高度的机动性和灵活性，所以更多地采用动力性练习方式。

力量素质可分为最大力量、快速力量和力量耐力三种。三者在训练中互相影响、互相促进。

(1)最大力量是指以最大意志力收缩肌肉对抗阻力时所发挥的最高力值。发展最大力量常用负重训练法。

(2)快速力量是指在最短的时间内发挥肌肉力量的能力。肌肉收缩速度是快速力量的决定因素。快速力量依赖于最大力量水平,所以任何发展最大力量的方法也适用于发展快速力量。在快速、频繁身体接触、激烈对抗的体育比赛中,大多数动作是在快速节奏和爆发用力情况下完成的。很多结合专项特点的徒手练习,如各种起动跑、助跑摸高、蛙跳、立定跳远、多级跳和跳深等,都是发展快速力量的有效方法。

(3)力量耐力是力量和耐力的综合素质。

二、发展力量素质的练习方法

(一)发展手指、手腕力量的练习方法

(1)做指卧撑或连续做俯卧撑。

(2)握握力器、握捏网球等。

(3)两人坐地用指腕力量传递实心球。

(4)双手握杠铃杆,直臂快速屈伸手腕。

(二)发展上肢力量的练习方法

(1)用杠铃做卧推、推举、颈后举等。

(2)负重做传球、投篮等动作。

(3)用实心球做抛球、投篮动作。

(4)俯卧撑、引体向上。

(三)发展腰腹力量的练习方法

(1)仰卧举腿、仰卧折体(亦可适当负重,如穿沙衣、戴沙袋等)。

(2)利用杠铃负重转体、挺身等。

(3)跳起空中传接球、投篮等。

(四)发展下肢力量的练习方法

(1)负重杠铃深蹲或半蹲。

(2)负重杠铃快速用力起跳(或连续提重)。

(3)蛙跳、立定跳远、多级跳、跳绳、跳深等。

(4)连续跳起摸篮板(圈)或连续深蹲跳起等。

三、力量素质练习中应注意的事项

(1)力量素质训练的方法手段应侧重于动力性练习,要与速度、弹跳、灵敏等素质和体育技术的练习结合进行,使力量成为“活力”。

(2)在发展力量素质时,应避免局部负担过重,突出快速力量训练与发展,同时要考虑自身的性别、年龄、特点和训练程度等,做到有针对性地合理安排。

(3)在练习前要充分做好准备活动,训练时集中精力,严格遵守动作规范,循序渐进,防止伤害发生。力量素质训练不宜在疲劳状态下进行。

(4)系统安排力量素质训练,不能无故中断。力量增长快,停训后消退也快,可以采用“超负荷训练”获得超量恢复,达到迅速发展力量的目的。

(5)综合训练中,力量素质训练应安排在训练的后一部分。训练后,要注意放松肌肉。

第二节　速度素质训练

速度是人体进行快速运动的一种能力。速度是体育运动比赛中争取时间优势的重要条件。

速度的基本表现形式有反应速度、动作速度和移动速度。在瞬间做出快速反应是很重要的。动作速度与准备姿势、动作熟练程度、灵活性、协调力量和速度水平有关。移动速度通常用通过一定距离的时间来表示,与步幅、步频和技术熟练程度有关。

一、速度素质的分类与分析

速度可分为一般速度和专项速度。一般速度是指各种距离快速跑的能力。专项速度是结合体育运动特点的,如反应快、启动快、急停快、变向加速快、动作间衔接快、动作转换快、起跳快和攻守转换快等。一般速度是专项速度的基础,应重点发展专项速度素质。

速度素质训练应重点抓好反应速度、动作速度和短距离移动速度的训练,抓住力量、柔韧、步幅、步频、协调性、灵活性和改进跑的技术等重点环节,做到能在短距离内迅速发挥出最大的速度,短时间内完成动作。移动速度训练的特点是根据场上情况变化,控制身体重心的及时变化。

二、发展速度素质的练习方法

(一)各种基本步法的练习

通过小步跑、后踢腿跑、高抬腿跑、左右侧交叉步跑、跨跳步跑结合加速度跑等练习基本步法。

（二）各种启动跑练习

（1）原地或移动中，根据教练的信号突然启动或加速快跑。

（2）不同距离的折回跑。

（3）起跳落地、立即启动加速快跑。

（三）各种距离跑的练习

用各种姿势起跑，全速跑30m、60m、100m，改进和提高跑的技术和速度；两罚球线、两底线及各种距离的往返接力跑等。

（四）移动中的各种跑的训练

绕过障碍的快速变方向跑、侧身跑、后退跑、弧线跑和折线跑等，以及跑台阶，上下坡跑等练习。

（五）结合球的速度练习

（1）做跑动中的自抛自接球的练习，球要抛得高度适当，快速跑上去接住球。

（2）全场只准运两三次球的快速运球上篮。

（3）两人全场快速传球上篮，传球次数要少。

（4）原地或移动中的运球，看教练手势，突然启动加速运球。

（5）两人平行站立在底线外，相距2m，老师向前掷球后，队员立即启动快跑去抢球，抢到球的队员快速运球上篮，未抢到球的队员快速追赶进行防守。

第三节　耐力素质训练

耐力是指人体长时间坚持工作的能力。运动员必须具备很好的耐力素质，才能在运动比赛中始终保持充沛的精力和旺盛的斗志，才能保证技术、战术水平的正常发挥。现代体育比赛需要在长时间高速度运动、激烈对抗中完成各种复杂动作，对耐力素质提出了很高的要求。

一、耐力素质的意义

（1）通过耐力训练，提高呼吸系统、血液循环系统的功能，从而提高抗疲劳的能力。抗疲劳能力越强，有机体保持持久高水平运动的能力越强，这对创造优异成绩是有利的。

（2）通过耐力训练，呼吸及心血管系统机能得到发展，血氧供应充分，必定使机体能量物质的储备增多，使有关生理、生化功能提高，进而能促进及加速运动后消除疲劳。

（3）经过合理的耐力训练，能提高人体抗疲劳及疲劳后机体快速恢复的能力，大脑皮层中兴奋与抑制过程有节奏的交替能力也能很快恢复与提高，再加上有充足的能量物质的供应，这些都成为其他素质(力量、速度、灵敏等)发展的物质基础，促进其他素质的发展。

(4)耐力训练还可培养坚毅、顽强、勇于克服困难的意志品质。

二、有氧耐力练习的注意事项

有氧耐力练习中，提高最大吸氧量的主要训练手段是周期性练习。这些练习的强度必须控制在主要通过有氧代谢供能的范围之内，这就涉及负荷安排问题。有氧耐力练习的负荷安排中，最主要的两个因素是练习的强度与练习的时间。

(一)练习强度

单纯发展有氧耐力的练习强度相对要小，一般应低于最大强度的70%，并以有氧系统供能为主。练习强度通常可用心率负荷来控制。如一般练习时可控制在140~160次/分之间，根据这个强度进行长时间的锻炼，可使有氧系统供能得到改善，心肺系统的机能水平、肌肉供血和直接吸收氧气的能力得到提高。由于人与人之间耐力水平发展不平衡，故发展有氧耐力的适宜心率可以用公式推算来确定：

$$适宜心率=安静时心率+(最大心率-安静时心率)\times(60\%\sim70\%)$$

心率控制在这个水平，可使心血输出量增加，吸氧量达到最大值的80%左右。保持练习还能使心脏容量增大，有利于促进骨骼肌、心肌的毛细血管增生。如果练习强度超过这一水平，心率在170次/分以上，就会产生运动后过量氧耗，从而使练习向无氧代谢方向转化。但如果练习强度过低，心率在150次/分以下时，提高有氧能力的有效性就会降低。

(二)练习时间

有氧耐力的练习时间，一般可根据训练水平而定，受过训练的运动员可长达2h。而普通人进行训练至少也要维持20min以上。时间越长，对机体有氧代谢过程的刺激也就越大。同样，有氧耐力练习只有维持较长时间，才能使全身血量和红细胞增加，提高每搏输出量和机体的摄氧、输氧和用氧能力，达到发展有氧耐力的目的。

空腹晨练时，如进行发展有氧耐力的训练，应控制负荷量，以免损害健康。

三、发展耐力素质的练习方法

(1)越野跑、爬山跑等。

(2)短距离如30m、60m、100m和反复冲刺跑，随着训练水平的提高，每次跑的间歇时间可逐步缩短。

(3)连续进行400m跑和各种中、长距离的变速跑。

(4)在球场利用各种横线做往返折回跑。

(5)全场反复快速运球上篮，两三人全场反复快攻练习，一对一、二对二、三对三全场攻守或攻守转换练习等。

(6)综合练习。把各种跑、跳、防守脚步动作,投、突、传、运等动作组成全场综合练习。

(7)连续进行较长时间的各种攻守技术练习和全场攻守的比赛。

第四节 柔韧素质训练

柔韧性包括两方面的含义:一是关节活动幅度的大小,二是跨过关节的韧带、肌腱和肌肉等软组织的弹性与伸展性。关节的活动幅度主要取决于关节本身的结构,关节的结构不同,柔韧性也有差别。其中关节的骨结构是不能改变的,但跨过关节的韧带、肌腱和肌肉等软组织的伸展性则可以通过合理的训练得以提高。

体育柔韧素质训练必须注意加强队员关节韧带,特别是腰、胯、肩、腿、踝关节韧带的锻炼。拉长韧带、加强韧带的弹性,不仅可以提高灵活性,而且对提高力量、速度都有积极的影响作用。

一、柔韧素质的意义

根据人体生理解剖结构,柔韧包括四肢和躯干各关节的柔韧。主要关节有肩、肘、腕、胯、膝、踝及脊柱等,柔韧的训练就是对上述各关节灵活性的练习。在体育运动中,因项目不同对各关节活动幅度要求的程度也就不同。但各关节全面柔韧的发展是基础,只有在全面发展的基础上,才能突出本专项需要的关节部位柔韧的重要。

如投掷、体操、举重、游泳等项目需要肩关节柔韧性较高。投掷标枪时,肩部柔韧差导致不能满弓;游泳运动员肩部柔韧差将被列入淘汰之列;举重运动员肩部柔韧差将不能从事举重运动;体操运动员肩部柔韧差大量动作不能做到位,技术发展受到限制而会被淘汰。这些项目的运动员必须以全面发展关节柔韧并适应本专项需要为前提,才能突出肩部柔韧的重要性。

篮球、排球、小球项目的运动员腕部柔韧性要求较高。如排球运动员的扣球动作,首先是腕部的柔韧,因为它是控制球的关键部位,可控制球的方向、速度,但扣球力量需要肩、胸、腰、胯的柔韧性都好才能有利于体前肌群的拉长,然后发力传递于手使球扣得有力;下肢柔韧性好,可充分发挥弹跳力以赢得空中发力的时间。如果腕部柔韧性差,扣球时将使球失去方向和全身传递于手应有的力量。因此对任何一个具体项目来说,全身各关节的柔韧在每一个动作中都有其具体作用,哪一个部位差都会影响动作的掌握和技术的发挥。因此各关节柔韧的发展是相互交替促进的发展。

还有的项目,因专项技术的需要对全身各关节的柔韧要求都很高。如竞技体操、艺术体操、跳水等项目,不仅对肩、腰、胸、胯、腿有较高的柔韧要求,甚至对脚面的柔韧也有较高的要求。

柔韧素质对各项运动技术的掌握和发挥具有重要的作用,其具体作用如下:

(1)加大运动幅度,有利于肌力和速度的发挥。

(2)提高关节的灵活性,增加动作的协调优美感,可获得最佳的机能水平。

(3)加速动作掌握进程,有利于技术水平的提高。使技术动作显得轻巧灵活,更加协调和准确。

(4)防止、减少伤害事故的发生,延长运动寿命。

二、发展柔韧素质的注意事项

(一)循序渐进,持之以恒

发展柔韧素质需要意志坚定地进行练习。柔韧练习痛感强,见效慢,停止训练便有所消退,因此应持之以恒才能见效。由于肌肉、韧带等软组织的伸展性并不是一时一刻就能得到提高的,所以练习应逐步提高要求,做到循序渐进,不能急于求成。

根据停止柔韧练习一段时期,已获得的柔韧效果会有所消退的特点,柔韧素质练习要做到系统化、经常化。特别是当某一部位因伤停止练习后,该部位所获得的柔韧效果将全部消退,其恢复期相对延长,因此在某一部位受伤后,其他部位仍应适当练习,否则柔韧性会因停练而消退。

(二)柔韧素质练习要因项因人而异

柔韧素质练习必须根据专项特点和练习者的具体情况安排,例如,跳跃项目的运动员主要对腿部和髋部的柔韧要求高;游泳运动员主要对肩关节、踝关节和躯干柔韧要求高;体操运动员主要对肩、髋、腰、腿部的柔韧要求高。因此,在全面发展身体各部位柔韧素质的基础上,要重点练习本专项所需要的几个部位的柔韧素质。另外练习者的具体情况不一样,在进行柔韧素质练习过程中必须区别对待,突出针对性、应用性,这样才能收到良好的练习效果。

在运动训练中,虽然各项目对柔韧素质都有一定的要求,但一般说来没有必要使柔韧素质的发展达到最大限度,柔韧素质的发展程度只要能满足专项运动技术的需要就可以了。

(三)柔韧素质的发展应与力量素质的发展相适应

柔韧素质的发展应是在肌肉力量增长下的发展,而肌肉力量的增长过快会因体积的增长而影响关节活动幅度。力量练习是发展肌肉的收缩能力,柔韧素质练习能发展肌肉的伸展能力,因此以力量结合柔韧的练习提高肌肉质量最为有效,既能达到力量和柔韧的同时增长，又能保证关节灵活性的稳固。

（四）柔韧素质练习要注意外界温度与练习的时间

外界温度过高或过低都会影响到肌肉的状态，影响到肌肉的伸展能力。一般，当外界温度在 18℃时有利于柔韧素质的发展，因为肌肉在这个温度下伸展能力较好。温度过高或过低，肌肉紧张或无力都会影响其伸展能力。如跳高运动员每次做完试跳之后，总要穿上衣服，目的在于保持体温，使肌肉处于良好的状态，以便迎接下一次试跳。

一天之内在任何时间都可以进行柔韧素质练习，只是效果不同。早晨柔韧素质会明显地降低，所以早晨可做一些强度不大的“拉韧带”的练习。一天之内在 10：00~18：00 时人体能表现出良好的柔韧性，此时可进行一些强度较大的柔韧素质练习。

（五）柔韧素质练习之后应结合放松练习

每次伸展练习之后，应做相反方向的练习，使供血供能机能加强，以助于伸展肌群放松和恢复。如压腿之后做几次屈膝练习，体前屈练习之后做几次挺腹挺胯动作，下腰后做几次体前屈或团身抱膝动作等。

（六）柔韧素质练习时要防止受伤

柔韧素质练习主要是运用各种方法拉长人体关节肌肉、韧带的长度。但如果方法不科学，非常容易出现肌肉拉伤事故。因此，要提高柔韧练习的最终效果，必须要防止在练习时受伤。一般在柔韧练习前可做一些热身活动，减少肌肉的黏滞性；在拉长肌肉的过程中不宜用力过猛，特别是在柔韧被动练习时，教练员施加的外力要循序渐进，要了解运动员的个性特征，还要及时注意运动员的练习反应，以便合理地加力与减力，保证柔韧练习的正常进行。

三、发展柔韧素质的训练方式

柔韧素质训练方式基本有两种，即静力拉伸和动力拉伸，其中动力拉伸又可分为主动拉伸和被动拉伸两种。

（1）静力拉伸是指通过缓慢的动作将肌肉韧带等软组织拉长，当拉到一定程度时要进行一定时间静止不动的练习。

（2）动力拉伸是指一种有节奏的、速度快的、多次重复同一动作的拉伸练习。

四、发展柔韧素质的练习方法

（1）两手指交叉相握，手心向外做压指、压腕等动作，充分向前、向上伸展或有节奏地向下振压。

（2）两臂做不对称的大绕环、转肩等动作；在背后一手从上往下伸，一手从下向上伸，使两手在背后做拉、伸练习。

(3)利用器材或队友帮助做压肩、拉肩、转肩等动作；利用肋木做各种压腿，拉长肌肉、韧带和扩大各关节活动范围的练习。

(4)并腿直立，上体前屈，用手摸地或握踝，上体前屈靠腿；弓步压腿；前后“劈叉”压腿，左右“劈叉”压腿；勾脚尖向前、向侧踢腿。

第五节　灵敏素质训练

灵敏素质，是指在复杂和突变的情况下，人体迅速、准确、灵活运用动作的能力。灵敏素质是人体的运动技能和各种素质在运动中的综合表现，主要体现在动作灵活性和大脑反应的快速敏捷上。例如，它是警察在警务活动中机智灵活、快速敏捷处置各种暴力性、突发性事件所必备的主要身体素质之一。

一、灵敏素质的分类与分析

灵敏素质可分为一般灵敏素质和专项灵敏素质。一般灵敏素质是指人在各种活动中，在突然变换的条件下，迅速、合理、准确地完成各种动作的能力，它是专项灵敏素质发展的基础；专项灵敏素质是运动员在体育运动中，迅速、准确、协调自如地完成各种技术动作的能力。

(1)通过全面发展各种运动素质发展一般灵敏素质。灵敏素质是由力量、反应、速度、协调性等多种素质组合而成的，因此要加强全面身体素质训练。

(2)结合专项特点发展专项灵敏素质。发展灵敏素质应从培养运动员的各种能力入手，其中包括掌握动作的能力、平衡能力和节奏感等。这就要求结合技术训练和其他专门训练，运用各种信号和手段，加强反应速度练习，提高神经系统迅速集中和分散的能力，使大脑皮层的灵活性与神经过程的转换能力都得到进一步提高；同时，要熟练掌握各种攻、守技术和战术，不断提高机动、灵活的战术意识和运用能力。

灵敏素质训练应特别注意加强视野、观察能力、脚上移动和手控球、支配球能力的训练。

二、发展灵敏素质的注意事项

(1)练习方法、手段应多样化并经常改变。

(2)掌握本专项一定数量的基本动作。

(3)抓住发展灵敏素质的最佳时期，要从少儿抓起。

(4)灵敏素质练习时应注意消除练习者的紧张心理。

(5)合理安排好训练时间，让练习者在体力充沛、精神饱满、运动欲望强的状态下进行练习。

(6)灵敏素质练习应具有专项化的特点,使训练效果与专项要求一致。

三、发展灵敏素质的练习方法

(1)在跑、跳中做迅速改变方向的各种跑、躲闪、突然启动,以及各种快速急停和迅速转体练习。

(2)两人一组做影子练习,即一人做动作,另一人模仿做同样的动作;或一对一进行各种追逐、闪躲练习。

(3)接不同方向、不同距离、不同速度及不同位置的困难球。

(4)脚步、腰、胯灵活性综合练习。把各种脚步动作组织成综合练习,在全场进行,并根据教练发出的信号迅速改变动作。

(5)在场上进行"橄榄球"式体育比赛。队员分成两队,人数均等,比赛时可持球任意跑,双方积极追抢、闪躲、抢球,每投中一球得一分。

第六节　核心力量训练

一、核心力量与核心稳定性

(一)核心力量

在解剖学上,人体"核心"区域是指腰椎、骨盆、髋关节所构成的连接上下肢的枢纽部位,以及附着在这些部位周围的肌肉、肌腱及韧带等组织。核心力量是指附着在人体核心部位的这些肌肉、韧带等组织在神经的支配下收缩所产生的以稳定人体核心部位、控制重心、调节平衡,并传递上下肢力量为目的的力量能力。

(二)核心稳定性

核心稳定性是指人体在运动过程中通过核心部位的稳定,为上下肢的力量传递创造条件,并为身体重心的移动和稳定提供力量的身体姿态。

(三)核心力量与核心稳定性的关系

核心力量的概念最早源自1992年Panjabi对核心稳定性概念的研究,之后,这一概念日益受到运动解剖学、运动医学、运动生物力学等研究领域学者的关注。核心力量与核心稳定性虽是两个不同的概念,但两者之间密切关联。核心稳定性的提高有助于核心部位的大肌群在某一个方向上形成合力,并传递力量;相反,核心力量的提高能增强核心部位的稳定性,从而更好地控制身体平衡。因此,可以认为两者之间是相互制约、渗透和互相促进的关系。

二、核心力量训练的原理

美国的一些学者认为，从功能上，构成核心稳定性的力量就是核心力量。因此，核心力量训练一个极为重要的因素就是核心稳定性训练，这也是区别于传统力量训练的关键。

(一)从运动生物力学角度

运动生物力学研究发现，身体重心会随着人体姿势的变化而发生改变，运动时变化的范围会更大，有时甚至还会移出体外。人体在通过姿势性协同运动模式来调节身体平衡时，无论采用哪种调节机制来控制身体平衡，均需要人体核心部位力量的支撑，因为躯干是人体生物运动链上的枢纽环节，它对力量的传递起着重要作用。在踝调节机制中，对于向前或向后的干扰，固定组合的肌群会做出相应的反应，肌肉由远端至近端的顺序进行收缩。例如，当站立者受到干扰而向后倾斜时，胫前肌、股四头肌、腹肌会按照顺序依次进行收缩，以阻止身体重心进一步向后倾倒。由此可见，核心力量在踝调节机制中起到间接辅助的作用。在髋调节机制中，人体主要是通过髋关节的屈伸活动来调整身体重心的，而髋关节本属人体核心部位，因此核心力量的作用不言而喻。例如，为了对抗身体向前的摆动，核心部位的腹肌和股四头肌会依次收缩；而为了对抗身体向前的摆动，核心部位的脊柱旁肌群和腘绳肌会依次收缩，肌肉收缩的顺序均是由近端至远端。跨步调节机制是当外力干扰过大，髋调节机制已不能应答平衡的变化时，为避免跌倒所采用的一种动作模式，而强大的核心力量能够帮助人体更加快速、稳定地启动这一调节机制。

由此可见，躯干部位的力量和平衡稳定性尤为关键，因为它是人体生物运动链上的枢纽环节，对力量的传递起着至关重要的作用。人体在运动时，由于重心的变化，身体始终处于平衡→失衡→重建平衡的动态变化中，而在这个变化过程中，人体主要是依靠核心力量来调整姿势和维持身体的平衡与稳定。

因此，核心力量训练中一个非常重要的方式就是在非稳定环境或状态下进行训练。相关的实验研究也证明了人体在不稳定状态下进行训练比在稳定状态下同等负荷训练时参与活动的肌肉数量及同块肌肉的肌电活动均明显增加。

(二)从运动解剖学角度

从运动解剖学角度可以发现，人体的核心肌群共有 33 对+1 块。这些肌群中，除腰椎、骨盆、髋关节部位的肌肉以外，还包括了股直肌等大腿部位的部分肌肉，这些肌群分布在人体的矢状面、额状面和水平面 3 个维度及不同层。

因此，核心力量训练特别强调对核心区域深层小肌肉群的训练，并且重视二维、三维等多维度的运动。

(三)从运动生理学角度

从最早的 Panjabi 及之后的学者对核心稳定性的生理机制研究可知,核心稳定性是由控制系统(神经控制系统)、主动子系统(肌肉动力系统)、被动子系统(骨骼韧带支撑系统)及调节子系统(呼吸调节系统)4 个系统构成的,核心稳定性的优劣取决于这些系统间的协作,同时还取决身体的灵活性、柔韧性和协调性等因素的共同作用。已有研究证明,通过训练不仅可以提高肌肉动力系统,神经控制系统也能够通过训练来改善提高。

因此,可以认为训练核心力量的目的是为了提高机体的整体工作效率,训练重点强调人体核心区域及附属关节、韧带、深层小肌肉群的肌间协调,并通过改善神经肌肉系统间的协调性,促进人体的爆发力、力量耐力、协调性及柔韧性等素质的协调发展。

综上所述,核心力量训练是指针对机体核心区域的肌肉及其深层小肌群进行的力量、平衡、肌间协调与稳定性等方面能力的训练,是在机体处于非稳定环境或状态下,通过神经、肌肉、骨骼韧带、呼吸 4 个系统持续调控,达到稳定重心、调节身体平衡、提高姿势控制力、传递力量目的的非平衡性力量训练。如果有较好的核心力量作保证,躯干就能够得到更稳固的支撑,使四肢从维持身体平衡的工作中解放出来,肢体活动也就更加自由、协调。

三、核心力量训练方法和传统力量训练方法的区别

核心力量训练方法与传统力量训练方法区别在于训练环境、器材选用、针对部位、训练目的不同,见表 3-1。

表 3-1 核心力量训练和传统力量训练的区别

不同点	传统力量训练	核心力量训练
环境不同	稳定环境	非稳定环境
器材不同	哑铃、杠铃等	瑞士球、悬吊器等
部位不同	全身任何部位	核心部位
目的不同	增大肌力	提高神经募集肌肉能力

思考题

3-1 简述发展速度素质的练习方法。

3-2 简述弹跳素质训练中的注意事项。

3-3 简述核心力量训练方法和传统力量训练方法的区别。

第四章 常见运动性伤病的防治

学习目标

(1)了解运动损伤的概念、运动损伤造成的原因,掌握运动损伤的分类及运动损伤的预防措施。

(2)掌握运动损伤的应急处理方法。

(3)掌握常见运动损伤的急救预处理。

(4)了解体育锻炼中的卫生,掌握运动康复的方法。

(5)了解运动疲劳,掌握恢复运动疲劳的方法。

(6)掌握运动与水分补充。

情境导入

在某大学举行的秋季田径运动会上,一男生李某正在跑道上进行着男子5000m赛跑,跑到快4000m时,由于速度过快、体力不支,突然面色苍白,想停止,但要强的性格加之较强的意志力迫使他坚持完成了整个比赛,然而赛后该生却突然晕厥过去,失去知觉,后来由老师和学生带去医院检查,经医生诊断为运动性损伤,是由于无氧运动持续时间过长造成的损伤,于是住院接受治疗。

第一节 运动损伤的原因及预防

一、运动损伤概述

体育运动过程中发生的损伤称为运动损伤。运动损伤的分类方法较多,常见的有以下几种:

(1)按损伤组织的种类分,有肌肉肌腱损伤、滑囊损伤、关节囊和韧带损伤、骨折、关节脱位、内脏损伤、脑震荡、神经损伤等。

(2)按损伤组织创口界面分,可分为开放性损伤和闭合性损伤。开放性损伤指损伤组织有裂口与外界空气相通,如擦伤、刺伤、切伤和开放性骨折等;闭合性损伤指损伤的组织无裂口与外界空气相通,如挫伤、肌肉韧带损伤与闭合性骨折等。

(3)按运动能力丧失的程度分,伤后仍然能够按照教学训练计划进行体育锻炼的为轻伤;伤后不能按照教学训练计划进行体育锻炼,需要减少或停止患部活动的为中等伤;伤后完全不能运动的为重伤。

(4)按损伤病程分,可分为急性损伤和慢性损伤。急性损伤指人体在一瞬间遭受直接暴力或间接暴力的损伤;慢性损伤又分为劳损和陈旧性损伤,劳损是因局部负荷过劳或多次微细损伤积累而成,陈旧性损伤常因急性损伤处理不当转变而成。

二、造成运动损伤的原因

(一)准备活动不充分或没做准备活动

有相当多的学生在活动时根本就没有做准备活动的意识。这样,神经系统和内脏器官的功能没有被充分动员起来,肌肉伸展能力欠佳,关节不够灵活,动作不协调,就很容易导致运动损伤的发生。这主要是学生对准备活动的作用不明确或不会独立做准备活动,错误地认为做准备活动是浪费体力,往往急于参加运动而损伤,有的教师不认真指导学生做准备活动,结果使学生造成损伤。

(二)学生身体素质差、技术动作不熟练

学生运动技术掌握不好有两个方面的原因:一是学生身体素质差,特别是力量、灵敏、柔韧素质较差,动作僵硬、不协调,运动中遇到一些技术较复杂、难度较大的运动项目或在运动量、强度加大的情况下就容易受损。二是根据运动技术形成的规律,在运动技能形成的泛化阶段和分化阶段,由于学生对运动技术概念理解不深刻,练习中出现多余的动作后技术掌握不稳定,这种情况下也容易受伤。

(三)场地、器械不合格

跑道过硬或高低不平,沙坑过硬或有杂物,海绵垫厚度不够,并且海绵垫之间相互衔接不严密,场地过滑等都容易造成运动损伤。例如:篮球、排球的练习是在水泥场地上进行的,由于地面硬、练习中跳跃动作多,因此容易造成踝关节、膝关节损伤。体育设施、设备陈旧、摆放不当。如单杠、双杠、爬竿、爬绳等,受日晒雨淋,天长日久就会生锈、损坏,学校没有及时修理和更换,学生在练习时不注意看,就很容易受伤。体育课后将铅球、铁饼、标枪、山羊等危险器材随便摆放操场上,又无人看管,学生因好玩致使人身受到伤害。

(四)运动疲劳、心理过于兴奋或紧张

运动疲劳受伤主要是在练习过程中反复做同一动作,使身体局部负担过大而引起。学生学习新内容或比赛时会表现出过度的兴奋,容易发生损伤。学生在练习较难的动作时,由于心里害怕,做动作犹豫不决,也容易发生运动损伤;另外,教学组织不合理、天气不好、保护措施不当,都是引起运动损伤的原因。

三、运动损伤的预防

(一)预防运动损伤的意义

体育锻炼对身体的影响有有益、无益或有害等3种结果,只有把握科学锻炼身体的方法,才能真正达到有益的效果。在体育锻炼过程中,预防是主动的,通过提高预防意识、加强预防措施,可以把运动伤害事故消灭在萌芽状态。如果在体育锻炼时,不重视预防工作,不采取积极的预防措施,就可能发生各类损伤事故,轻者影响学习和工作,重者造成残疾甚至危及生命,对国家和个人都造成重大的损失。大量事例表明,人为因素是发生伤害事故的根本原因,因此,应积极主动预防运动损伤,提高思想认识和预防意识,并采取切实有效的措施,努力消除各种致伤因素,从而达到以防为主,防患于未然的目的。

(二)运动损伤的预防要求

1.树立预防意识

在教学中,让学生从思想上高度重视运动损伤的预防,对预防的意义应有充分的认识,只有掌握运动损伤发生的规律,及时总结经验,才能最大限度地减少或避免运动损伤,从而保证体育运动参加者的身体健康。

2.做好准备活动

根据个人的身体状况和运动特点,有针对性地做好准备活动,既要做好身体方面的准备,又要做好心理方面的准备。培养学生的终身体育意识,养成科学、系统的锻炼身体的方法,让学生了解准备活动的作用,充分认识准备活动的意义和目的。

3.提高自我保护能力

如摔倒时,要顺势做好屈膝、弯腰、低头、含胸、团身滚动等,切不可用直臂或肘部撑地。平时要加强跳跃、滚翻等动作练习,以提高身体的灵敏和应变能力。

4.加强体育锻炼的组织工作

在教学、训练、比赛中,要根据学生的年龄、性别、健康状况和运动技术水平,采取严格的预防措施,给予学生进行体育运动必要的指导。

5.科学锻炼

教学中要严格按照课程标准的要求,不超出课程标准的难度和范围,对学生要区别对待,不能一刀切,遵循因材施教的原则,完成大学体育的教学任务。

6.创设安全、适宜的锻炼环境

在体育运动中应排除场地、器械、天气等因素的不利影响,具体包括运动场地平坦、运动器材设备坚固、安全,以及个人衣着适宜等。

第二节 运动损伤的应急处理

一、软组织损伤的处理

软组织损伤是运动损伤中常见的一种,根据损伤组织是否有创口与外界相通可以分为闭合性软组织损伤和开放性软组织损伤两大类。

(一)闭合性软组织损伤

闭合性软组织损伤是指关节韧带、肌肉、肌腱、滑囊等软组织的损伤,由于这些损伤无裂口与外界相通,故称为闭合性软组织损伤。在体育运动中较为多见,如挫伤、肌肉及肌肉筋膜拉伤、关节囊和韧带扭伤、肌腱腱鞘和滑囊损伤等。根据其发病的缓急,分为急性和慢性损伤两类。

1.急性损伤

急性损伤是因遭受一次较大外力作用所致的损伤。发病急、病程短,临床症状和体征较明显。若处理不当,常可演变成慢性损伤或留下不同程度的功能障碍。因此,及时而正确地处理急性软组织损伤是避免伤势扩大和减少后遗症(重者出现关节僵直和运动功能受限)的重要环节。

根据损伤的病理发展过程,急性闭合性软组织损伤的处理大致可分为早、中、后 3 个时期。

(1)早期,也称为急性炎症期,指伤后 24~48h。此期组织内出血,局部出现红、肿、痛、热及功能障碍等征象。处理原则主要是制动、止血、防肿、镇痛和减轻炎症。治疗方法:一是采用冷敷,即受伤局部尽快用冷自来水冲淋约 15min 或用冰水、冰袋、白酒、50%~75% 酒精冷敷。如果处于紧急状况,可就近买棒冰捆绑在肢体受伤部位。有条件时可用冷镇痛气雾剂、“好得快”等喷射受伤部位,喷射距离约 10cm,喷射时间约 3~5s,重复使用至少间隔 0.5min(此方法不宜使用于面部和创口)。冷敷时要注意防止冻伤,尤其是在寒冷的冬季。急性软组织损伤原则上 1~2d 内不能搓拿和热敷。二是加压包扎,它是处理急性软组织损伤的关键,包扎得当可止血、防肿和缩短伤后康复时间。冷敷后伤处可用绷带、手帕、布条加压包扎约 24h。包扎时要注意松紧适当,包扎太松起不到加压作用,包扎太紧会引起局部血液循环障碍。一旦出现肢端青紫、麻木感,应及时松开,重新包扎。三是制动和抬高伤肢,当肢体受伤较重时,为防止局部继续出血,减少肿胀和疼痛,一般应限制肢体活动和抬高患肢数日,促进血液、淋巴回流,有利于消肿,然后外敷伤药。疼痛较重者,可服止痛片,瘀血较重者可服跌打丸、七厘散等。在损伤急性期,一般不做按摩，否则会加重出血和组织液渗出，使肿胀加重。

（2）中期，指受伤24～48h后。此期间伤部出血停止，急性炎症逐渐消退，但仍存瘀血、肿胀和功能障碍。处理原则主要是改善伤部的血液和淋巴循环，促进组织的新陈代谢，使瘀血与渗出液迅速吸收，同时坏死组织及时清除，促进再生修复。处理方法有理疗、按摩、针灸、药物痛点注射、外贴活血膏或外敷活血药等综合治疗，其中热疗、按摩在此期治疗中极为重要；同时根据伤情的好转，尽早进行伤肢的功能锻炼，以促进愈合和功能恢复。

（3）后期。此期损伤组织基本修复，肿胀、压痛等局部征象已经消失，但可能有粘连或瘢痕形成，功能尚未完全恢复，锻炼时或运动后仍感疼痛、酸胀无力，个别严重者出现伤部僵硬或活动受限等现象。处理原则是恢复和增强肌肉、关节功能，处理方法以按摩、理疗和功能锻炼为主，并配合中药熏洗和保护支持带的应用等。

2.慢性损伤

慢性损伤是由急性损伤处理不当或运动过早转变而来，或是因长期局部负荷过度，由微细损伤的积累形成劳损。慢性损伤的处理原则主要是减轻患部肢体负担，改善伤部的血液循环和新陈代谢。处理方法与急性损伤中后期基本相同，以按摩和痛点注射药物的治疗效果较好。

（二）开放性软组织损伤

1.擦伤（皮肤表面受到摩擦后的损伤）

处理：创口较浅、面积小的擦伤，可用生理盐水洗净伤口，创口周围用75%的酒精消毒，局部擦以红汞或紫药水，无须包扎。但面部擦伤最好不用紫药水，关节附近擦伤经消毒处理后一般不采用暴露疗法，因为干裂易影响关节运动，一旦发生感染也易波及关节。因此，关节附近多采用消炎软膏或多种抗生素软膏涂抹，并用无菌敷料覆盖包扎。对于出血比较严重的还要进行止血处理。

2.撕裂伤

撕裂伤中，以头面部皮肤撕裂伤最为多见，如篮球运动中，眉弓被对方肘碰撞引起眉际皮肤撕裂等。若撕裂的创口较小，经消毒处理后，用粘膏或创可贴粘合即可；若撕裂创口较大，则须止血，缝合创口。当伤情和污染较重时，应注射破伤风抗毒血清，并给以抗生素治疗。

3.刺伤和切伤

田径运动中被钉鞋或标枪刺伤，冬季滑冰时被冰刀切伤，其处理方法基本上与撕裂伤相同。

二、韧带扭伤

(一)发生机制和症状

韧带有较强的抗伤能力,以保护关节的正常活动,防止关节出现异常。但当外力使关节活动超越韧带所能承受的范围时,就会发生韧带损伤。

韧带轻度损伤,只是产生轻微的疼痛或局部水肿,关节功能也不会有明显的影响;严重时,会造成韧带撕裂,并丧失其功能。其主要症状表现为伤处疼痛、肿胀和皮下瘀血。

(二)处置

受伤后,应立即冷敷,加压包扎、抬高伤肢。24h 后对伤部热敷或按摩,重度损伤乃至韧带撕裂时,可用绷带固定伤肢后立即送医院治疗。

(三)预防

韧带扭伤易发部位是踝关节、腕关节和膝关节,所以平时要加强这些易伤关节周围韧带、肌肉的练习,以提高其抗伤能力。对曾经发生扭伤的部位,锻炼时可采用护踝、护膝、护腕等保护措施。

三、腰扭伤

(一)发生机制与症状

人体的腰椎是由 5 块脊椎骨连接起来的。有很多韧带和细小肌肉群连接腰椎骨,腰部活动就是靠这些韧带、肌肉收缩牵动来进行的。但如果人体运动超越了肌肉韧带的伸展限度,或收缩不协调,就会造成腰部扭伤。例如:举重时上体过于后仰,跳水时两腿过于后摆,做体操桥形时准备活动不够等,均可使腰部直接致伤。腰部扭伤后,当时便会感到疼痛,有时会听到瞬间“格格”响声,有时出现肌肉痉挛,活动受阻。

(二)处置

发生腰扭伤后,应立即停止运动,让患者平卧,一般不应扶动。如果疼痛剧烈,则应送医院诊治。处理后,应卧硬板床,腰下可垫个薄软枕头,以放松腰部肌肉,减轻疼痛。腰扭伤 24h 后,可采用热敷和外敷伤药,也可施行按摩、针灸。

(三)预防

运动前要做好全身性准备活动,特别是腰部准备活动。如前后弯腰、左右转身、身体绕环、上伸下蹲等,运动时注意姿势的正确性、动作的协调性,用力要得当,平时要加强腰部肌力的锻炼,以提高腰部肌力。

四、关节扭伤急救

(一)发生机制与症状

关节没有充分准备时,过猛的扭转,超过其正常的活动范围,撕裂附着在关节外面的关节囊、韧带及肌腱,就是扭伤,俗话称为“筋伤”。扭伤多见于青少年的运动损伤,体力劳动者的工作伤,最常见于踝关节、手腕部及下腰部。发生在下腰部的扭伤就是平常说的“闪腰岔气”。扭伤的常见症状有疼痛、肿胀、关节活动不利等,痛是必然出现的症状,肿及皮肤青紫、关节不能转动都是扭伤的常见表现。

(二)治疗措施

在运动中扭伤手指,最常见于打篮球争球时末节手指触球的瞬间有触电样的疼痛而突然停止活动,伤后应立即停止运动,首先是冷敷,最好用冰块。但没有条件时,可用净水代替。将手指泡在冰水中冷敷 15min 左右,然后用冷湿布包敷;再用胶布把手指固定在伸直位置。检查手指的活动度,如果手指的伸直弯曲都受限或者末节手指呈下垂样,可能是发生了撕脱性骨折,一定要去医院诊治。

如踝关节扭伤,急救时可以用毛巾包裹冰块外敷局部,48h 后可以用热毛巾外敷(皮肤破损不严重),首先是要制动休息,用枕头把小腿垫高,促进静脉回流、瘀血消散。另外可用茶水、黄酒、蛋清等调敷云南白药、七厘散等,2~3 次/日敷伤处,外加包扎,促进瘀血消散,有较好的效果。

五、运动引起的腹痛处理

(一)发病机制与症状

运动中腹痛常在中长跑和剧烈运动时发生。据发病的大量资料表明,主要是在运动前准备活动不充分,或者因运动前吃得过饱、饮水过多,或者腹部受凉,致使脏腑功能失调,引起腹痛;也有的因运动时间过长或过于激烈,使下腔静脉压力上升,引起血液回流受阻;也有的因呼吸节奏紊乱,引起膈肌运动失常,或者肝脾积气瘀血,导致两肋部胀痛等。

(二)处置

如果没有器质性疾病,一般采用减慢运动速度,进行腹式呼吸,按压疼痛部位等方法,短时间内即可减轻疼痛,直至消失;数分钟后,如果疼痛仍不减轻,甚至加重,就应停止运动,必要时可服十滴水或普鲁苯辛,或揉按内关、大肠俞等穴位。如仍不见效,应送医院诊治。

(三)预防

运动前避免饮食或饮水过多,并做好准备活动(特别是腹部按摩),坚持循序渐进,注意呼吸节奏,夏季运动要适当补充盐分。

六、脑震荡

(一)发病机制与症状

脑震荡是脑部损伤中最轻而又多见的一种,是指头部受到外力打击后神经细胞和神经纤维受到震荡后所引起的意识和机能的一时性障碍。例如在体育运动中,头部直接被足球、棒球、垒球打击,或者从高处摔下,头部撞地等,都可发生脑震荡,其症状表现如下。

1.意识障碍

一般有轻度意识障碍,严重者可发生一时性意识丧失,直至昏迷,时间短则几秒钟,长则几分钟至20~30min不等。在意识丧失时,呼吸表浅、脉搏徐缓、肌肉松弛、瞳孔稍大但对称,神经反射减弱或消失。

2.逆行性健忘

意识恢复后不能回忆起受伤时的情境。

(二)处置

立即让患者安静、平卧,头部冷敷,身上保暖。若有昏迷,可指压人中、内关穴;若呼吸发生障碍,则立即施行人工呼吸。若昏迷时间较长,两瞳孔放大且不对称,或耳、鼻、口内出血,表明情况严重,进行一般处理后,应立即送医院诊治。在运送途中,要让患者半卧,头部固定,避免颠簸。脑震荡一般都可自愈,无须住院治疗。但要注意休息和必要的药物治疗,保持情绪安定,减少脑力劳动。

七、骨折的急救

(一)发病机制与症状

骨折的急救是在骨折发生后的即时处理,包括检查诊断和必要的临时措施。骨折的急救很重要,处理不当会加重损伤,增加病人的痛苦,甚至形成残废影响生命。因而,及时进行合理有效的急救是十分重要的。

急救应在现场进行,首先扼要地了解伤情,先查生命体征,后查局部伤情,以确定损伤性质、部位和范围。要观察有无呼吸道阻塞、呼吸困难、发绀、异常呼吸等现象;注意病人有无休克;有无伤口出血及内出血;注意病人的精神状态,有无瞳孔、眼、耳、鼻出血及颅脑损伤体征;有无胸、腹、盆腔内脏损伤;有无脊髓、周围神经损伤及肢体瘫痪,注意肢体有无肿胀、疼痛、畸形及功能丧失表现,确定是否有骨折及脱位。

(二)处置

(1)保持呼吸道通畅。

(2)防止休克。严重或多发骨折及合并有其他创伤病人更易休克,要注意预防,更要早发现、早处理。防止休克包括:1)止痛。固定患肢有止痛、止血、减轻组织损害和休克的作用。2)止血。内或外出血为损伤性休克主要原因,不加以控制会加重休克,一般伤口局部加压包扎即可止血;对于四肢大出血,不能控制者,可上止血带,但绑扎的部位要正确,松紧要合适,否则会加重出血,上止血带时间最长不能超过2h,应每隔1h左右放松一次,但不可冒再次大出血危险,轻易将止血带放松;在可能条件下,应立即输液、输血和给氧。

(3)骨折肢体临时固定:上肢骨折主要用夹板固定,用三角巾悬吊,并将伤肢用绷带固定在胸壁上;下肢骨折主要用半环托马斯架固定或绑在健腿上,膝以下骨折固定在小夹板上;疑有脊柱及骨盆骨折损伤时,应尽量避免骨折处有移动,以免引起或加重损伤。不论病人是仰卧或俯卧,尽量不变动原来位置将四肢理直,准备好硬板担架后,由两人轻轻将病人滚翻到木板上仰卧,用宽布带捆在担架上。如骨折位于颈部,则一人必须把住下颏和枕部略加牵引。滚翻时脊柱应保持中立位,腰或颈下垫一小布卷则更好。

八、运动性贫血

(一)发病机制与症状

人体血液中红细胞数与血红蛋白量低于正常值,称为贫血。

运动性贫血是由于运动引起血红蛋白量减少,并低于正常值。运动性贫血,男性的血红蛋白低于12g/100mL,女性低于10.5g/100mL。在通常情况下,女性发病率高于男性。

导致运动性贫血的主要原因如下:

(1)运动时肌肉对蛋白质和铁的需求量增多,若摄入量不能满足需求,则可引起贫血。

(2)红细胞抗震力较弱,运动时造成红细胞破坏增加,致使红细胞的新生与衰亡之间的平衡遭到破坏,导致红细胞低于正常值。运动性贫血发病后,主要表现为头晕、呕吐、心率加快、脸色苍白、体力下降。

(二)处置

出现上述症状时应适当减轻运动量,必要时进行休息。立即饮服糖开水或口服硫酸亚铁,并同时服用维生素C和胃蛋白酶合剂,有利于铁的吸收。

(三)预防

运动前做好准备活动,并注意循序渐进,调整膳食结构,平时增强富含蛋白质和铁的食物。

九、运动性昏厥

(一)发病机制与症状

由于脑部突然供血不足或者因脑血管发生痉挛,而出现一时性知觉丧失的现象,称为运动性昏厥。

导致运动性昏厥的原因,主要是由于长时间运动或剧烈运动,大量血液聚集在下肢,回心血流量减少，因而心血输出量也减少，致使脑部缺血而引起昏厥。在日常生活中，长时间站立，过久下蹲后骤然起立，或者情绪过分紧张激动，或病后体弱参加剧烈性运动等情况都可能发生类似昏厥的现象。昏厥前，患者感到全身软弱，头昏眼花、面色发白，昏倒后，面色苍白、手足发凉、出冷汗、脉搏减弱、血压下降、呼吸缓慢。

（二）处置

发病时，立即让病员平卧，松解衣领，抬高下肢，按压人中、合谷穴，并从小腿向心作推摩和揉捏。如果有昏迷现象，可嗅氨水或静脉注射 25%~50%葡萄糖 40~60mL。在知觉未恢复前，禁止喝饮料或其他药物。如有呕吐，应将患者的头偏向一侧。如停止呼吸，应立即进行人工呼吸。

（三）预防

坚持经常性锻炼，以增强体质；剧烈运动后不要立即停下来或坐下，而应继续慢跑，并作深呼吸；在饥饿情况下不要参加剧烈运动。

十、运动中暑

（一）发病机制与症状

"中暑"是长时间受高温或热辐射引起的一种高温疾病。特别是在湿度高、通风不良或头部缺乏保护被烈日直接照射等情况下，引起体温调节功能障碍而导致中暑。

症状：中暑早期可有头晕、头痛、呕吐，严重时体温升高，皮肤灼热干燥，甚至出现精神失常、虚脱、抽搐、心律失常、血压下降，直至昏迷危及生命。

（二）处置

首先将患者安静护送至阴凉、通风处平卧休息，然后采取降温措施，如解开衣领，服饮清凉饮料或人丹、十滴水等，也可补充葡萄糖盐水。对于严重患者，经临时性处理后应立即护送至医院诊治。

（三）预防

在高温炎热环境下锻炼时，应适当减少运动量和锻炼时间，要尽量避免在烈日下锻炼。夏天在室内锻炼时要有良好的通风，并备有低糖含盐的饮料；室外锻炼时应戴白色凉帽，穿宽松浅色运动服。

十一、溺水

（一）发病机制与症状

因技术错误或发生肌肉抽筋等各种原因，使人体坠入水下，随后水经口鼻进入肺内而造成呼吸道阻塞，同时又因冷水或吸水的刺激引起咽喉痉挛而导致窒息；由于患者的不断挣扎，反使窒息加重，最终导致缺氧和昏迷。如果时间稍长，即会危及生命。

窒息昏迷后，患者脸色苍白而肿胀、双眼充血、口鼻充满泡沫、肢体冰冷，又因胃内充水而上腹部胀大，甚至出现呼吸与心跳停止。

(二)处置

(1)立即就地抢救，清除口腔中分泌物和其他异物，并迅速进行倒水。

(2)若心跳已停止，应同时施行心脏胸外挤压法(以 1 : 4 频率进行)，或口对口人工呼吸法。急救者之间应相互协调配合，积极、耐心，直至自主恢复呼吸为止。

(3)苏醒后，立即护送到医院，作进一步检查和治疗。在运送途中，必要时继续进行人工呼吸。

(三)预防

入水前应做好充分的准备活动，对最易发生痉挛的小腿加强预防练习，入水后运动量要循序渐进，在水中时间不要过长，切忌莽撞和冒险，初学者应在同伴看护下进行学练。

第三节　常见运动伤病的急救与处理

一、休克

休克的病因虽有许多种，但其共同的特点是生命重要器官的微循环血流发生障碍，导致新陈代谢紊乱。因此，其症状是表情淡漠、反应迟钝、皮肤潮湿、四肢冷凉、脉搏弱而快、呼吸急促、血压有所下降等。很多严重的运动损伤都伴有休克现象，这时，必须马上采取措施，使伤者尽快苏醒。

处理方法：

(1)一般应让休克者平卧，下肢抬高，保持体温正常、呼吸畅通。

(2)掐人中等穴位使其尽可能苏醒。

(3)在一般处理后，应立即将休克者送医院进行抢救。

二、晕厥

晕厥是由于脑部一时血液供应不足而发生的暂时性知觉丧失的现象。

(一)原因

患者因受惊等引起精神过分激动；长时间站立或下蹲后突然站起，使血压显著下降；疾跑后立即停下，大量血液由于本身的重力关系而积聚在下肢舒张的血管中，回心血量减少，血输出量也随之减少，使脑部突然缺血而发生晕厥。

(二)症状

晕厥时，患者失去知觉，突然晕倒。昏倒前，患者感到全身软弱、头昏、耳鸣、眼前发黑、面色苍白。昏倒后,患者面色苍白、手足发凉、脉搏慢而弱、血压低、呼吸缓慢。患者轻度昏厥一般在倒下片刻后,由于脑贫血消除即清醒过来,醒后精神不佳,仍头昏。

(三)急救

患者平卧,足部略抬高,头部放低,松懈衣领,注意保暖。用热毛巾擦患者的面部,自小腿向大腿做重推摩和揉捏。在知觉未恢复前不能给患者服用任何饮料或服药;如有呕吐,应将患者的头偏向一侧;如患者呼吸停止,应做人工呼吸;患者醒后可给热饮料,让其注意休息。

三、低血糖症

饥饿、呕吐、摄食障碍和发热等情况,可引起低血糖症。低血糖症多发生在清晨或饥饿时及体力劳动后,患者自觉饥饿感、疲倦、面色苍白、出汗、嗜睡、震颤与心搏微弱等。

急救方法:平卧,口服糖开水,去医院做进一步检查。

四、脱位

暴力的作用使关节面失去正常的连接关系,叫作关节脱位。关节脱位可分为完全脱位和半脱位,前者是关节面完全脱离原来的位置,后者为关节面部分脱位。完全脱位时常伴有关节囊撕裂、关节周围韧带和肌腱的损伤。

(一)原因

运动中发生的关节脱位大多是间接外力所致。如摔倒时手撑地可引起肘关节脱位或肩关节脱位。

(二)症状

(1)受伤关节剧烈疼痛,并有明显压痛。主要是因为关节位置改变,使神经和软组织受到牵扯和损伤。

(2)关节功能丧失:受伤关节完全不能活动。

(3)畸形:正常关节隆起处塌陷,而凹陷处则隆起突出,整个肢体常呈现一种特殊的姿态。与健侧肢体比较,伤肢有变长或缩短的现象。

(4)用X光检查可发现脱位的情况以及有无骨折存在。

(三)急救

伤后应立即用夹板和绷带在脱位所形成的姿势下固定伤肢,保持伤员安静,尽快送往医院处理。

1.肩关节脱位

可取三角巾两条,分别将顶角对折,再对折一次成为宽带。一条用于悬挂前臂,悬臂带斜挎胸背部,在肩上打结;另一条绕过伤肢上臂,在健肢侧腋下打结。

2.肘关节脱位

用铁丝夹板弯成合适的角度，置于肘后，用绷带缠住，再用悬臂带挂起前臂。若无铁丝夹板，可用普通夹板代替，或用三角巾固定的方法。

五、骨折及其临时固定

骨的完整性遭到破坏的损伤，叫作骨折。骨折可分为闭合性骨折和开放性骨折两种。前者皮肤完整，治疗容易；后者皮肤破裂，骨折断处与外界相通，容易发生感染，治疗较难。运动中发生的骨折多为闭合性骨折，它是严重的损伤之一。

(一)原因

直接暴力、间接暴力或肌肉强烈收缩。

(二)症状

能听到骨碎声，有剧烈疼痛感，出现肿胀及皮下瘀血，功能丧失，发现畸形，有压痛和震痛感，出现假关节活动和摩擦音，X 光检查可以确认骨折情况。

(三)骨折的临时固定

用夹板、绷带把折断的部位固定起来，使伤部不再活动称为临时固定。这是骨折的急救方法，其目的是减轻痛苦、避免再伤害和便于转送。如有休克，应先抗休克，后处理骨折；如有伤口出血，应先止血，包扎伤口，再固定骨折。

临时固定时应注意如下事项：

1.临时固定注意事项

(1)固定前不要无故移动伤肢，以免加重伤情。为了暴露伤口，可剪开衣服。对于大、小腿和脊柱骨折应就地固定。

(2)固定时不要试图整复，如果畸形很厉害，可顺伤肢长轴方向稍加牵引。

(3)夹板的长度和宽度要与骨折的肢体相称，其长度必须超过骨折部的上下两个关节；如果没有夹板，可就地取材(树枝、木棍等)；夹板上最好垫上软物。

(4)固定的松紧要合适、牢固。四肢固定时要露出指(趾)尖，以便观察血液循环情况。如发现指(趾)尖苍白、发凉、麻木和呈紫色时，说明固定得太紧，应松开夹板，重新固定。

2.临时固定方法

各部分骨折的临时固定方法如下：

(1)脊柱骨折。如果怀疑伤者有胸腰椎骨折时，应尽量避免骨折处移动，更不能让伤者坐或站起。准备好硬板担架，由 4 人抬伤员上担架。抬时，3 个人并排站在伤员一侧，跪下一条腿，将手分别摆在伤员的颈、肩、腰、臀、腿及足部，由一人发口令，大家一起抬起，对侧的第四人帮助抬腰、臀部，将伤员轻放在担架上。应使伤员俯卧在担架上，固定不动。

（2）颈部骨折。颈部骨折时，应由 3 人搬运伤员，其中 1 人管头部的牵拉固定，使头部与身体呈直线位置不动摇。将伤员仰放在硬板上，在颈上垫一小垫，不要用枕头，头两侧用衣服垫好，防止头部左右摇动。

第四节　体育锻炼中的卫生和运动康复

一、运动卫生

（一）运动环境卫生要求

田径场跑道应结实、平坦、无浮土、富有弹性。投掷区还应有明确划分，一个投掷区内不允许同时进行几种投掷运动，不允许面对面投掷，铁饼和链球场应设置护笼等。

球类场地的四周 2.5m 范围内不应放置任何障碍物，以免碰伤。篮、排球场应平坦、结实。

体操器械要符合标准，进行体操练习时器械下面应有垫子，注意加强保护。

在江河湖泊里游泳时，要弄清水是否清洁，有无污染，弄清池底有无石块淤泥。大学生一般不能在江河湖泊里游泳，以免发生危险或造成灾难。在游泳池游泳时要先进行淋浴、洗脚、踏经消毒池，以减少池水的污染。凡经医生检查患有肝炎、肺结核、肠道传染病、皮肤病、眼结膜炎、重沙眼、中耳炎等均不得入池游泳。

（二）锻炼卫生

机体与外界环境通常保持平衡状态，但也时常受到外界因素，如阳光、空气和水的影响。经常进行户外锻炼能增强机体对感冒、上呼吸道感染疾病的抵抗力，增强机体对外界环境的适应力。但进行锻炼时必须循序渐进，实施全面锻炼原则，并根据自己的年龄、健康状况、运动水平而选择锻炼方法。

1.日光浴

主要是利用日光的温度和生物化学作用来增强机体代谢，杀灭细菌，促进维生素 D 的合成。从事日光浴前应体检，凡有出血倾向、发烧者等不宜进行。日光浴时间最好在每日上午 9~11 时或下午 3~5 时，夏天在上午 8~10 时或下午 4~6 时进行；饭前后 1~1.5h 内不宜进行。日光浴必须遮盖头面部。

2.水浴

锻炼方法有擦身、冲洗、淋浴、游泳等。主要利用水的温度、水的机械作用和化学作用以达到训练体温调节中枢、增强新陈代谢、按摩身体及水疗等目的。其中机体对冷水浴刺激反应最强烈。冷水浴锻炼宜从夏季开始，以后逐渐降低水温，冷水浴时间不宜过长，一般不超过5min。

3.空气浴

是利用空气温度、湿度、气流、气压及空气中的电离作用达到刺激中枢神经系统，加强新陈代谢，提高机体抵抗力。空气浴不受时间、地点限制，简单易行。

（三）“极点”与“第二次呼吸”

在进行剧烈运动时，由于在运动开始阶段，内脏器官的活动跟不上运动器官的需要，往往产生一种非常难受的感觉，此时感觉到呼吸困难、肌肉酸痛、动作迟缓、情绪低落，简直不愿意再继续跑下去了，这种现象叫“极点”。经过对呼吸、步频等的调整和坚持，呼吸将自如而且跑得轻松，这叫作“第二次呼吸”。

“极点”现象的发生，是身体从安静状态突然转入剧烈活动时各器官、系统工作配合不协调引起的。因此运动前要充分做好准备活动，使“极点”现象推迟或减轻。“极点”出现时不紧张，不必中断运动，要有意识地进行深呼吸，这样“第二次呼吸”就会很快到来。此外，第二信号系统的参与有助于“第二次呼吸”的来临，如运动或比赛时的呼声、掌声有助于运动者克服“极点”。

（四）体育活动中的某些医学保健问题

1.运动与心血管疾病

一般慢性心脏病患者只能从事中小运动量的体育活动。心肌炎等病的急性期应停止运动，并进行治疗。心脏杂音应区别是有害性杂音还是无害性杂音，后者不应限制体育活动。高血压患者能否参加运动，应视高血压程度以及并发症情况而定。血压轻度增高，无自觉症状，心、肾亦无病变，则限制不必过严，可参加适当的运动并配合积极治疗；血压较高且有自觉症状者应避免激烈运动，特别要避免用力闭气、低头、旋转头颈等运动，可参加慢跑、游泳等。

2.运动与呼吸系统疾病

肺结核患者呼吸循环机能极易疲劳，因此对肺结核患者的运动必须十分慎重。肺结核活动期禁止参加运动，陈旧性病灶已钙化多年又无自觉症状，多数人可从事剧烈运动，但仍要十分注意，定期体检。淋巴结核原则上同于肺结核。

胸膜炎急性期应积极治疗，使积液完全吸收，以免发生胸膜粘连，妨碍呼吸机能。患结核性胸膜炎病愈后一年内禁止参加运动。已形成胸膜肥厚时可参加一般性体育活动。

慢性气管炎、肺气肿、哮喘病患者均应避免大运动量,冬季过度寒冷或大风天气时应避免长时间的室外活动。平时可多做呼吸体操,以改善呼吸机能。咯血者必须停止一切体育活动。

3.运动与消化系统疾病

溃疡病、胃炎常反复发作,在病情不稳定或有并发症时应停止运动进行医治,间歇期可参加正常体育活动,平时应注意饮食。

传染性肝炎急性期应隔离治疗,停止运动,卧床休息,肝炎愈后1~2月内尽量保持安静,避免运动。以后根据检查肝功能结果和患者自我感觉逐渐增加运动量。

胆囊炎的急性期严禁运动,慢性期可参加轻微活动。

4.运动与骨关节病

骨折已完全愈合可参加正常体育运动。风湿性关节炎急性期严禁运动。治愈后无关节肿痛、无活动障碍、全身情况正常、“血沉”现象正常可参加正常运动。

关节风湿症患者有运动后痛,或天气变化时痛,但无关节肿胀畸形,可做少量活动,病情好转后可逐渐增加运动量。

类风湿性关节炎应进行医疗体育活动,增强肌力,防止肌肉萎缩,预防或矫正畸形。

骨关节结核患者,治愈后一般不能参加大运动量活动。

5.运动与其他疾病

急性中耳炎和慢性中耳炎发作时,禁止参加体育运动。慢性中耳炎应设法根治,根治前可参加中小运动量活动,游泳时要防水入耳。

慢性鼻窦炎患者不宜在严寒、大风气候下从事室外运动;冬季室外运动应注意正确的呼吸方法,且运动时间不宜过长。

高度近视者应避免参加激烈运动,特别是跳跃运动,以免发生视网膜剥离。

腹股沟症只能参加小运动量活动,避免增加腹压运动;术后3个月可开始参加一般运动,6个月后可参加激烈运动和比赛。

急性肾炎患者应绝对休息,一年以内或者轻度慢性肾炎者,均应避免长时间的剧烈运动。月经不规则、痛经的女学生,如果体格检查无其他异常,既往又有运动习惯者,可参加正常体育活动,但月经期运动量酌减,症状较重者应进行医疗体育和临床治疗。

神经官能症,轻者可参加正常体育活动,较重者只能从事中、小运动量活动,症状严重者应进行医疗体育。

二、女子体育卫生

女性在生理上与男性有着很大的差异,因此,女子的体育卫生要更加需要注意。根据女子身体特点需要注意的事项，见表 4-1。

表 4-1　女子体育卫生需要注意的事项

体型	女子体型一般似纺锤形，即肩部较窄、骨盆较宽、下肢较短、躯干相对较长、身体重心低，有利于做下肢支撑平衡的动作，如体操的平衡木等；但对速度运动、跳高、跳远等动作不利
肌力	女子骨骼肌重量占体重的比例较男子小 5%左右，且肌肉力量较弱，特别是女子的肩带部和上肢肌力较差，加之肩窄，故女子做悬垂、支撑、摆荡等动作较为困难，因此，应加强发展肩带肌力的练习，练习时需加强保护
脂肪	女子体内脂肪约占体重的 28%（男子约占 18%）。皮下脂肪较多，利于游泳等运动；但女子下腹部对冷的刺激很敏感，故在月经期及冬季锻炼时要注意下腹部的保暖
骨盆	女性骨盆较男性大而轻，除了承重外还容纳有子宫及附件。子宫的正常位置依靠子宫三对韧带、腹腔、盆腔一定的压力来维持。因此，一方面女子从事体育运动时不宜做过多的从高处跳下的练习，做此练习时也要注意落地时的缓冲，以免过分震动影响子宫的正常位置；另一方面，要多做增强腹壁肌、骨盆底肌的练习，如仰卧起坐、仰卧举腿、直立前后踢腿、大腿绕环、提肛练习等，以维持一定的腹压和盆腔压力，从而维持子宫的正常位置
关节韧带	女子各关节韧带的弹性及伸展性较好，特别是脊柱椎间盘较厚，因此女子身体的柔韧性及各关节的灵活性较男子好。体育活动中适宜做“桥”和“劈叉”等动作。但女子身体的柔韧性会随着年龄的增长而降低，在体育锻炼中应注意保持和发展其柔韧性和灵活性
心血管系统和呼吸系统	女子心脏的体积、容积、脉搏输出量、心肌收缩力均较男子小而弱，运动时主要靠加快心率来增加心脏的每分输出量。此外，女子的血容量、红细胞、血红蛋白含量都低于男子，因此，女子血液运输氧的能力不及男子。 女子胸廓、肺容积较男子小，肺活量、最大摄氧量也小于男子，女子呼吸肌力较弱，以胸式呼吸为主且胸廓活动度较小，所以女子在安静或运动时的呼吸频率较快。 鉴于女子心血管系统和呼吸系统的功能较男子差，因此运动量应比男子相对小一些

综上所述，女子应该根据自己的特点，自觉参加体育锻炼，以促进身体的生长发育，提高各器官、系统的机能水平，保持匀称健美的体型。

三、运动处方

（一）运动处方的概念

运动处方有很多不同的表述，简单地理解运动处方，就是一套针对个人的身体体能状况，即个人需要而设计的有系统的运动计划。

（二）运动处方的分类

运动处方按应用对象目的的不同可分为三类：

（1）健身运动处方：健康人从事运动处方锻炼，以提高体适能、促进健康、预防运动缺乏病（如高血压、冠心病、糖尿病、肥胖等）为目的，主要包括有氧适能运动处方、肌适能运动处方和控制体重运动处方。

（2）竞技运动处方：专业运动员进行运动处方锻炼，以提高专业运动成绩为目的。

（3）康复运动处方：对患者应用运动处方，以治疗和康复为目的。

（三）运动处方的作用

运动处方与普通的体育锻炼和一般的治疗方法不同，运动处方是有很强的针对性、有明确的目的、有选择、有控制的运动疗法。合理设计的运动处方对身体的各个系统均能产生积极的影响，从而达到强身健体等目的。运动处方具有以下良好的作用与意义：

（1）体育运动对健康有良好的促进作用。科学合理有效的运动处方不仅为锻炼者提供了科学依据，而且提供了健康保证。

（2）运动处方的制订，保证了锻炼者的运动负荷、强度、时间的控制，能达到健身的效果。

（3）适当的有氧运动能防止肿瘤发生，最大限度地保持或提高机体机能水平。

（4）运动处方是现代科学技术应用于促进健康的具体体现，是保证身体锻炼过程安全、有效的重要手段，将对人类健康起到重要作用。

（5）运动处方的制订能有效地培养大学生终身体育的意识和能力，有利于大学生掌握体育的知识与技能，学会自主锻炼，养成良好的锻炼习惯。

（6）提高自我身体锻炼中的自测、自练、自调、自控和自评的能力，强化终身体育的自我意识。

四、运动处方的制订与实施

（一）运动处方的要素

任何一类运动处方都应包括以下内容：运动种类、运动强度、运动频度、持续时间及注意事项，这些被称为运动处方的四要素。

1.运动种类

现代运动处方的运动种类包括以下三类：第一类为有氧耐力运动项目，如步行、慢跑、速度游戏、游泳、骑自行车、滑冰、越野滑雪、划船、跳绳、上楼梯及功率车、跑台运动等；第二类为伸展运动及健身操，如广播体操、气功、武术、舞蹈体操等；第三类为力量性锻炼，如自由负重练习、部分健美操等。

2.运动强度

运动强度是指单位时间内的运动量(运动强度=运动量/运动时间)。运动强度是设计运动处方中最关键的部分,也是运动处方定量化与科学性的核心问题。在一定范围内心率与运动强度成正比,因此,需要有适当的监测来确定运动强度是否适宜。运动强度影响锻炼效果和安全性问题。为了运用心率来调控运动强度,应当掌握最大心率和靶心率的计算方法。

(1)心率(HR):当心率在 110~170 次/分钟范围时,心率与运动强度之间呈直线相关的关系。

(2)最大心率:指人体做极限运动时的心搏频率。公式为

最大心率=220 - 年龄(次/分钟)

(3)靶心率法(THR):指能获得最佳效果并能确保安全的运动心率,又叫运动中适宜心率。当人们在靶心率范围内进行运动时,既能收到最佳的锻炼效果也能保证锻炼的安全性。它也是在运动中用来衡量人们运动强度的一个标准靶心率。具体的计算公式是

成年人:(220 - 年龄) × 80%;

中年人:(220 - 年龄) × 70%;

老年人:(220 - 年龄) × 60%。

普通健身者的靶心率范围是 65%~85%,与年龄有直接影响,一般年龄稍大靶心率为 60%~80%。用公式表示为

靶心率=(220 - 年龄) × (65%~85%) 或 (220 - 年龄)×(60% ~ 80%)

例如:20 岁减脂者运动强度必须达到(220 - 20) × (65%~85%)之内,也就是脉搏在 130~170 次/分钟(即脉搏上限为 170 次/分钟,下限为 130 次/分钟)范围内进行运动时才能收到最佳的锻炼效果,也能保证锻炼的安全性。

3.运动频度

运动频度指每周的锻炼次数。运动频度取决于运动强度和每次运动持续的时间。一般认为,每周锻炼 3~4 次是最适宜的频度,即隔日锻炼一次。

运动频度是指每周锻炼的次数。有研究表明,当每周锻炼多于 3 次时,最大摄氧量的增加逐渐趋于平坦;当锻炼次数增加到 5 次以上时,最大摄氧量的提高就很小;而每周锻炼少于 2 次时,通常不会引起改变。由此可见,每周锻炼 3~4 次是最适宜的频率。但由于运动效应的蓄积作用,锻炼间隔不宜超过 3 天。作为一般健身保健或处于退休和疗养条件者,坚持每天锻炼一次当然更好,但前提条件是次日不残留疲劳,每日运动才是可取的。关键是运动习惯性或运动生活化,即个人可选择适合自己情况的锻炼次数,但每

周最低不能少于2次。

4.持续时间及注意事项

运动持续时间和运动强度关系密切。因为当运动强度达到阈强度后，一次运动的效果是由总运动量来决定的，而总运动量=运动强度×运动时间，即由两者的配合来共同决定，在总运动量确定时，运动强度与运动时间成反比，运动强度较大则运动时间较短，运动强度较小则运动时间较长。在运动处方中，运动的强度和时间可以有多种变化，在某些场合采用低强度较长时间的运动较为有效，如肥胖者的减肥；而在另外一些场合采用短时间高强度的运动较为有效，如训练肌肉力量。

（二）运动处方的制订程序

运动处方的制订程序包括一般调查、临床检查、运动试验及体力测验、制订运动处方、实施运动处方及修改运动处方等。

1.一般调查

一般调查应包括了解运动的目的，如健身或康复；询问病史及健康状况，如既往病史、家族史；了解运动史，如运动爱好、现在运动状况；了解社会环境条件，如职业、工作环境、生活环境、所用交通工具、经济状况、性格、心理状态、营养条件、社会地位等。

2.临床检查

运动处方的临床检查包括对运动系统、心血管系统及呼吸系统的检查。检查的目的是对现在的健康状况进行评价；发现绝对禁忌运动的情况或相对禁忌运动的情况，判断能否进行运动及运动试验，判明是否存在潜在性疾病或危险因素，防止运动中发生意外。

3.运动试验及体力测验

运动试验是制订运动处方的基本依据之一。运动试验方法的选择根据检查的目的及被检查者的具体情况确定。目前最常用的方法是采用递增负荷运动试验，测定时利用活动手板（跑台）和功率自行车等，在试验过程中，逐渐增加运动强度，直到受试者达到一定用力强度，同时测定某些生理指标（如血压、心率、心电图等）。

只有运动试验无异常的人才能进行体力测验，包括肌力、爆发力、柔韧性等运动能力和全身耐力的测验。其中全身耐力测验的运动方式采用有氧代谢方式，较多采用的有定时间的耐力跑（如12min跑）和定距离的耐力跑（如2400m跑）。

4.制订运动处方

根据以上检查的结果，在掌握锻炼者或康复者健康状况、体力水平及运动能力限度的基础上，按其具体情况制订运动处方。处方中要规定运动强度的安全界限和有效界限、运动时间及运动频度等。

5.修改运动处方

运动处方并不是固定不变的，初定的运动处方可先试行锻炼，并对不适应的地方进行微调整，待适合后要坚持锻炼3~6个月，然后再做体力测验，重新制订长期的运动处方，并不断进行微调整，从而提高锻炼效果。

（三）运动处方原则

（1）因人而异的原则：要根据每一个参加锻炼者或病人的具体情况，制订出符合个人身体客观条件及要求的运动处方。

（2）有效的原则：运动处方的制订和实施应使参加锻炼者或病人的功能状态有所改善。

（3）安全的原则：按运动处方运动，应保证在安全的范围内进行，若超出安全的界限，则可能发生危险。在制订和实施运动处方时，应严格遵循各项规定和要求，以确保安全。

（4）全面的原则：运动处方应遵循全面发展身心健康的原则，在运动处方的制订和实施中，应注意维持人体生理和心理的平衡，以达到“全面发展身心健康”的目的。

（四）运动处方的实施

在运动处方的实施过程中，应注意每一次锻炼的安排、运动量的监控及医务监督。

1.每次锻炼的安排

在运动处方的实施过程中，每一次锻炼应包括三个部分，即准备部分、基本部分和结束部分。

（1）准备部分。准备部分的主要作用是使身体逐渐从安静状态进入到工作（运动）状态，逐渐适应运动强度较大的训练部分的运动，避免出现心血管、呼吸等内脏器官系统突然承受较大运动负荷而引起的意外，避免肌肉、韧带、关节等运动器官的损伤。在运动处方的实施中，准备活动部分常采用运动强度小的有氧运动和伸展性体操，如步行、慢跑、徒手操、太极拳等。准备活动部分的时间可根据不同的锻炼阶段有所变化。在开始锻炼的早期阶段，准备活动的时间可为10~15min；在锻炼的中后期，准备活动的时间可减少为5~10min。

（2）基本部分。基本部分是运动处方的主要内容，是达到康复或健身目的的主要途径。运动处方基本部分的运动内容、运动强度、运动时间等，应按照具体运动处方的规定实施。

（3）结束部分。每一次按运动处方进行锻炼时，都应安排一定内容和时间的整理活动。结束部分的主要作用是避免出现因突然停止运动而引起的心血管系统、呼吸系统、植物性神经系统的不良症状，如头晕、恶心、重力性休克等。常用的整理活动有散步、放松体操、自我按摩等。整理活动的时间一般为5min左右。

2.运动量的监控

在运动处方的实施过程中,应注意对运动量的监控。

3.医务监督

在运动处方的实施过程中,应对一般的健康人进行自我监督,对治疗性运动处方的实施进行医务监督。

第五节 运动疲劳与恢复

在一定强度的运动训练后,人体通常会出现运动性疲劳的情况。了解运动性疲劳的恢复手段,能帮助我们缓解身体疲劳,促进体力恢复。

一、运动疲劳的概念

运动疲劳是指在运动过程中出现了机体工作(运动)能力暂时性降低,但经过适当的休息和调整之后,可以恢复原有机能水平的一种生理现象。训练和比赛负荷超过机体承受的能力,会产生暂时的生理机能减退现象,例如运动员为了提高运动成绩而进行大运动量、大强度训练所引起的机体机能的变化,这就是经常所说的运动性疲劳,产生疲劳是训练的正常反应。疲劳大致可以分为肌肉疲劳、内脏疲劳、神经疲劳三种。疲劳的程度一般可以通过运动者的自我感觉和某些外部表现来判断。

第五届国际运动生物化学会议(1982)指出,运动疲劳是指机体生理过程不能持续其机能在某一特定水平上和(或)不能维持预定的运动强度。这一概念把疲劳时体内组织和器官的机能水平与运动能力结合起来评定疲劳的发生和疲劳程度,同时有助于选择客观指标评定疲劳,如心率、血乳酸、最大吸氧量等指标在某一特定水平工作时,单一指标或各指标的同时改变都可用来判断疲劳。

疲劳时工作能力下降,经过一段时间休息,工作能力又会恢复,只要不是过度疲劳并不损害人体的健康。所以,运动疲劳是一种生理现象,对人体来说又是一种保护性机制。但是,如果人经常处于运动疲劳状态,前一次运动产生的疲劳还没来得及消除,而新的运动疲劳又产生了,运动疲劳就可能积累,久之就会产生过度运动疲劳,影响运动员的身体健康和运动能力。如果运动后能采取一些措施及时消除疲劳,使体力很快得到恢复,使消耗的能量物质得到及时的补充甚至达到超量恢复,就有助于训练水平的不断提高。

二、运动疲劳的分类

运动疲劳在人体中可以分为躯体性疲劳和心理性疲劳。这两种不同性质的疲劳表现不同。

（一）躯体性疲劳

躯体性疲劳表现为动作迟缓、不灵敏、动作的协调能力下降、失眠、烦躁与不安等。躯体性疲劳是由身体活动或肌肉活动引起的，可分为全身的、局部的、中枢的、外周的等类型。按程度可分为轻度、中度和重度。轻度疲劳稍事休息即可恢复，属正常现象；中度疲劳有疲乏、腿痛、心悸的感觉；重度疲劳除疲乏、腿痛、心悸外，还有头痛、胸痛、恶心甚至呕吐等征象，而且这些征象持续时间较长。躯体性疲劳常因活动的种类不同而产生不同的症状。

（二）心理性疲劳

心理性疲劳是由于心理活动造成的疲劳状态，其主要症状有注意力不集中，记忆力障碍，理解、推理困难，脑力活动迟钝、不准确。

在运动竞赛和运动训练中，躯体性疲劳和心理性疲劳是密切联系的，故运动疲劳是身心的疲劳。一般来说，轻度疲劳身体会迅速恢复；中度疲劳则需要较好的调整和休息；重度疲劳要想办法尽快使身体的各项生理指标恢复到原水平或做到超量恢复。为此，要根据具体对象的具体情况采用各种不同的恢复手段，以加速恢复过程，恢复方法应结合多方面因素进行选择。

三、躯体性疲劳常识

（一）中枢疲劳的特点

中枢疲劳发生的部位起于大脑，止于脊髓运动神经元。研究表明，人体在稳定状态下运动时，大脑中的生化变化不大，但人体出现疲劳使机能下降时，中枢神经系统就会出现抑制。主要表现为：

（1）ATP 浓度下降，脑中某些氧化酶活性受到抑制。

（2）血液中色氨酸和支链氨基酸比值下降，会影响到脑中 5 羟色氨水平上升，造成对大脑的抑制。

（3）运动时造成体内氨基酸和嘌呤核苷酸循环加强，增加脑中氨含量。

（二）外周疲劳的特点

外周疲劳发生的部位起于神经肌肉接点，止于骨骼肌收缩蛋白。

（1）神经-肌肉接点：对于足球项目来讲，主要存在着长时间训练后，乙酰胆碱在接点后膜的堆积，导致肌肉缺乏正常的兴奋、舒张交替，造成做功能力下降。

（2）肌细胞膜：长时间运动产生的自由基数量增加，自由基攻击细胞膜造成细胞膜完整性遭到破坏，通透性增加。

(3)肌浆网:长时间运动造成对钙通道控制能力降低,出现钙离子在细胞内外的流通紊乱。

(4)代谢因素:主要指能源物质的耗竭和代谢产物的增加。足球运动员长时间训练,不仅使ATP储量下降,肌糖原和肝糖原也大量消耗,甚至会造成血糖水平下降,进一步引起中枢疲劳;代谢产物的堆积主要是指乳酸水平和氨含量的增加。

总之,训练中出现疲劳不只是身体某一个部位的问题,也不是某一个环节的问题,而是整个代谢过程出现了紊乱。

(三)导致原因

体育运动科研人员对疲劳进行了大量的研究,提出了运动性应激的负效应可能是导致运动疲劳发生的根本原因。如代谢基质的耗竭、代谢产物的堆积、代谢环境的改变等。

目前,运动生化研究对于运动疲劳的定义是:机体的生理过程不能维持其机能在某一特定水平或不能维持预定的运动强度。

(四)主要表现

体育锻炼后身体会产生一定的疲劳感,这主要表现在三个方面。

(1)肌肉疲劳:肌肉力量下降,收缩速度放慢,肌肉出现僵硬、肿胀和疼痛,动作慢、不协调。

(2)神经疲劳:反应迟钝,判断错误,注意力不集中。

(3)内脏疲劳:呼吸变浅变快,心跳加快等。

由于运动量不同,每个人的情况不一样,产生的疲劳也有不同程度之分。运动后产生疲劳感是正常的。轻度疲劳可以在短时间内消除;中度疲劳通过采取一系列手段也很快能消除,不会影响身体;但如果重度疲劳不能及时消除,就会影响学习和生活、损伤身体。研究证明,提高体育成绩最关键的两个条件是运动训练的科学性和恢复手段的有效性,由此可见消除疲劳、恢复体力的重要性。

四、运动疲劳的恢复规律

运动时和运动后供能物质量的变化,是消耗和恢复过程保持平衡的结果。运动时以消耗过程为主,恢复过程跟不上消耗过程,表现为能源物质数量下降;运动后休息期以恢复过程为主,消耗过程下降,因此,能源物质逐渐恢复,达到或超过原来水准。

根据物质的消耗和恢复过程的规律,在训练可供应用的两方面。

(一)训练课中休息间歇的掌握

在训练中运动员身体的恢复不可能达到完全恢复,如何选择最适宜的休息间歇以保证既能完成训练任务,又能取得良好的训练效果,是训练课中值得注意的问题。目前研究结果认为：

（1）10s 全力运动的半时反应时间为 20～30s，因此，最适宜的休息间歇不应短于 30s。

（2）30s 全力运动的半时反应时间为 60s，因此，最适宜的休息间歇为 60s 左右。

（3）1min 全力运动的半时反应时间为 3～9min，因此，最适宜的休息间歇为 5～9min。

（4）最多乳酸生成的成组练习为 4×100m，血乳酸消除的最佳半时反应为 15min 左右，活动性休息有助于乳酸的消除。

（二）训练期中休息间歇的掌握

在训练期应根据训练的目的、身体内消耗的主要能源物质选择最适宜的休息间歇，并在此期间增加被消耗能源物质的补充或其他有关的措施，以加速恢复过程，运动后力竭时能源物质的恢复时间如下：

（1）肌肉中磷酸原恢复：最短 2min，最长 3min。

（2）氧合血红蛋白恢复：最短 1min，最长 2min。

（3）长时间运动后肌糖原恢复：最短 10h，最长 46h。

（4）间歇训练后肌糖原恢复：最短 5h，最长 29h。

（5）活动性休息时肌肉和血液中乳酸消除：最短 30min，最长 1h。

（6）静坐休息时肌肉和血液中乳酸消除：最短 1h，最长 2h。

五、运动疲劳的恢复过程

恢复过程是指人体在体育运动结束后，各项生理功能逐渐恢复到运动前状态的一段功能变化过程。恢复过程和运动过程是提高机体功能的两个重要方面，运动中消耗的营养物质必须在运动后的恢复阶段得到补充，人体功能才能提高。如果在没有完全恢复的情况下继续运动会使疲劳积累，不仅导致机体工作能力下降，还往往引起某些疾病。因此，运动后采用科学方法加速机体的恢复过程十分重要。

（一）能源物质恢复过程的一般规律

消耗和恢复过程可简要地分为三个阶段。

第一阶段：运动时能源物质的消耗多于恢复，能源物质逐渐减少，各器官系统功能逐渐下降。

第二阶段：运动停止后消耗过程减弱，恢复过程占优势，能源物质和各器官系统功能逐渐恢复到原来水平。

第三阶段：运动中消耗的能源物质在运动后的一段时间内不仅恢复到原来水平，甚至还超过原来水平，这种现象叫“超量恢复”或“超量代偿”，随后又回到原来水平。

国外有研究表明超量恢复是客观存在的规律。让 2 名实验对象分别站在一辆固定自行车的两侧同时蹬车，其中一人用右腿蹬车左腿休息，另一人用左腿蹬车右腿休息，当运动至筋疲力尽时，测定运动腿股外肌的肌糖原含量接近于零；运动后连续3天食用高糖膳食不参加任何运动，结果运动腿股外肌的肌糖原含量比未运动腿高1倍。

超量恢复的程度和时间取决于消耗的程度，在生理范围内肌肉活动量愈大，消耗过程愈剧烈，超量恢复也愈明显。如果活动量过大，超过了生理范围，恢复过程就会延缓。

超量恢复出现的原因，国外有研究认为是因为运动时能量消耗大，肌肉中无氧代谢产物（如乳酸、酮体等）增多，使细胞内有氧代谢旺盛的线粒体处于抑制状态，运动后抑制线粒体的条件解除，引起过量能量的产生。这种过多的能量用于合成磷酸肌酸、糖原、蛋白质等。这一研究仅是初步的，因为超量恢复与物质代谢的相互调节，神经和激素的调节，年龄、性别及营养等因素密切相关，还需进一步研究。

（二）机体能量储备的恢复

（1）磷酸原的恢复。磷酸原的恢复很快，在剧烈运动后被消耗的磷酸原在20~30s内合成一半，2~3min可完全恢复。

磷酸原的恢复都是由有氧氧化系统供能（乳酸系统也可能参与）。运动中磷酸原消耗的愈多，其恢复过程需要的氧也愈多。

（2）肌糖原储备的恢复。肌糖原是有氧氧化系统和乳酸系统的供能物质，也是长时间运动延缓疲劳的一个因素。影响肌糖原恢复的速度有两个主要因素：一是运动强度和运动持续时间，二是膳食。

长时间运动致使肌糖原耗尽后，如用高脂肪与高蛋白质膳食，5d后肌糖原还不会完全恢复；如用高糖膳食，46h即可完全恢复，而且前10h恢复最快。短时间、高强度的间歇训练后，无论食用普通膳食还是高糖膳食，肌糖原的完全恢复都需要29h，而且在前5h恢复最快。

因此，在长时间运动后应安排数天的恢复时间，并食用高糖膳食，如不能保持数天的高糖膳食，至少也要保持10h。在大强度间歇训练后，至少要有1d的休息时间。

（3）氧合肌红蛋白的恢复。氧合肌红蛋白存在于肌肉中，每千克肌肉约含11mL氧，在肌肉工作中氧合肌红蛋白能迅速解离释放氧被利用，而运动后几秒钟可完全恢复。因为肌红蛋白与氧的结合不需要能量，而主要取决于血液与肌组织中的氧分压，氧分压下降时，氧即从氧合肌红蛋白中解离出来到线粒体中参与氧化。在恢复过程中，氧分压略有升高，肌红蛋白即与氧迅速结合。

（4）乳酸的消除。乳酸消除的速度与其产生的数量和恢复方式有关，运动时形成的乳酸愈少,消除得愈快。在剧烈运动后,采用轻微活动方式则会使消除速度大大加快。

(三)生理功能恢复过程的一般规律

(1)强度依赖性。大多数生理功能指标恢复的速度和持续时间直接取决于运动强度,强度愈大功能变化也愈大,相应的恢复速度就愈快。例如,在极量无氧强度工作后大多数功能的恢复时间为几秒钟,而长时间持续工作(如马拉松跑)后则需几天。

(2)不同时性。各种生理功能的恢复以不同的速度进行。例如,血压和吸氧量比心率恢复快,摔跤运动员在比赛后呼吸节律恢复得最快,而肌肉力量的恢复速度是最慢的。因此,整个恢复过程的完成不能根据一个或几个指标,而应根据最慢恢复到原来水平的指标及各指标恢复状况做全面判定。

六、运动疲劳的消除方法

(一)整理活动与活动性休息

整理活动是消除疲劳、促进体力恢复的一种良好方法,教练员、运动员应给予足够的重视。剧烈运动后进行整理活动,可使心血管系统、呼吸系统运动仍保持在较高水平,有利于弥补运动时过量的氧消耗。整理活动使肌肉放松,可避免因局部循环障碍而影响代谢过程。

整理活动应包括慢跑、呼吸体操及各肌群的伸展练习。运动后做伸展练习可消除肌肉痉挛,改善肌肉血液循环,减轻肌肉酸痛和僵硬程度,消除局部疲劳,对预防运动损伤发生也有良好作用。

活动性休息指体育课或训练课进行过程中,机体疲劳时所做的轻微放松练习或更换运动练习。谢切诺夫在 1903 年进行测力描记实验时发现,右手握测力器工作到疲劳后,以左手继续工作来代替安静休息,能使右手恢复得更迅速更完全。他认为,在休息期中来自左手肌肉收缩时的传入冲动会加深支配右手的神经中枢的抑制过程,并使右手血流量增加。近来的研究还证明,与安静性休息相比较,活动性休息可使积累乳酸的消除速度快 1 倍。

(二)物理疗法

物理疗法中的按摩可以促进血液循环,加速疲劳消除及机能的恢复。

按摩是有效的恢复手段。负担量最大的部位应是按摩的重点,肌肉部位以揉捏为主,交替使用按压、抖动、扣打等手法,在肌肉发达的部位可用肘顶、脚踩。关节部位不仅是运动的着力点,也是运动的枢纽,应全面进行,以摩擦为主,穿插使用按压、搓和拉。按摩应先全身后局部,全身性按摩一般取俯卧位。根据专项不同如某部位运动负担过重,需重点按摩,应在全身按摩之后再进行。在按摩肢体时,先按摩大肌肉群后按摩小肌肉群。如按摩下肢,先按摩大腿肌肉后按摩小腿肌肉以提高肌肉韧带的工作能力,加速疲劳时的代谢产物的排出,改善血液循环和心脏收缩功能。

(三)睡眠

睡眠是消除疲劳、恢复体力的好方式。睡眠时大脑皮层的兴奋过程降低,体内分解代谢处于最低水平,而合成代谢过程则相对较高,有利于体内能量的蓄积。

睡眠是生命活动所必需的,在睡眠时感觉减退,意识逐渐消失,机体与环境的主动联系大大减弱,失去了对环境变化的精确适应能力,全身肌肉处于放松状态。通过睡眠,精神和体力能得到恢复,睡眠有障碍时常会导致中枢神经系统大脑皮层活动失常。因此,睡眠对运动者的功能恢复是非常重要的。成年运动员在平时训练期间,每天应有 8~9h 的睡眠。在大运动量和比赛期间,睡眠时间应适当延长。青少年运动员的睡眠时间应比成年运动员长,必须保证每天有 10h 的睡眠。以下是促进睡眠的几项措施:第一,就寝前尽量使精神状态趋于平静;第二,避免外界刺激;第三,室内空气保持新鲜;第四,就寝前应泡脚,可以促进血液循环,使大脑得以放松,疲劳能快速消除,有助于尽快入睡。

(四)温水浴

训练后进行温水淋浴是最简单易行的消除疲劳的方法。温水浴能促进全身的血液循环,调节血流,加强新陈代谢,有利于机体内营养物质的运输和疲劳物质的排除,水温为 35℃左右为宜。时间为 10~15min,勿超过 20min。训练结束半小时后,还可进行冷热水浴。冷水温度为 18℃,热水温度为 38~40℃。冷水淋浴 1min,热水淋浴 2min,交替 3 次。

(五)营养

运动中产生疲劳的重要因素之一是能量供应不足。运动中各种营养物质消耗增加,运动后及时补充有助于消除疲劳、恢复体力。疲劳时,注意补充能量和维生素,尤其是糖、维生素 C 及维生素 B_1,夏季或出汗较多时,应补充盐分与水。食品应富含营养并易于消化,尽量多吃些新鲜蔬菜、水果等碱性食物,但不同性质的运动项目需要不同营养。速度性的项目应多供给易吸收的糖、维生素 B_1 和维生素 C 以及较多的蛋白质和磷;耐力性的项目要多供给糖以增加糖原储备,同时还要增加维生素 B_1、维生素 C 和磷;力量性的项目需要增加蛋白质和维生素 B_2。因此,在运动中适时地补充有关营养物质,既能提高身体的抗疲劳能力,又能帮助运动疲劳的消除。

(六)心理恢复

心理恢复主要是意念活动,通过一定的话语暗示进行引导,使肌肉放松,心理平静,从而调节植物性神经系统的机能;然后再运用带有一定愿望的话语进行自我动员,如暗示性的睡眠休息、肌肉松弛、心理调节训练。实践证明,采用上述方法能尽快消除身体疲劳,加快身体的恢复过程。另外,在舒适幽雅的环境中听音乐等行为可以减弱田径训练的枯燥单调,有助于消除疲劳。

(七)药物

有些中西医药物对疲劳的消除也有较好的效果。中药类,如黄芪、刺五加、参三七等拥有调节中枢神经系统的功能、扩张冠状动脉和补气壮筋的作用,对促进疲劳的消除有较好的效果。西药类,如对疲劳表现很明显、运动时间长的运动员可以提供维生素 B_{12}、三磷酸腺苷等药物。

第六节 运动与水分补充

一、运动与出汗

除了水分以外,汗液还包含着电解质,如果大量出汗而又未能及时补充失去的水分和电解质,就会降低运动表现,甚至影响健康。

运动员在训练及比赛中,每小时流失 0.5~2.0L 的汗液。当然,实际的流失速率会因运动员体质、运动项目和气候的不同而有出入。以越野跑为例,夏天时汗液的平均流失速率可达 1.77L/h(范围在 0.99~2.55L/h);冬天,半马拉松运动员的汗液平均流失速率仍可达 1.49L/h(范围在 0.75~2.23L/h)。由此推算,运动员在一场超过 2h 的马拉松长跑赛事中,可以流失约 3L 或以上的汗液。

在较凉快及温和的环境之下,人体产生的热能可以借着辐射和对流来散发,依靠汗液蒸发来散热的需求降低,所以汗液的流失量相对较少;在炎热的环境下,体热主要靠汗液的蒸发来排出体外,穿着沉重或不通风的衣物都会妨碍体热借着汗液的蒸发而排出体外,汗便会流得更多。反过来说,当气流增强的时候(如起风、跑动),会促进汗液的蒸发,减少掉到地上的汗液量。

汗液中电解质(如钠、钾、钙、镁等)的流失量视汗液的总流失量和汗液中电解质的浓度而定,而且会因每个人的遗传、膳食、汗流速率和热适应能力而有所不同。性别、成熟程度和年龄,对此却无显著影响。虽然汗腺能重新吸收钠和氯化物,但其吸收能力并不会随着汗流速率的上升而提高,因而使得汗液中钠和氯化物的浓度随着汗流速率加快而升高。热适应能增强汗腺再吸收钠和氯化物的能力,使人体无论在何种程度的汗液流失速率之下,汗液中钠的浓度都会较低。

二、脱水

运动时体重的改变可以用来计算汗液的流失速率。由于汗液的比重为 1.0g/mL,每减轻 1g 的体重就代表流失了 1mL 的汗液。因此，运动前后体重的差值便可以用作水分补充的指标。对大部分人来说，在较炎热的天气中，水分流失超过体重的 2%便会开始影响其有氧运动和认知上的表现，但实际情况会因环境温度、运动种类和个人生理特质而有差异。在较寒冷的天气中，脱水量超过体重的 3%才会开始影响到有氧运动的表现。不过，就算脱水量超过了体重的 3%~5%，仍不会影响无氧运动和肌肉力量的表现。

一方面，脱水不但会影响到运动表现，而且还可能导致热衰竭，甚至是中暑等严重后果；另一方面，适度补充水分（高于汗液流失量）而未能适当补充钠，使得血浆内的钠过少（低于 125μmol/L），也会造成运动性低钠血症，而且血钠的浓度降得越低、降得越急，出现脑部疾病（如水肿）及肺水肿的风险就越大。低血钠症包括头痛呕吐、手及脚部肿胀、不安、不寻常的疲累、混乱和失去知觉、呼吸时出现气喘声等，当血钠的浓度低于 120μmol/L 时甚至会出现昏迷、呼吸停顿，乃至死亡的情况。

三、补水

（一）运动前的水分补充

运动前的 9h，便应开始按体重补充水分（5~7mL/kg），如果之后未有小便或尿液的颜色仍较深，便应在运动前的 2h 再按体重补充水分（3~5mL/kg）。在运动前数小时开始补充水分，可以确保体内的水平衡在运动开始前恢复正常。饮用含钠的饮料及进食加入少量食盐的小吃，能刺激口渴的感觉及保存喝进的水分，一般来说，15~21℃的水较为可口。

（二）运动时的水分补充

运动时水分补充的目标就是防止脱水（超过体重的 2%）和保持电解质的平衡。补充的水分量和速率要按个人的汗液流失速率、运动的持续时间而定。运动的持续时间越长（超过 3h），水分补充量与汗液流失速率之间的平衡越重要，否则会造成脱水或运动性低血钠症。运动员的跑速越高、体重越重、气候越炎热，饮水的量应当越多；反之，个子较小、体重较轻、速度较慢的运动员，饮用的量可以相对少些。

至于运动饮料的成分，除了要含有电解质（钠、钾、氯化物）外，还要包含 5%~10%的碳水化合物，以补给能量。碳水化合物的补给有助于维持运动的强度，每小时饮用 30~60g 的碳水化合物饮料，能有效维持血糖的水平，从而保持运动表现。不过，运动饮料中的碳水化合物浓度不宜超过 8%，否则容易滞留胃部，妨碍水分的吸收。

（三）运动后补充水分

运动时因为大量出汗，身体会流失很多水分及电解质等，如果不及时补水就会引起脱水，脱水可导致人体生理机能和运动能力下降。运动后要及时补水，但运动后补水并不意味着要快速饮用大量的水，运动后补充水分也是很有讲究的。

1.运动后应喝淡盐水

运动出汗后，汗液会带走人体一部分盐分，如果条件允许，应尽量在水中加少许盐，口感有淡淡的咸味即可。这样做可保持健身者身体内的环境稳定，使运动带来的脂肪燃烧作用能够充分发挥。

2.避免一次性补充大量水

运动后补水也要采取少量多次的方法。由于水分流失的同时体液也在流失，体液包含的钾、钙、钠、镁等电解质也随之流失，因此也可以选择补充些运动饮料（如稍加盐的凉开水或低糖饮料）。但是饮料的含糖量不能过高，因为糖的浓度过高，会使饮料在胃中停留的时间过长，反而使水分不能及时进入体内。一般来说，夏天饮用的饮料中糖的浓度不宜超过5%，最好在2.5%左右，冬天则可在5%~15%，这样可以使饮料通过胃较慢、较稳定地供应，保持体内的糖和水分的平衡。水的温度也不是越凉越好，以8~14℃为宜。要有时间间隔地喝水。大量运动往往使人口渴难耐，我们常会一口气喝个够。这样对肠胃和心脏伤害很大，会加重它们工作负担。应该先喝250mL左右，停10~15min，再喝300mL左右。这样分多次饮用，可以让身体慢慢吸收水分。饮水速度要慢，不可过猛，应该沉住气一口一口地喝。

3.运动后不要喝冷水、生水

由于常人的体温在37℃左右，经过剧烈运动后，有时会上升到39℃左右。如果饮用过冷的水，会强烈刺激胃肠道，容易造成胃肠功能紊乱，严重的会导致消化不良。特别需要注意的是，在炎热的夏天，很多人喜欢在运动后喝冰水，虽然那种畅快的感觉非常好，但是对人体的伤害也是比较大的。有些人运动后喜欢对着水龙头喝生水，他们认为这样能一次性地喝很多水，可以补充足够的水分。但事实是，生水不仅凉而且不卫生，喝了容易拉肚子，让人觉得很难受，还会引发肚子疼。

运动中体能消耗过多时，可以大量补充运动饮料，但在平时，如果出汗多，还是以喝白开水为主，任何种类的甜饮料都要少喝，特别是正在减肥的朋友。有研究显示，2瓶500mL的甜饮料所含的热量约等于一顿晚餐。因此，多喝白开水，特别是温白开水，是保持身体正常代谢维持水平衡的最佳途径。

思考题

4-1 常见的运动损伤有哪些？

4-2 运动损伤的原因及预防措施有哪些？

4-3 怎么区分肌肉酸痛与肌肉拉伤？

4-4 体育锻炼的卫生应注意什么？

4-5 简述运动疲劳的恢复规律。

第五章 学生体质健康测试

学习目标

(1)了解学生体质健康评价指标与分值。

(2)了解《国家学生体质健康标准(2014年修订)》测试项目及计分办法。

(3)学会《国家学生体质健康标准(2014年修订)》测试的操作方法。

情境导入

2012年上海东华大学一名大三学生,在测试1000m时突然晕倒,最后不治身亡;2013年湖北一大二学生,在进行1600m测试时,突然晕厥甚至呼吸暂停险些猝死,最后通过抢救挽回了生命;2014年,一名宁波的大二学生在长跑测试中猝死。

对于大学生的体质堪忧状况,成都体育学院的资深体育教师宋晓睿老师表示:"因为中学生有升学压力,必须进行体育锻炼,因此耐力素质提升很正常,相反大学生基本都是放养教育,体育课的效果也很差,平时很多同学也不会去锻炼,体质自然堪忧。"

第一节 国家学生体质健康标准

一、《国家学生体质健康标准(2014年修订)》说明

为贯彻落实"健康第一"的指导思想,切实加强学校体育工作,促进学生积极参加体育锻炼,养成良好的锻炼习惯,提高体质健康水平,教育部于2014年7月颁布了最新的《国家学生体质健康标准(2014年修订)》(以下简称《标准》)。

《标准》评价指标体系包括三个部分:身体形态指标、身体机能指标和身体素质指标。其目的是了解各年级学生体质健康状况的基本水平,并通过检测与评价各年级学生体质健康状况,实现该标准的功能。《标准》要求各学校每学年开展覆盖本校各年级学生的《标准》测试工作,并根据学生学年总分评定等级。

关于《标准》的说明如下:

(1)《标准》是国家学校教育工作的基础性指导文件和教育质量基本标准,是评价学生综合素质、评估学校工作和衡量各地教育发展的重要依据,是《国家体育锻炼标准》在学校

的具体实施,适用于全日制普通小学、初中、普通高中、中等职业学校、普通高等学校的学生。

(2)《标准》的修订坚持"健康第一"的指导思想,落实相关要求,着重提高《标准》应用的信度、效度和区分度,着重强化其教育激励、反馈调整和引导锻炼的功能,着重提高其教育监测和绩效评价的支撑能力。

(3)《标准》从身体形态、身体机能和身体素质等方面综合评定学生的体质健康水平,是促进学生体质健康发展、激励学生积极进行身体锻炼的教育手段,是国家学生发展核心素养体系和学业质量标准的重要组成部分,是学生体质健康的个体评价标准。

(4)《标准》将适用对象划分为以下组别:小学、初中、高中按每个年级为一组,其中小学为6组,初中为3组,高中为3组;大学一、二年级为一组,大学三、四年级为一组。

(5)小学、初中、高中、大学各组别的测试指标均为必测指标。其中,身体形态类中的身高、体重,身体机能类中的肺活量,以及身体素质类中的50m跑、坐位体前屈为各年级学生共性指标。

(6)《标准》的学年总分由标准分与附加分之和构成,满分为120分。标准分由各单项指标得分与权重乘积之和组成,满分为100分。附加分根据实测成绩确定,即对成绩超过100分的加分指标进行加分,满分为20分。其中,小学的加分指标为1min跳绳,加分幅度为20分;初中、高中和大学的加分指标为男生引体向上和1000m跑,女生1min仰卧起坐和800m跑,各指标加分幅度均为10分。

(7)根据学生学年总分评定等级:90分及以上为优秀,80~89.9分为良好,60~79.9分为及格,59.9分及以下为不及格。

二、学生体质健康评价指标与分值

《标准》中对学生体质健康的评价指标与权重做了详细说明,见表5-1。

表5-1 学生体质健康标准评价指标与权重

评价指标(测试项目)	权重/%	备　注
体重指数(BMI)	15	必测
肺活量	15	必测
50m跑	20	必测
坐位体前屈	10	必测
立定跳远	10	必测
1min引体向上(男)/1min仰卧起坐(女)	10	必测
1000m跑(男)/800m跑(女)	20	必测

注:体重指数(BMI)=体重/身高^2(单位:kg/m^2)。

表 5-2～表 5-9 为具体的评分标准及加分标准。

表 5-2　男生/女生体重指数(BMI)单项评分表

单位：kg/m²

等级	单项得分	男生	女生
正常	100	17.9～23.9	17.2～23.9
低体重	80	≤17.8	≤17.1
超重		24.0～27.9	24.0～27.9
肥胖	60	≥28.0	≥28.0

表 5-3　男生/女生肺活量单项评分表

单位：mL

等级	单项得分	男生		女生	
		大一、大二	大三、大四	大一、大二	大三、大四
优秀	100	5040	5140	3400	3450
	95	4920	5020	3350	3400
	90	4800	4900	3300	3350
良好	85	4550	4650	3150	3200
	80	4300	4400	3000	3050
及格	78	4180	4280	2900	2950
	76	4060	4160	2800	2850
	74	3940	4040	2700	2750
	72	3820	3920	2600	2650
	70	3700	3800	2500	2550
	68	3580	3680	2400	2450
	66	3460	3560	2300	2350
	64	3340	3440	2200	2250
	62	3220	3320	2100	2150
不及格	60	3100	3200	2000	2050
	50	2940	3030	1960	2010
	40	2780	2860	1920	1970
	30	2620	2690	1880	1930
	20	2460	2520	1840	1890
	10	2300	2350	1800	1850

表 5-4 男生/女生 50m 跑单项评分表

单位：s

等级	单项得分	男生		女生	
		大一、大二	大三、大四	大一、大二	大三、大四
优秀	100	6.7	6.6	7.5	7.4
	95	6.8	6.7	7.6	7.5
	90	6.9	6.8	7.7	7.6
良好	85	7.0	6.9	8.0	7.9
	80	7.1	7.0	8.3	8.2
及格	78	7.3	7.2	8.5	8.4
	76	7.5	7.4	8.7	8.6
	74	7.7	7.6	8.9	8.8
	72	7.9	7.8	9.1	9.0
	70	8.1	8.0	9.3	9.2
	68	8.3	8.2	9.5	9.4
	66	8.5	8.4	9.7	9.6
	64	8.7	8.6	9.9	9.8
	62	8.9	8.8	10.1	10.0
	60	9.1	9.0	10.3	10.2
不及格	50	9.3	9.2	10.5	10.4
	40	9.5	9.4	10.7	10.6
	30	9.7	9.6	10.9	10.8
	20	9.9	9.8	11.1	11.0
	10	10.1	10.0	11.3	11.2

表 5-5 男生/女生坐位体前屈单项评分表

单位：cm

等级	单项得分	男生		女生	
		大一、大二	大三、大四	大一、大二	大三、大四
优秀	100	24.9	25.1	25.8	26.3
	95	23.1	23.3	24.0	24.4
	90	21.3	21.5	22.2	22.4

续表5-5

等级	单项得分	男生		女生	
		大一、大二	大三、大四	大一、大二	大三、大四
良好	85	19.5	19.9	20.6	21.0
	80	17.7	18.2	19.0	19.5
及格	78	16.3	16.8	17.7	18.2
	76	14.9	15.4	16.4	16.9
	74	13.5	14.0	15.1	15.6
	72	12.1	12.6	13.8	14.3
	70	10.7	11.2	12.5	13.0
	68	9.3	9.8	11.2	11.7
	66	7.9	8.4	9.9	10.4
	64	6.5	7.0	8.6	9.1
	62	5.1	5.6	7.3	7.8
	60	3.7	4.2	6.0	6.5
不及格	50	2.7	3.2	5.2	5.7
	40	1.7	2.2	4.4	4.9
	30	0.7	1.2	3.6	4.1
	20	−0.3	0.2	2.8	3.3
	10	−1.3	−0.8	2.0	2.5

表 5-6 男生/女生立定跳远单项评分表

单位：cm

等级	单项得分	男生		女生	
		大一、大二	大三、大四	大一、大二	大三、大四
优秀	100	273	275	207	208
	95	268	270	201	202
	90	263	265	195	196
良好	85	256	258	188	189
	80	248	250	181	182

续表5-6

等级	单项得分	男生		女生	
		大一、大二	大三、大四	大一、大二	大三、大四
及格	78	244	246	178	179
	76	240	242	175	176
	74	236	238	172	173
	72	232	234	169	170
	70	228	230	166	167
	68	224	226	163	164
	66	220	222	160	161
	64	216	218	157	158
	62	212	214	154	155
	60	208	210	151	152
不及格	50	203	205	146	147
	40	198	200	141	142
	30	193	195	136	137
	20	188	190	131	132
	10	183	185	126	127

表 5-7　男生 1min 引体向上/女生 1min 仰卧起坐单项评分表

单位:次

等级	单项得分	男生		女生	
		大一、大二	大三、大四	大一、大二	大三、大四
优秀	100	19	20	56	57
	95	18	19	54	55
	90	17	18	52	53
良好	85	16	17	49	50
	80	15	16	46	47

续表5-7

等级	单项得分	男生		女生	
		大一、大二	大三、大四	大一、大二	大三、大四
及格	78			44	45
	76	14	15	42	43
	74			40	41
	72	13	14	38	39
	70			36	37
	68	12	13	34	35
	66			32	33
	64	11	12	30	31
	62			28	29
	60	10	11	26	27
不及格	50	9	10	24	25
	40	8	9	22	23
	30	7	8	20	21
	20	6	7	18	19
	10	5	6	16	17

表 5-8　男生/女生耐力跑单项评分表

单位：分、秒

等级	单项得分	男生（1000m）		女生（800m）	
		大一、大二	大三、大四	大一、大二	大三、大四
优秀	100	3′17″	3′15″	3′18″	3′16″
	95	3′22″	3′20″	3′24″	3′22″
	90	3′27″	3′25″	3′30″	3′28″
良好	85	3′34″	3′32″	3′37″	3′35″
	80	3′42″	3′40″	3′44″	3′42″

续表5-8

等级	单项得分	男生(1000m)		女生(800m)	
		大一、大二	大三、大四	大一、大二	大三、大四
及格	78	3′47″	3′45″	3′49″	3′47″
	76	3′52″	3′50″	3′54″	3′52″
	74	3′57″	3′55″	3′59″	3′57″
	72	4′02″	4′00″	4′04″	4′02″
	70	4′07″	4′05″	4′09″	4′07″
	68	4′12″	4′10″	4′14″	4′12″
	66	4′17″	4′15″	4′19″	4′17″
	64	4′22″	4′20″	4′24″	4′22″
	62	4′27″	4′25″	4′29″	4′27″
	60	4′32″	4′30″	4′34″	4′32″
不及格	50	4′52″	4′50″	4′44″	4′42″
	40	5′12″	5′10″	4′54″	4′52″
	30	5′32″	5′30″	5′04″	5′02″
	20	5′52″	5′50″	5′14″	5′12″
	10	6′12″	6′10″	5′24″	5′22″

表5-9　大学生加分指标评分表

加分	男生1min引体向上/次		女生1min仰卧起坐/次		男生1000m跑/s		女生800m跑/s	
	大一大二	大三大四	大一大二	大三大四	大一大二	大三大四	大一大二	大三大四
10	10	10	13	13	−35	−35	−50	−50
9	9	9	12	12	−32	−32	−45	−45
8	8	8	11	11	−29	−29	−40	−40
7	7	7	10	10	−26	−26	−35	−35

续表5-9

加分	男生 1min 引体向上/次		女生 1min 仰卧起坐/次		男生 1000m 跑/s		女生 800m 跑/s	
	大一 大二	大三 大四	大一 大二	大三 大四	大一 大二	大三 大四	大一 大二	大三 大四
6	6	6	9	9	-23	-23	-30	-30
5	5	5	8	8	-20	-20	-25	-25
4	4	4	7	7	-16	-16	-20	-20
3	3	3	6	6	-12	-12	-15	-15
2	2	2	4	4	-8	-8	-10	-10
1	1	1	2	2	-4	-4	-5	-5

注:1min 引体向上、1min 仰卧起坐均为高优指标,学生成绩超过单项评分 100 分后,以超过的次数所对应的分数进行加分;1000m 跑、800m 跑均为低优指标,学生成绩低于单项评分 100 分后,以减少的秒数所对应的分数进行加分。

第二节 《标准》测试项目及计分办法

一、测试项目及分组方式

《标准》从身体形态、身体机能、身体素质等方面综合评定学生的体质健康水平,是促进学生体质健康发展、激励学生积极进行身体锻炼的教育手段,是学生体质健康的个体评价标准。其中,归属身体形态类的身高、体重,归属身体机能类的肺活量,以及归属身体素质类的 50m 跑、坐位体前屈为各年级学生共性指标;中职学生必测指标还包括立定跳远、1min 引体向上(男)/1min 仰卧起坐(女)、1000m 跑(男)/800m 跑(女)。

《标准》将测试对象划分为以下组别:小学、初中、高中按每个年级为一组(即小学为 6 组、初中为 3 组、高中为 3 组),大学一、二年级为一组,三、四年级为一组。

二、计分办法

每个学生每学年评定一次,记入《<标准>登记卡》。学年总分由标准分与附加分构成,满分为 120 分。

学年总分=标准分 + 附加分

初中、高中和大学的加分指标为男生引体向上和 1000m 跑,女生 1min 仰卧起坐和

800m 跑,各指标加分幅度均为 10 分。

根据学生学年总分评定等级:90 分及以上为优秀,80~89.9 分为良好,60~79.9 分为及格,59.9 分及以下为不及格。

第三节 《标准》测试的操作方法

在实施《标准》的过程中,掌握学生项目正确的测试方法是所有体育教师和测评人员必须了解的内容。测试工作必然会使用相应测试仪器,现在测试器材多种多样,有全手工操作的,也有电子仪器。手工操作与电子仪器的操作流程不完全相同,但无论使用何种仪器,遵循何种操作流程,对测试人员的操作要求是一致的。现对《标准》中各个项目基本的测试方法及其操作要求进行介绍。对于不同的测试器材,可参考相应测试器材的说明书。

一、身体形态测量

(一)身高

1.测试目的

测试学生身高,与体重测试相配合,评定学生的身体匀称度,评价学生生长发育的水平及营养状况。

2.场地器材

身高测量计。使用前应校对 0 点,以钢尺测量基准板平面至立柱前面红色刻线的高度是否为 10.0cm,误差不得大于 0.1cm。同时应检查立柱是否垂直,连接处是否紧密、有无晃动,零件有无松脱等情况并及时加以纠正。

3.测试方法

受试者赤足,立正姿势站在身高计的底板上(上肢自然下垂,足跟并拢,足尖分开呈 60°角)。足跟、骶骨部及两肩胛区与立柱相接触,躯干自然挺直,头部正直,耳屏上缘与眼眶下缘呈水平位。测试人员站在受试者右侧,将水平压板轻轻沿立柱下滑,轻压于受试者头顶。测试人员读数时双眼应与压板水平面等高进行读数,记录员复述后进行记录。以厘米为单位,精确到小数点后一位。测试误差不得超过 0.5cm。

4.注意事项

(1)身高计应选择平坦靠墙的地方放置,立柱的刻度尺应面向光源。

(2)严格掌握“三点靠立柱”“两点呈水平”的测量姿势要求,测试人员读数时两眼一定与压板等高，两眼高于压板时要下蹲，低于压板时应垫高。

(3)水平压板与头部接触时松紧要适度，头发蓬松者要压实，头顶的发辫、发结要放开，饰物要取下。

(4)读数完毕，立即将水平压板轻轻推向安全高度，以防碰坏。

(5)测量身高前，受试者应避免进行剧烈体育活动和体力劳动。

(二)体重

1.测试目的

测试学生的体重，与身高测试相配合，评定学生的身体匀称度，评价学生生长发育的水平及营养状况。

2.场地器材

电子体重计，在使用前需检验其准确度和灵敏度。准确度要求误差不超过0.1%，即每百千克误差小于0.1kg。

3.测试方法

测试时，杠杆秤应放在平坦地面上，调整0点至刻度尺水平位。受试者赤足，男性受试者身着短裤；女性受试者身着短裤、短袖衫，站在秤台中央。测试人员放置适当砝码并移动游标至刻度尺平衡。读数以kg为单位，精确到小数点后一位。记录员复诵后将读数记录。测试误差不超过0.1kg。

4.注意事项

(1)测量体重前受试者不得进行剧烈体育活动或体力劳动。

(2)受试者站在秤台中央，上下秤台时动作要轻。

(3)每次使用杠杆秤时均需校正。测试人员每次读数前都应校对砝码标重以避免差错。

二、身体机能测试肺活量

(一)测试目的

测试学生的肺通气功能。

(二)场地器材

电子肺活量计。

(三)测试方法

保持房间通风良好；使用干燥的一次性口嘴(若使用非一次性口嘴，则每换测试对象时需消毒一次，测试时将口嘴向下倒出唾液并注意消毒后必须使其干燥)。肺活量计主机放置在平稳的桌面上，检查电源线及接口是否牢固，按工作键，液晶屏显示“0”即表示机器进入工作状态，预热 5min 后测试为佳。

首先告知受试者不必紧张，深吸气（避免耸肩提气，应该缓慢吸气），尽全力以中等速度和力度吹气。受试者面对仪器站立、手持吹气嘴，面对肺活量计站立，检查口嘴或鼻处是否漏气，调整吹气嘴和鼻夹（或自己捏住鼻孔），试吹 1～2 次，看仪表有无反应。受试者进行一两次较平和深一些的呼吸动作后，深吸一口气，慢慢呼出至不能再呼为止，防止此时从口嘴处吸气，测试中不得中途二次吸气。吹气完毕后，液晶屏上最终显示的数字即为肺活量毫升值。每位受试者测 3 次，每次间隔 15s，记录 3 次数值，选取最大值作为测试结果。以 mL 为单位，不保留小数。

（四）注意事项

（1）电子肺活量计的计量部位的通畅和干燥是仪器准确的关键，吹气筒的导管必须在上方，以免口水或杂物堵住气道。

（2）每测试 10 人及测试完毕后用干棉球及时清理和擦干气筒内部。严禁用水、酒精等任何液体冲洗气筒内部。

（3）导气管存放时不能弯折。

（4）定期校对仪器。

三、身体素质测试

（一）50m 跑

1.测试目的

测试学生速度、灵敏素质及神经系统灵活性的发展水平。

2.场地器材

50m 直线跑道若干条，地面平坦，地质不限，跑道线要清楚。发令旗一面，口哨一个，秒表若干块（一道一表）。秒表使用前应用标准秒表校正，每分钟误差不得超过 0.2s。标准秒表选定，以北京时间为准，每小时误差不超过 0.3s。

3.测试方法

受试者至少 2 人一组测试，站立起跑，听到“跑”的口令后开始起跑。发令员在发出口令的同时要摆动发令旗。计时员视旗动开表计时，受试者躯干部到达终点线的垂直面停表。以秒为单位记录测试成绩，精确到小数点后一位，小数点后第二位数按“非零进1”原则进位，如 10.11s 读成 10.2s。

4.注意事项

（1）受试者测试最好穿运动鞋或平底布鞋，赤足亦可，但不得穿钉鞋、皮鞋、塑料凉鞋。

(2)发现有抢跑者,要当即召回重跑。

(3)如遇风时一律顺风跑。

(二)坐位体前屈

1.测试目的

测量学生在静止状态下的躯干、腰、髋等关节可能达到的活动幅度,主要反映这些部位的关节、韧带和肌肉的伸展性和弹性及学生身体柔韧素质的发展水平。

2.场地器材

坐位体前屈测试计。

3.测试方法

受试者两腿伸直,两脚平蹬测试纵板并坐在平地上,两脚分开约 10~15cm,上体前屈,在两臂伸直前用两手中指尖逐渐向前推动游标,直到不能前推为止。测试计的脚蹬纵板内沿平面为 0 点,向内为负值,向前为正值。记录以厘米为单位,保留一位小数。测试两次,取最好成绩(见图 5-1)。

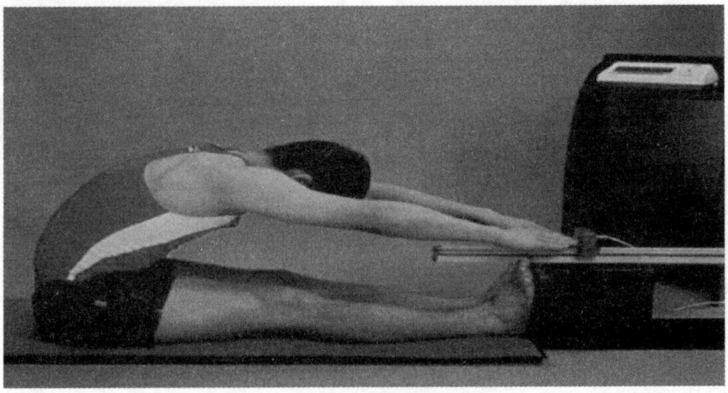

图 5-1 坐位体前屈测试

4.注意事项

(1)身体前屈,两臂向前推游标时两腿不能弯曲。

(2)受试者应匀速向前推动游标,不得突然发力。

(三)立定跳远

1.测试目的

测试学生下肢爆发力及身体协调能力的发展水平。

2.场地器材

沙坑、丈量尺。沙面应与地面平齐,如无沙坑,可在土质松软的平地上进行。起跳线至沙坑近端不得少于 30cm。起跳地面要平坦,不得有坑凹。

3.测试方法

受试者两脚自然分开站立，站在起跳线后，脚尖不得踩线（最好用线绳做起跳线）。两脚原地同时起跳，不得有垫步或连跳动作。丈量起跳线后缘至最近着地点的垂直距离。每人试跳3次，记录其中最好的一次成绩。以厘米为单位，不计小数。

4.注意事项

（1）发现犯规时，此次成绩无效。3次试跳均无成绩者，应允许重新跳，直至取得成绩为止。

（2）可以赤足，但不得穿钉鞋、皮鞋、塑料凉鞋参加测试。

（四）引体向上（男）

1.测试目的

测试学生的上肢肌肉力量的发展水平。

2.场地器材

高单杠或高横杠，杠粗以手能握住为准。

3.测试方法

受试者跳起双手正握杠，两手与肩同宽成直臂悬垂。静止后，两臂同时用力引体（身体不能有附加动作），上拉到下颌超过横杠上缘为完成一次。记录引体次数。

4.注意事项

（1）受试者应双手正握单杠，待身体静止后开始测试。

（2）引体向上时，身体不得做大的摆动，也不得借助其他附加动作撑起。

（3）两次引体向上的间隔时间超过10s停止测试。

（五）仰卧起坐（女）

1.测试目的

测试学生的腹肌耐力。

2.场地器材

垫子（或代用品）、铺放平坦。

3.测试方法

受试者仰卧于垫上，两腿稍分开，屈膝呈90°角左右，两手指交叉贴于脑后，另一同伴压住其踝关节，以固定下肢。受试者坐起时两肘触及或超过双膝为完成一次。仰卧时两肩胛必须触垫。测试人员发出“开始”口令的同时开表计时，记录1min内完成次数。1min到时，受试者虽已坐起但肘关节未达到双膝者不计该次数，精确到个位（见图5-2）。

图 5-2　仰卧起坐测试

4.注意事项

(1)如发现受试者借用肘部撑垫或臀部起落的力量起坐时,该次不计数。

(2)测试过程中,观测人员应向受试者报数。

(3)受试者双脚必须放于垫上。

(六)中长跑(女生 800m/男生 1000m)

1.测试目的

测试学生耐力素质的发展水平,特别是心血管呼吸系统的机能及肌肉耐力。

2.场地器材

400m、300m、200m 田径场跑道,地质不限;也可使用其他不规则场地,但必须丈量准确,地面平坦。秒表若干块,使用前需要校正,校正要求同 50m 跑测试。

3.测试方法

受试者至少 2 人一组进行测试,站立式起跑,当听到"跑"的口令后开始起跑。计时员看到旗动开表计时,当受试者的躯干部到达终点线垂直面时停表。以分、秒为单位记录测试成绩,不计小数。

4.注意事项

(1)先慢跑热身,做身体各个关节韧带肌肉拉伸动作。

(2)受试者测试最好穿运动鞋或平底布鞋,赤足亦可;但不得穿钉鞋、皮鞋、塑料凉鞋。

(3)发现有抢跑者,要当即召回重跑。

思考题

5-1 简述《国家学生体质健康标准》测试的意义。

5-2 简述《国家学生体质健康标准》测试的项目。

5-3 简述《国家学生体质健康标准》测试的方法。

下篇

运动项目

第六章 田径运动

学习目标

(1)了解短跑、中长跑、跨栏跑的技术要领和训练方法。

(2)了解跳高、跳远的技术要领和训练方法。

(3)了解推铅球、掷标枪的技术要领和训练方法。

情境导入

2014年5月21日,清华大学田径队队员、经管学院2010级本科生滕海宁站在北京国家体育场“鸟巢”的比赛跑道上,深深吸了一口气。他回头望了一眼紧握拳头为自己加油的教练和队友,闭上眼睛,告诉自己放松心态,享受比赛,要紧紧跟住最优秀的世界名将,并努力在最后100m超越他们!枪响、助跑、加速、超越!滕海宁奋力冲过了2014年国际田联挑战赛男子800m比赛的终点线。此时,站在赛场旁边和滕海宁一样流了一身汗的教练曹振水、百感交集。他望着不远处还不知道发生了什么的滕海宁,用尽力气大声地喊:“破了!破了!”手掌拍得火辣辣的仍浑然不觉。这一刻,曹振水和清华田径队等待了太久。1分46秒32!滕海宁用全新的成绩改写了已经沉睡整整20年的全国纪录。

第一节 跑

跑是人体所具有的一种基本活动能力,是各级学校体育教学的主要内容,也是群众喜爱的一项有效的健身手段。跑包括短距离跑、中长距离跑、接力跑和跨栏跑等,下面介绍短距离跑与中长距离跑。

一、短跑

400m及400m以下的跑均称为短距离跑,简称短跑。它是一项典型的发展速度素质的运动项目,要求人体在缺氧的状态下,用最短的时间、以最快的速度跑完规定距离。短跑是田径运动的基础,也是其他运动项目训练中不可缺少的手段。短跑技术包括起跑、起跑后的加速跑、途中跑和终点跑4个部分,如图6-1所示。

图 6-1　短跑技术的 4 个部分

(一)短跑技术

1.起跑技术

蹲距式起跑的动作是按发令员的口令来完成的。动作要领:两手比肩稍宽,两臂伸直支撑在地面上;后膝跪在地上支撑重心。当听到"预备"口令后,重心平稳向上抬起的同时重心平稳前送,使投影点接近支撑点,臀稍高于肩,形成一个"次不稳定平衡"的起跑姿势(见图 6-2)。

图 6-2　起跑技术

2.起跑后加速跑技术

起跑后加速跑过程中,特别是加速跑前几步,必须使躯干有较大的前倾,这样才能发挥最大蹬力,达到最佳前进效果,必须使躯干有较大的前倾,摆动腿着地点第一步步长约 3.5~4 脚掌长,随后每步增加 0.5~0.8 个脚掌,随躯干的逐渐抬起和步长的逐渐加大,着地点慢慢前移,大约在起跑后 30m 处转为途中跑。

3.途中跑技术

途中跑阶段身体保持正直,稍前倾,摆动腿应迅速有力,用前脚掌落地,蹬地应快而有力,两臂前后摆动,应迅速有力。

小知识

决定速度的因素是步长和步频,要充分利用身高条件挖掘步长,发展与神经类型相适应的步频,并结合有效的用力方法。

4.终点跑技术

终点跑是全程跑的最后一段,任务是尽力保持最快的速度冲过终点。终点跑的技术与途中跑技术基本相同,只是要求在离终点线 15~20m 时尽量保持上体前倾角度,加快两臂摆动的速度和力量。当跑到距离终点线一步时,上体急速前倾,用胸部或肩部撞终点线后沿的垂直面,并跑过终点,然后逐渐减慢跑速,不要马上停止跑动。

（二）200m 和 400m 跑的技术

200m 和 400m 跑有半程是在弯道上进行的。弯道技术基本上同于直道，只是由于在弯道上跑需克服离心力，人体要采用向圆心倾斜的姿势跑，使跑的技术产生相应的变化。

1.弯道起跑和起跑后的加速跑

起跑器应安装在跑道右侧，正对弯道切点方向。起跑时，左手撑在距起跑线后沿 5~10cm 处，使身体正对弯道的切点。起跑后，开始一段距离应沿着直线跑进，跑至切点前身体要逐渐向内倾斜，加大右腿的蹬地力量和摆动幅度，迅速进入弯道跑。

2.弯道跑技术

弯道跑时，身体应向圆心方向倾斜，右肩稍高于左肩，右臂摆幅大于左臂，后摆时肘关节稍偏向右后方，前摆时稍向左前方，左臂靠近身体前后摆动。右脚用前脚掌内侧着地，左脚用前脚掌外侧着地。由弯道进入直道时，身体逐渐过渡到正常姿势，并顺惯性放松跑 2~3 步，以消除弯道跑时所产生的多余肌肉紧张。

（三）短跑的练习方法

练习短跑应从途中跑开始学习，然后进行蹲踞式起跑和起跑后的加速跑、终点跑、弯道跑和弯道起跑的学习。练习的重点是途中跑和起跑。

1.直道途中跑的练习方法

（1）弹性慢跑练习。前脚掌着地，脚距离地较高，富有弹性慢跑，练习过程中逐渐加大大腿摆动速度，并要求大小腿折叠前摆。

（2）中等速度反复跑练习。练习距离 60~100m，练习时跑的动作放松协调，步幅开阔，同时注意后蹬和高抬摆动腿的正确技术。

（3）通过牵引跑、下坡跑、变速跑等各种练习方法来提高跑的能力。

2.弯道跑的练习方法

（1）练习进出弯道。直道跑 15~20m，接着跑进或跑出弯道 30~40m。

（2）完整的弯道跑练习。练习距离 150m，体会进出弯道和衔接技术。

小知识

短跑发展的趋势

经历了几百年的运动实践，短跑运动从生活劳动、休闲健身，发展成为展现人类极限能力的竞技项目，百米的顶尖级人物都被冠以“飞人”的美誉。短跑运动是以个人的技术和快跑能力决定胜负的，当前短跑运动技术的发展趋势是向着自然、协调、快节奏的方向演化，以充分挖掘最快速度为基础，培养保持高速度跑的能力为目的，建立起相关肌肉的力量水平、合理的个人技术和快速有效的能量供应系统之间的平衡。

常见的中长距离跑项目有 800m、1500m、3000m、5000m 和 10000m 等,是中距离和长距离的合称,属于耐久力项目。

二、中长跑

(一)中长跑技术

中长跑是发展耐久力的项目,它一方面要求尽可能减少体力的消耗,维持一定的跑速;另一方面要求在全程跑中能根据比赛的情况具有加速跑的能力。在跑的过程中,掌握正确的技术和合理的分配体力是非常重要的。要跑得轻松协调、身体重心平稳、直线性强,、节奏好,既要讲究动作效果,又要注意节省体力。

各种距离跑的技术基本相同,但由于距离的长短和跑的强度不同,跑的动作上有不同程度的差异。一般来讲,距离越长,步长越短,跑的动作中前摆、后蹬用力的程度就越小,腾空时间与支撑时间的比值也越小。

1.起跑和起跑后的加速

中距离跑采用半蹲踞式或站立式起跑,长距离跑采用站立式起跑。

半蹲踞式起跑:两臂一前一后,一手的拇指与其他四指呈八字形撑于起跑线后,另一臂在体侧,体重主要落在前腿和支撑臂上。起跑动作近似蹲踞式起跑。

站立式起跑的动作顺序按下列口令进行:听到“各就位”口令后,先做一两次深呼吸,然后走或慢跑到线后,两脚前后开立,有力脚在前,前脚跟和后脚尖之间的距离约一脚长,两脚左右间隔约半脚,体重大部分落在前脚上,后脚用前脚掌支撑站立。两腿弯曲,上体前倾,前倾程度根据个人习惯与比赛的战术而定,一般是跑速越快,腿弯曲程度越大,上体前倾也较大。眼向前看 3~5m 处,身体保持稳定姿势,集中精力听枪声或“跑”的口令。此时两臂的姿势有两种:一是一臂在前一臂在后;二是两臂在体前自然下垂。

2.途中跑

途中跑的动作与短跑基本相同。由于途中跑是中长跑的主要部分,距离长、体力消耗大,因此跑时要求步幅开阔、放松协调、轻快自如、富有弹性和节奏。后蹬用力程度、大腿前摆幅度和手臂摆动幅度均小于短跑。上体接近垂直,减轻腹背肌肉紧张,摆臂时肩部放松,肘关节角度可略有变化,使肌肉得到刹那间的宽息,以便节省体力,跑完全程。

小知识

对于中长跑运动来说,决定专项成绩的因素是速度和速度耐力水平。从当今中长跑技术和发展趋势来看,运动员要在比赛中战胜对手取得好成绩,必须具备较快的速度能力和良好的速度耐力。

3.终点跑

终点跑是指中长跑临近终点的一段加速冲刺跑。进入最后的直道时要竭尽全力进行冲刺跑。什么时间开始加速跑,要根据比赛的距离、个人训练水平和战术来决定。一般 800m 可在最后 150~200m 开始加速冲刺,1500m 以上距离可在最后 300~400m 开始加速冲刺。

(二)中长跑的呼吸

呼吸要通过鼻和半张的嘴同时进行,要以吸气为主进行气体交换,每一个呼吸周期必须充分地呼气,这样才能保证所需吸气量。中长跑的呼吸方式主要包括“二步一呼,二步一吸”“一步半一呼,一步半一吸”,最后冲刺时“一步一呼,一步一吸”。

(三)中长跑的针对练习

1.匀速跑

心率要达到 130~150 次/分。发展有氧耐力即可以通过长时间的匀速跑来进行。

2.反复跑

通过反复跑可以有效地发展专项耐久力,常用的有 5×200m、5×400m、4×800m、6×1000m 等。

三、跨栏跑

跨栏跑包括男子 110m 栏、女子 100m 栏、男女 200m、400m 栏等项目。

(一)第一栏技术

起跑的过程基本同于短跑,起跑至第一栏起跨点一般采用 8 步起跨,起跑后上体抬起要比短跑时快。

(二)过栏技术

跨栏技术的关键就是过栏,包括起跨、腾空过栏和下栏着地等动作。

1.起跨

跨栏前应保持较高的跑速,当起跨腿脚掌着地时,摆动腿由体后向前摆动,大小腿开始在体后折叠,膝关节摆至高于腰部位置。两腿蹬摆配合完成起跨运动过程中上体随之加大前倾,摆动腿异侧臂往前上方摆出,另一臂屈肘摆至体侧,形成“攻栏姿势”。

2.腾空过栏

腾空后身体重心沿着起跨所形成的腾空轨迹向前运行。起跨腿蹬离地面后,摆动腿大腿继续向前上方摆至膝关节超过栏架高度,小腿迅速前摆,当脚掌接近栏架时,摆动腿几乎伸直,脚尖微微上翘。摆动腿的异侧肩臂一起伸向栏架上方。上体加大前倾幅度,使头部接近或超过摆动腿的膝略高于踝。

3.下栏着地

摆动腿积极下压,起跨腿加速向前提拉,以髋为轴完成两腿剪绞动作,摆动腿脚掌移过栏架的同时,起跨腿屈膝外展,小腿收紧抬平,脚尖勾起足跟靠臀,以膝领先经腋下加速前拉,当脚掌过栏后,膝继续收紧向身体中线高抬,脚掌沿最短路线向前摆出,身体成高抬腿跑的姿势,伸直下压的摆动腿在接触地面时,前脚掌做积极扒地动作。

(三)栏间跑技术

110m 栏间三步步长各不相等,每步步速和支撑、腾空时间的关系都有变化,这就构成栏间跑所特有的节奏。

栏间跑第一步的水平速度因过栏有所降低,蹬地起步时膝关节始终伸直,因而第一步比后面两步都要短。

第二步的动作结构和支撑及腾空时间关系大致与短跑的途中跑相同。

第三步因准备起跨形成一个快速短步,具有同跨第一栏的最后一步相同的特点。(见图 6-3)

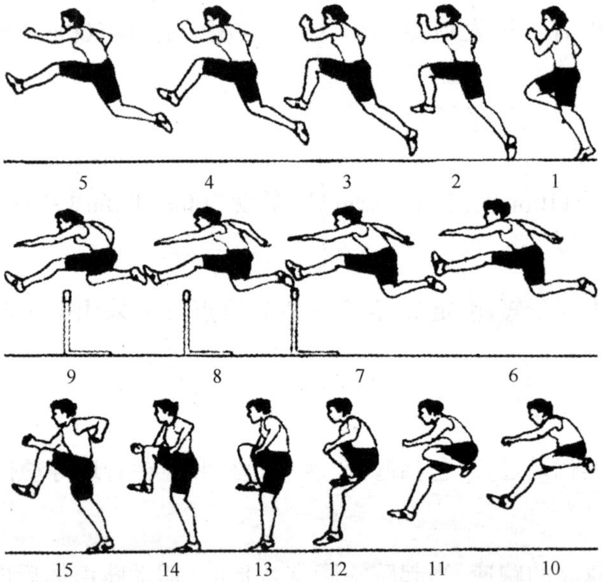

图 6-3 栏间跑技术

(四)跨栏跑的针对练习

(1)两人均成"跨栏坐"姿势,分别用脚顶住对方膝关节,两手拉住对方双手,一人后仰,使对方上体尽量前屈,持续 5~10s,两人交换做。

(2)在 7~10m 距离内,放 4~6 个栏架做栏侧跨栏跑的练习或在栏间做高抬腿跑及普通跑的跨栏练习,注意要有节奏和快速过栏动作。

(3)重复跨栏跑:起跑过 8~10 个栏的重复训练,主要训练全过程技术和节奏。

第二节 跳跃

田径运动中的跳跃是利用人体自身的能力或借助一定器械,按所需方向,通过一定的运动形式,使人体移动尽可能高的高度或尽可能远的远度。跳跃包括跳高、跳远、三级跳远和撑竿跳高等项目,下面介绍跳高和跳远。

一、跳高

跳高完整技术包括助跑、起跳、过杆和落地三个部分。

(一)助跑

背越式跳高的助跑线大多数采用"J"字形曲线。助跑的全过程,或者是一条近似抛物线,或者是一条直线与抛物线的结合。

背越式跳高采用 8~12 步助跑。有行进间起动和原地起动两种方式。无论采用哪一种,都要注意动作放松、保持速度与节奏的稳定。助跑的前段跑与普通加速跑相似。跑进时,身体重心高而平衡,上体适当前倾,后蹬充分有力,前摆积极抬腿,脚着地时靠近身体重心投影点,两臂配合大幅度地摆动。后段是弧线助跑 4~5 步,在弧线跑进时,身体逐步向内倾斜,加大外侧臂和腿的摆动幅度与节奏感,并自然加快步伐,最后一步最快。

丈量助跑弧线比较复杂,方法也较多,一般采用走丈量助跑步点。起跳点的位置一般在离近侧跳高架立柱 1m 左右地方,离横杆投影线 60~90cm。与横杆投影面成 10°~15°的夹角。从起跳点向助跑一侧平行于横杆的方向自然走 4~5 步,然后向助跑的方向(直角方向)自然走 6 步,此处做一标志,为直、弧交界线。再继续向前走 7 步做一标志即是起跑点。直线段、弧线段都是跑 4 步的丈量方法,应在此基础上多次检验、调整,以最后确定(见图 6-4)。

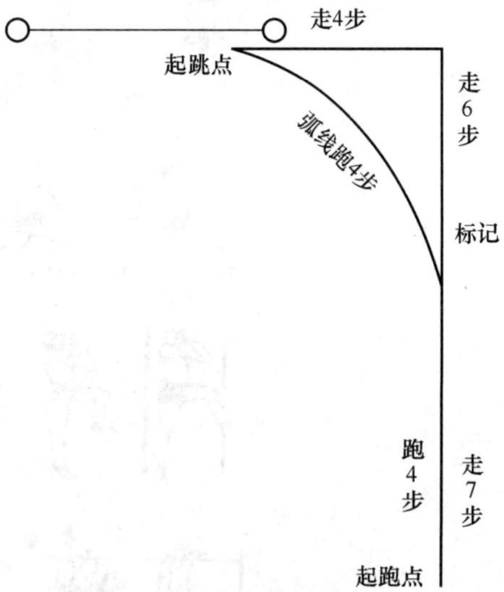

图 6-4 起跑点丈量方法

(二)起跳

起跳点一般在近端跳高架立柱向内约 100cm、距横杆投影线 60~100cm 的地面。助跑倒数第二步摆动腿屈膝支撑下压时,身体保持向圆心方向倾斜的姿势。在摆动腿进行有力的后蹬和积极送髋的同时，起跳腿以髋带动大腿，沿助跑弧线的切线快速用起跳腿以脚跟外侧先着地，并迅速滚动至全脚掌着地，脚尖朝向弧线的切线方向起跳。起跳放脚时身体仍保持向圆心方向倾斜并稍后仰，此时前后摆动的两臂屈臂摆至躯干的两侧。

起跳脚着地后，起跳腿及时屈膝缓冲，身体逐渐由倾斜转为竖直，身体重心轨迹和脚迹重合。在缓冲结束，摆动腿屈膝摆至大腿与起跳腿几乎平行时，摆动腿的大、小腿折叠最紧。然后摆动腿沿助跑弧线方向由前摆转为向上并稍向内摆动，同时起跳腿进行有力的蹬伸，两臂配合腿部动作积极摆动，提肩拔腰，使身体向上腾起。

起跳时的摆臂方法有两种：一种是两臂同时向上摆动，另一种是摆动腿的同侧臂领先向上摆动。摆动腿和两臂摆到一定位置时要同时制动，这有利于增加起跳蹬地力量，提高身体重心，产生身体在空中的旋转力和连接过杆动作。在保证动作幅度的前提下，起跳腿应积极蹬伸，快速完成起跳动作，缩短起跳时间。

（三）过杆和落地

人体腾空后，逐渐转为背对横杆的姿势，摆动腿自然下放。头、肩部过杆后，及时仰头、收肩、展髋，两臂放于体侧，提臀挺髋，弯曲的两腿稍向外分开，小腿下垂，身体形成反弓形。然后肩部继续下沉，髋部上挺，使两膝上升。臀部过杆后，及时低头含胸，小腿上举，使整个身体依次越过横杆。过杆后，用肩、背部先落于海绵包上（见图 6-5）。

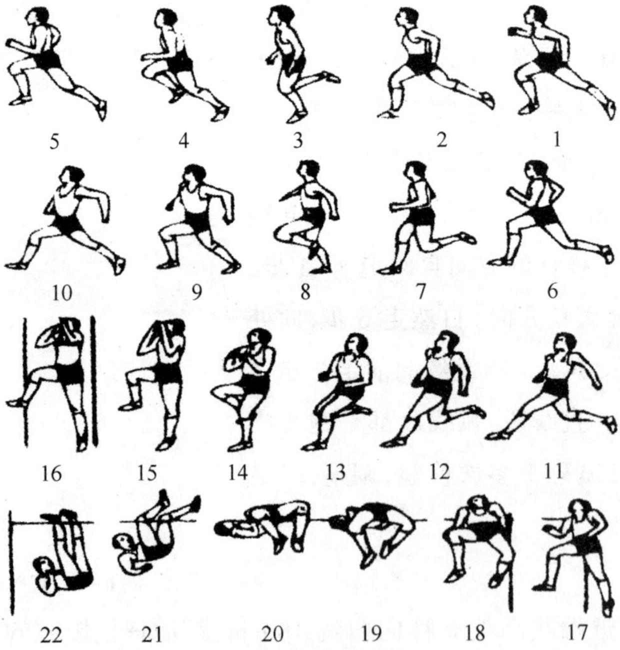

图 6-5　背越式跳高

小知识

决定跳高成绩的主要因素：运动学因素（腾起初速度、腾起角度）、动力学因素（下肢伸肌最大快速力量、下肢退让收缩能力）、身体形态（身高、下肢长）、心理因素（动机、焦虑水平）。

当前跳高运动的发展趋势逐渐趋向于以速度为核心，其特征就是突出一个"快"字，即要求助跑速度快、起跳速度快、过杆速度快。

二、跳远

跳远完整技术包括助跑、起跳、腾空和落地 4 个部分。

（一）助跑

助跑的任务是为了获得最大的水平速度，并为准备踏板和起跳做准备。

1.助跑的方法

（1）助跑的开始姿势有两种：一种是从静止状态开始，一般采用两腿微屈，两脚左右平和站立的"半蹲式"，或两脚前后分立的"站立式"。因第一步的速度和幅度易做到稳定，故有利于提高助跑准确性。另一种是行进间开始，先走几步或跑几步踏上起跳点后，开始加速跑，这种方法的助跑动作比较放松、自然。

（2）起动后的加速方式有两种：一种是积极加速方式，跑法是一开始就加速跑，步频始终很高，用增加步长提高速度；另一种是平稳加速方式，跑法是开始阶段步频较慢，然后在逐渐加大步长或保持步长的基础上提高步频。

2.助跑的距离

助跑距离的长短与运动员跑的能力有关，跑的能力强，其助跑距离较长。男子助跑距离为 35~45m，女子助跑距离为 30~40m。助跑速度快的，助跑距离相应缩短；反之，适当加长。另外，还要根据跑道的性质、天气及具体情况等进行调整。

为提高助跑距离的准确性，应注意以下几个方面：

（1）固定起跑姿势、加速方式和助跑节奏。

（2）正确设置助跑标志。为了使助跑更加准确，可以途中设置标志。标志不宜过多，以免分散注意力和影响助跑连续性。技术熟练时可以只用一个标志（设在起点）。

（3）对已确定的助跑距离，要根据外界条件反复进行检查和调整。

3.最后几步的助跑

（1）最后几步的助跑技术。对于跳远，最后几步助跑是整个助跑的关键。在最后几步助跑时，既要保持和发挥最高速度，又要为起跑做好充分准备。

一般表现为两种技术特征：一种是最后几步的步长相对缩短，步频明显加快，形成一种快速进入起跳的助跑技术节奏；另一种是在步长相对稳定的情况下，加快步频，形成快速积极的技术特征。

(2)最后几步的步长。传统理论认为，助跑最后几步为中、大、小。但从世界男子优秀运动员最后几步步长变化来看均不相同。因此，最后几步步长要体现运动员的特点，不能强求统一模式。

(3)起跳的准备。助跑最后几步为起跳准备阶段，为了达成理想的起跳动作，身体重心适度地下降，以便为起跳做充分准备。

(二)起跳

完整技术中最重要的一个环节即起跳。

起跳时，运动员的身体重心向前移动 1m 左右的距离，向上约 25cm。完成起跳的时间在 0.1~0.3s 之间。起跳瞬间，起跳腿屈膝前摆用全脚掌踏板，此时躯干成正直姿势；随后身体迅速前移；当身体与地面垂直时，迅速充分地伸展起跳腿，摆动腿屈膝上摆至大腿约与跑道平行；此外，躯干抬起，两臂弯曲上摆，完成起跳动作。

(三)腾空

起跳离地后，人体向空中腾起，并在空中完成各种动作的过程，称为空中动作阶段。腾空步后有“蹲踞式”“挺身式”和“走步式”三种空中动作。

“挺身式”的动作要领：起跳腾空后，摆动腿下放、伸髋与稍稍顺势前移的起跳腿靠拢。腾空至最高点时，身体充分伸展，形成“挺胸展髋”的姿势，两臂上举或后摆，然后收腹举腿，双腿前伸，完成落地动作(见图 6-6)。

图 6-6　跳远

(四)落地

在实际的跳跃中，身体重点的落点要比足跟的落点更远一些。因此，减少身体重心轨迹与足跟落点的距离是落地技术的主要任务之一。良好的空中动作是合理落地的基础。落地前，双臂快速向后方摆动，这有利于腿向上抬起并向前方伸出；着地前应尽量减小双腿与地面的夹角，以便足落点更靠近重心轨迹落点，增加跳跃距离。双足着地后，应及时屈膝缓冲,头部迅速前移,双臂快速前摆,将臀部迅速移过落地点(见图 6-7)。

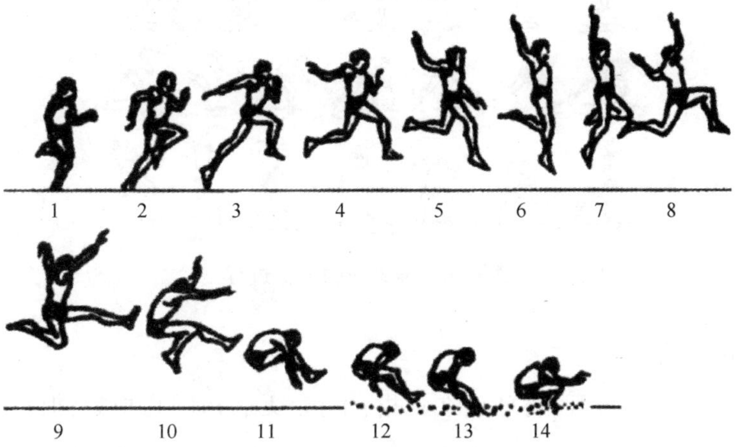

图 6-7　走步式及落地

(五)跳远练习方法

(1)原地模仿起跳练习。两脚前后站立,摆动腿在前稍屈膝,起跳腿在后,身体重心落在前脚上。动作开始时,摆动腿蹬地,起跳腿积极地由后向前迈步,模仿向下放脚的踏板动作,全脚掌滚动着地,随即缓冲和蹬伸起跳,同时两臂要配合双腿的动作积极摆动。要和身体各部分配合协调,起跳腿蹬伸迅速,摆动腿向前上方摆动积极,身体重心迅速跟上。

(2)在跑道上连续做慢跑 3 步或 5 步结合起跳的练习,用摆动腿落地。

(3)利用弹簧板,做短程助跑起跳,成腾空步后,完成空中蹲踞或挺身式姿势,然后做伸腿落地动作。

(4)全程助跑蹲踞式或挺身式跳远练习,体会完整的技术动作。

第三节　投掷

一、推铅球

推铅球是一个速度力量性项目。投掷原理表明,铅球出手的初速度、出手角度及出手的高度决定了铅球飞行的远度。

推铅球的方法目前主要有两种:背向滑步推铅球法和旋转推铅球法。由于对旋转推铅球运动员的技术、身体素质要求高,故大多采用背向滑步推铅球。

完整的背向滑步推铅球技术可分为握球、持球、滑步、转换、最后用力 5 个部分(见图 6-8)。这五部分都要注意保持身体平衡。

图 6-8　推铅球的动作过程

（一）握、持球技术

握球的手五指自然分开，将球放在食指、中指、无名指的指根处，拇指和小指贴在球的两侧（见图 6-9），以保持球的稳定。握好球后，将球放在锁骨内端上方，紧贴颈部，掌心向上，右上臂与躯干约成 90°，躯干与头部保持正直。

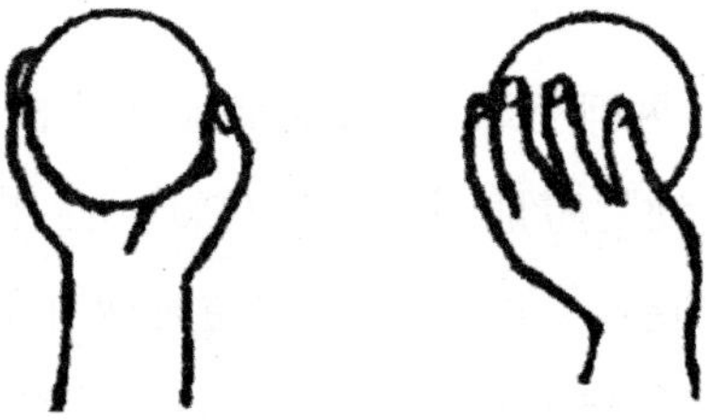

图 6-9　铅球的握法

（二）滑步技术

完整的滑步技术包括预备姿势、团身、滑步三个部分。

1.预备姿势（以右手为例）

运动员持好球后，背对投掷方向，身体重心落在右脚掌上，左脚置于右脚跟后方 20～30cm 处，以脚尖点地，帮助维持平衡。上体与头部保持正直，两眼平视，两肩与地面平行。这种预备姿势（常称高姿势）较为自然，有助于集中精神开始滑步。

2.团身动作

运动员站稳后，从容地向前屈体，待上体屈到快与地平行时，屈膝下蹲，同时头部和左腿向右腿靠拢，完成团身动作。

3.滑步动作

滑步由身体重心后移，左腿向投掷方向伸摆开始，经过蹬伸右腿、回收右脚来完成这一动作。滑步技术要点：（1）两腿动作顺序为左腿在先，蹬伸右腿在后，最后回收右小腿。（2）左腿与躯干的关系是左膝伸开保持与躯干成一直线，直至最后用力开始。（3）处理好铅球的位置。当右膝伸开后，铅球约处在右小腿的 1/2 处，外侧的垂直线上；当右腿回收后，铅球约处在右膝上方外侧。

（三）转换（过渡步）技术

回收右小腿，以脚尖着地，紧接着将左脚插向抵趾板，以脚掌内侧着地。右腿着地时体重大部分落在右腿上，左腿着地时身体重心移至两腿之间，在这一过程中，运动员上体和头部姿态没有明显变化。

（四）最后用力

最后用力可分为准备和加速两个部分。

1.最后用力的准备部分

从左腿落地到身体形成侧弓，在这一过程中，投掷臂尚未给铅球加速，仅是依靠右膝的内压、右腿的转蹬推动骨盆侧移。由于上体不主动抬起，头颈不主动扭转，故使身体左侧保持最大拉紧状态，为最后的加速用力创造有利条件。

2.最后用力的加速部分

躯干形成侧弓后，在左腿有力的支撑下，利用躯干的反振作用顺势转肩伸臂完成整个投掷动作。在最后用力过程中，左腿的支撑作用十分重要，它不仅可以提高铅球的出手点，更重要的是可以提高手臂的鞭打速度。左臂通过上下的摆动，可控制胸大肌横向弓展和推球手臂鞭打的距离。

（五）维持身体平衡

铅球出手后，为了防止犯规，常采用换步和降低身体重心减缓冲力，以维持身体平衡。

（六）推铅球的练习方法

推铅球练习应遵循循序渐进的原则，首先应学习原地正面和侧向推铅球，然后再学习侧向滑步和背向滑步推铅球技术。

1.原地推铅球的练习

（1）握、持球方法的练习。

（2）向下方或前下方推球。

（3）正面推球练习。

（4）学习改进原地推球的练习：小幅度推球模仿练习与推球练习；原地推球的模仿练习与推球练习；改进原地推球的练习。

2.侧向滑步推铅球的练习

（1）侧向滑步预摆技术的练习：徒手或持球侧向站立，而后进行摆、蹬、倒与回、屈等动作的协同配合练习。

(2)徒手或持球进行滑步的练习。

(3)持球进行侧向滑步推球的练习。

3.背向滑步推铅球的练习

(1)徒手或持球进行预摆的练习。

(2)徒手或扶依托进行滑步分解练习。

(3)徒手或持球进行滑步练习,注意摆、蹬、收、落等动作的协同配合。

(4)背向滑步推铅球的练习。

(5)在投掷圈内进行背向滑步推铅球的练习。

4.推铅球技术练习中常见的错误动作和纠正方法

(1)在推球瞬间肘关节下降的纠正方法:多做挺胸、抬肘与伸臂的练习,伸臂时肘要高于或平于右肩。

(2)铅球出手角度过低的纠正方法:可采用推球过杆的练习法纠正。横杆的位置要适当,应使铅球飞进的方向与横杆上方约成40°角。

(3)滑步后身体重心太高,不能保证正确的准备姿势的纠正方法:多做徒手或持球的滑步练习,着重加快两脚落地动作的节奏。

(4)滑步与最后用力动作脱节的纠正方法:多做滑步练习。滑速不宜快,但两脚落地的动作要快,并在此基础上与最后用力连接起来。

二、掷标枪

(一)握法

将标枪斜放在掌心上,大拇指和中指握在标枪把手末端第一圈上沿,食指自然弯曲斜握在标枪上,无名指和小指握在把手上(见图6-10)。

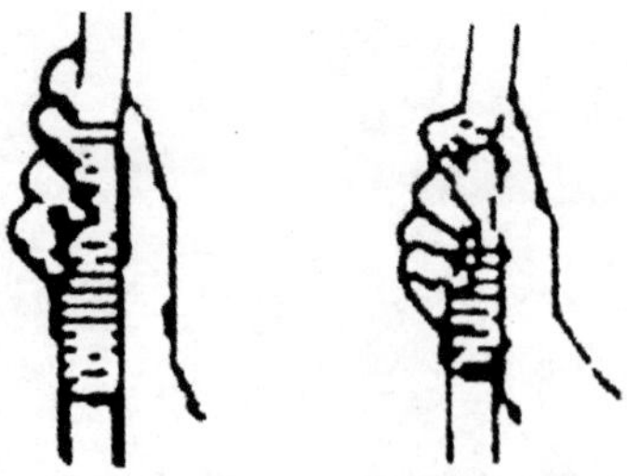

图6-10 握法

(二)持枪

屈臂举枪于肩上,大小臂约成90°角,稍高于头,枪尖稍低于枪尾,持枪臂要保持放松(见图6-11)。

图 6-11 持枪

（三）助跑

助跑的距离应是由投掷者发挥速度的快慢决定的，一般在 25～35m 之间，助跑分为预跑和投掷步两阶段。

预跑阶段主要是加速，在跑进中上体稍前倾，用前脚掌着地，大腿抬得较高，后蹬力量强，动作轻快而富有弹性，持枪臂随着跑的节奏与左臂配合，自然前后摆动。投掷步阶段，左脚踏上第二标志线，开始投掷步。第一步和第二步时应逐渐完成引枪动作。第二步结束时，右臂应充分伸展，躯干稍向右转和向右倾斜，左臂处于身体左侧，右臂与肩轴在一条直线上，身体左侧面对投掷方向，眼看前方。投掷步的第三步是交叉步，左脚一落地，右腿膝关节自然弯曲，大腿带动小腿积极有力地向前摆出，当右腿靠近左腿时，左腿快速有力地蹬伸，促使右腿加快前迈；右脚尖外转用脚跟外侧先落地，然后过渡到全脚掌，与投掷方向约成 45°角。躯干和右腿成一条直线，整个身体向后倾斜，与地面形成一定的夹角。

（四）最后用力

投掷步的第三步右脚着地后，体重压在右腿上，左腿前摆伸出小腿，左脚用足跟或足内侧先着地，落在投掷方向线左侧 20～30cm 处，并用力支撑。右腿用力的同时，右臂转肩翻肘正对投掷方向，形成“满弓”姿势。然后，右脚继续用力，胸部向前牵引，投掷臂大臂带动小臂，形成“鞭打”动作。标枪离手瞬间，手腕和手指的积极动作，能使标枪沿着纵轴按顺时针方向自转，这可以保持标枪在空中飞行的稳定性，增强标枪的滑翔效果。标枪出手的适宜角度约 30°～35°。（见图 6-12）

图 6-12 最后用力

(五)缓冲

标枪出手后,人体由于向前惯性而继续向前运动,应及时向前跨出一至二步,以防止越线犯规,身体稍向左转或上体稍前倾,使身体重心降低,维持平衡,以防冲出线外。

思考题

6-1 如何进行短跑锻炼?

6-2 如何进行中长跑锻炼?

6-3 简述跳远过程及如何进行跳远练习。

6-4 简述跳高过程及如何进行跳高练习。

6-5 简述推铅球的技术及如何进行练习。

第七章 球类运动

学习目标

(1)掌握足球运动的基本技术、战术配合、比赛规则。

(2)掌握篮球运动的基本技术、战术配合、比赛规则。

(3)掌握排球运动的基本技术、战术配合、比赛规则。

(4)掌握乒乓球运动的基本技术、战术配合、比赛规则。

(5)掌握网球运动的基本技术、战术配合、比赛规则。

(6)掌握羽毛球运动的基本技术、战术配合、比赛规则。

(7)掌握木球运动的基本技术、战术配合、比赛规则。

情境导入

40年前,中国女排首次获得世界杯冠军,之后创造了世界大赛五连冠的佳绩。从那时起,女排精神就一直激励着国人。时光流逝,岁月变幻,女排虽然也经历了沉浮,但她们在关键时刻能站得出来,挺得上去,这支队伍的精神底蕴依旧在闪闪发光。

第一节 足球

一、足球概述

(一)足球运动的起源与发展

我国是足球运动的发源地。早在中国古代的战国时期(公元前475~前221年)就出现过与现代足球相接近的运动。《战国策·齐策》中曾记载苏秦在与齐宣王会面时,提到过人民安居乐业,喜欢"蹋鞠",而"蹋鞠"就是我们熟悉的"蹴鞠",指的是一种足球游戏;"蹋"和"蹴"都表示踢,而"鞠"说的是球。到了唐宋时,"蹴鞠"活动就十分盛行了,成为宫廷中的一种高雅活动。1958年7月,前国际足联主席阿维兰热博士到中国时曾说:足球发源于中国。2004年初,国际足联确认足球发源于中国,"蹴鞠"就是有史料记载的最早的足球活动。

提起近代足球,最早产生于19世纪的英国。虽然英国不是足球运动的发源地,但是英国却把这项运动发展得非常好。1835年,英国谢菲尔德成立了世界上第一个足球俱乐部。1863年10月26日,英国足球总会正式成立,并制定出世界上第一个统一的足球规则,而且开始出现足球联赛。英国足球总会的成立,代表世界足球运动已经进入了一个崭新的阶段,于是世界公认这一天为现代足球(见图7-1)的诞生日。

1903年,比利时、丹麦、法国、荷兰、西班牙等国家商议成立一个国际足球组织。因为足球运动在世界各地发展迅速,所以国际足球协会也在1904年成立。1908年,足球被正式列入奥林匹克运动会的比赛项目之中。第一届世界杯赛事在1930年由乌拉圭主办,东道主乌拉圭夺得冠军。

图7-1 足球运动

(二)足球运动的锻炼价值

1.有助于养成良好的思想品德和心理素质

足球这项运动本身便是意志、纪律、自制力、责任感及勇敢顽强、机智果断、坚韧不拔、勇于克服困难、团结协作、密切配合、集体荣誉感等众多优秀品质的代名词。

2.有助于增强体质和促进健康

足球运动是全面锻炼和健康体魄的良好手段,是全民健身活动中行之有效的一项体育运动。经常参加足球运动,能提高人们的力量、速度、灵敏、耐力、柔韧等身体素质,而且能改善人的高级神经活动,尤其是能增强人体心血管系统、呼吸系统等内脏器官的功能,进而促进人体的健康。根据测算,一名优秀足球运动员的肺活量比正常人要多达2000~3500mL,安静时的心律比正常人低15~22次/分钟。

3.有助于促进精神文明

开展足球运动可以丰富人们的业余文化活动,提高人们的生活质量。如今,足球运动已成为一些城市政治、经济、文化、生活的重要组成部分,成为这些城市形象的标志之一。

4.有助于振奋民族精神,加强国际之间的交流

本国球队在重大国际足球比赛中获得胜利,能鼓舞人民团结进取,振奋民族精神。同时通过国际比赛还可以增进国家之间的友谊与了解,并渗透于其他各个领域。

二、基本技术

足球技术是指运动员在足球竞赛规则允许的条件下,运用身体有效部位合理完成各种动作的总称。足球技术包括踢球、接球、头顶球、运球和抢截球等。

(一)踢球

踢球是指运动员有目的地用脚的相应部位将球踢向预定目标的技术动作。它主要用于传球和射门。

踢球按击球时脚触球的部位可分为脚内侧踢球、脚背正面踢球、脚背内侧踢球和脚背外侧踢球等。踢球时可按球的状态分为踢定位球、踢地滚球、踢反弹球和踢空中球等,在此仅以踢定位球为例介绍动作要领。

1.脚内侧踢球

脚内侧踢球的特点是触球面积大、可控性强、出球平稳准确、出球力量较小。它适用于短距离传球和射门。

动作要领:直线助跑,支撑脚踏在球侧约 15cm 处,膝微屈,脚尖指向出球方向;踢球腿以髋关节为轴由后向前摆动,膝、踝外展,脚跟前送,脚尖稍翘,保持脚掌与地面平行;小腿加速前摆,脚形固定,用脚内侧部位击球的后中部,击球后踢球腿随球前摆(见图 7-2)。

图 7-2 脚内侧踢球

2.脚背正面踢球

脚背正面踢球是用脚背正面的楔骨和趾骨末端部位触球的一种踢球方法,其特点是踢摆幅度大、摆速快,便于发力,但出球路线缺乏变化。它适用于远距离传球和大力射门。

动作要领:直线助跑,在支撑脚落地的同时,踢球腿以髋关节为轴带动小腿前摆;在膝关节接近球体上方时,小腿加速前摆,脚背绷直,脚趾扣紧,以脚背正面击球的后中部,击球后,踢球腿顺势前摆(见图7-3)。

图7-3　脚背正面踢球

(二)接球

接球又称停球,是指运动员有目的地运用身体的有效部位触球,将运行中的球接控在所需要范围内的技术动作。常用的接球方法有脚内侧接球和脚底接球等。

1.脚内侧接球

脚内侧接球的特点是触球面积大、接球平稳,便于改变球的方向。它适用于接地滚球和反弹球。

动作要领如下:

(1)接地滚球时,身体正对来球,支撑腿微屈,接球腿屈膝、外转、前迎,脚内侧对准来球,并在触球的瞬间自然后撤,将球控制在所需要的位置上(见图7-4)。

图7-4　脚内侧接地滚球

(2)接反弹球时,支撑脚踏在落球点的侧前方,膝微屈,上体稍前倾,并向停球方向微转;接球腿屈膝上提,膝、踝外转,脚内侧对准球的反弹路线,当球落下反弹刚离地时用脚内侧触压球的中上部(见图7-5)。

2.脚底接球

脚底接球的特点是动作简单、控球稳定。它适用于接地滚球和反弹球。

动作要领:身体正对来球,支撑腿膝盖微曲,脚踏在球的侧后方,停球腿自然屈膝上提,脚尖翘起,用前脚掌触压球的中上部(见图7-6)。

图 7-5　脚内侧接反弹球

图 7-6　脚底接球

(三)头顶球

头顶球是指运动员有目的地用额部将球击向预定目标的技术动作。头顶球包括前额正面顶球和前额侧面顶球。

1.前额正面顶球

前额正面顶球的特点是触球部位平坦,发力顺畅,易于控制出球方向,出球平稳、有力。

动作要领:身体正对来球,两腿前后开立,膝微屈,上体后仰,重心置于后脚,两臂自然张开。在球运行到身体垂直面的瞬间,后腿用力蹬地,重心前移,迅速向前摆体,微收下颌,用前额正面击球的后中部(见图 7-7)。

2.前额侧面顶球

前额侧面顶球特点是动作突然、能变换出球方向,但触球面积小,出球力量较小。其动作要领与前额正面顶球相似,头部触球位置(见图 7-8)。

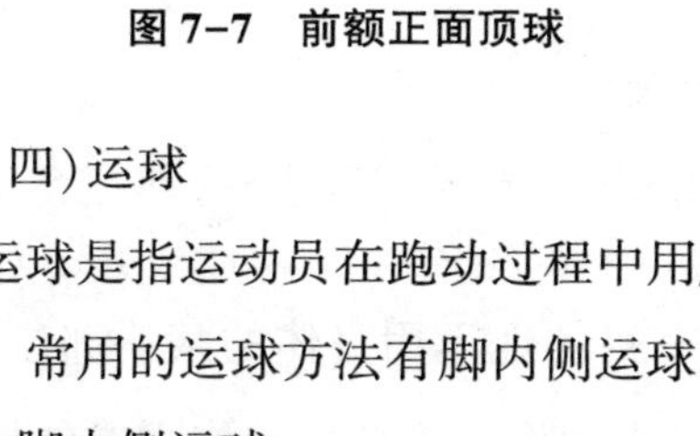

图 7-7　前额正面顶球

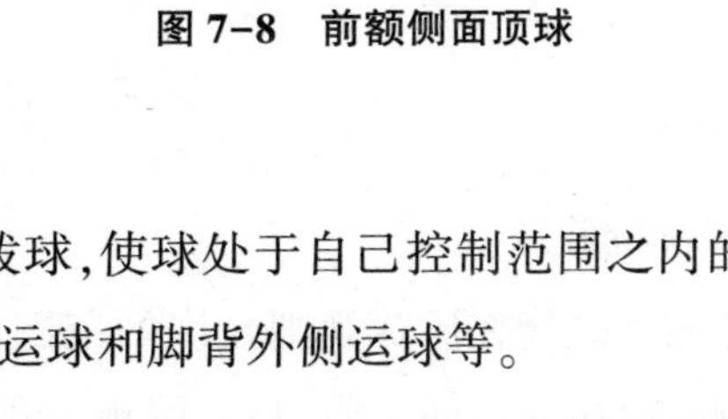

图 7-8　前额侧面顶球

(四)运球

运球是指运动员在跑动过程中用脚连续推拨球,使球处于自己控制范围之内的技术动作。常用的运球方法有脚内侧运球、脚背正面运球和脚背外侧运球等。

1.脚内侧运球

脚内侧运球特点是运球速度慢、易于控球,适用于掩护性运球。

动作要领:运球时,支撑脚踏于球的侧前方,膝微屈,重心移至支撑脚,身体略转向运球方向,运球腿屈膝上提,脚尖外转,在向前迈步过程中用脚内侧推球前进(见图 7-9)。

2.脚背正面运球

脚背正面运球的特点是直线推拨，速度快，但运球路线较为单一。在快速运球前进或前方纵深距离较大时可使用脚背正面运球。

动作要领：运球时身体自然放松，两臂自然摆动，上体稍前倾，步幅不宜过大；运球脚提起时，膝微屈，脚跟提起，脚尖下指，在向前迈步过程中用脚背正面推球前进（见图7-10）。

图 7-9　脚内侧运球

图 7-10　脚背正面运球

3.脚背外侧运球

脚背外侧运球的特点是具有较强的灵活性和可变性，易于控制运球方向和提高运球速度。在快速奔跑和需要向外改变运球方向时可使用脚背外侧运球。

动作要领：其动作要领与脚背正面运球相似，只是在摆脚时脚尖稍向内转，用脚背外侧推球前进（见图7-11）。

图 7-11　脚背外侧运球

（五）抢截球

抢截球是指在比赛规则允许的范围内，运动员有目的地运用身体的某一部位，将对方控制下或传递中的球夺过来、踢出去或破坏掉的技术动作。抢截球动作主要包括三个环节：一是选位；二是抓住时机，果断实施动作；三是在实施抢截动作后，迅速使身体恢复到下一个动作所需要的状态和位置。常用的抢截球方法有正面抢球（见图7-12）和侧面抢球（见图7-13）等。

图 7-12 正面抢球

图 7-13 侧面抢球

三、战术配合

足球是一项多人参与的体育运动,在比赛中除了发挥个人的作用外,更重要的是发挥集体的力量。足球战术就是根据场上的攻守情况所采取的个人行动和集体配合的总称。那么,你知道在足球比赛中有哪些攻防配合吗?

(一)基础战术配合

1.踢墙式“二过一”

踢墙式“二过一”是指两名进攻队员通过两次传球越过一名防守队员的配合方法(见图 7-14)。

(1)配合要领:拉开距离,传球到位,力量适当,切入及时。

(2)运用时机:多在足球场上局部区域控球队员遇到防守队员堵截,不能运球突破摆脱对手时使用。配合方法简单,实用性强。

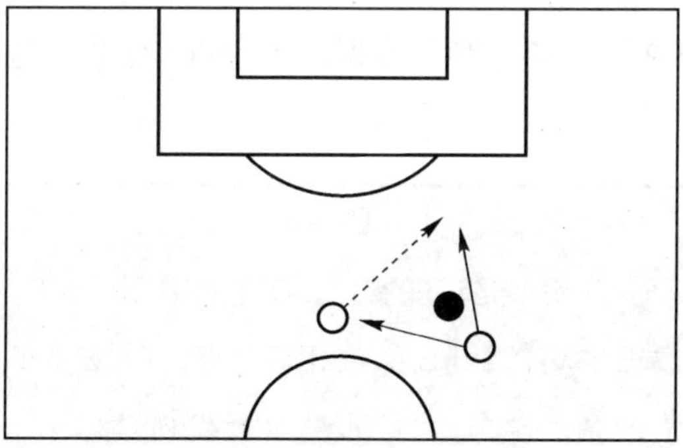

图 7-14 踢墙式“二过一”

2.围抢配合

围抢配合是指在特定区域,2 个以上的防守队员突然、快速地多方位包围并夹击对方控球队员,在短时间内将球夺下或破坏控制的战术配合(见图 7-15)。

(1)配合要领:出击突然,包夹果断,抢截球动作合理。

(2)运用时机:在足球场边、角场区,对方身体方向和观察角度较差或在守方球门前接球、运球、射门时,应坚决围抢封堵。

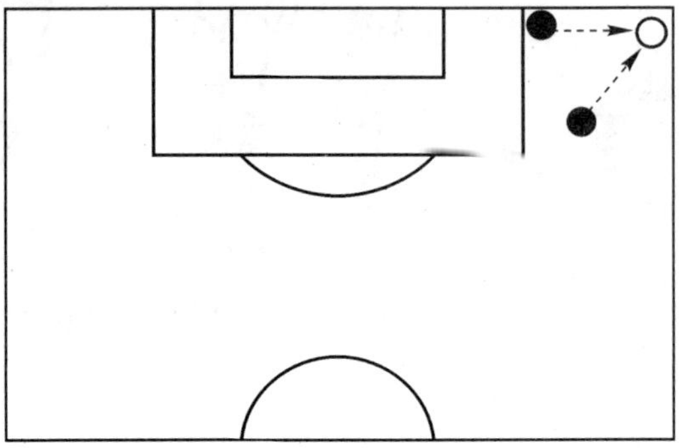

图 7-15　围抢配合

(二)练习方法

(1)固定防守人的"二过一"练习。要求传球到位、跑动及时、配合默契。

(2)小场地"二过一"练习。一组由后场短传推进,另一组出一人上前防守,在完成射门或球被抢断后,则与场外同伴向另一侧球门进攻,依次循环。

(3)快速反击练习。设置一个球门和守门员,两队在远离球门的半场进行传抢球练习,当听到哨声后,控球队立刻向另一半场长传球给本队插上的同伴,队员运球突破或短传配合射门。要求在传球至另一半场前,任何队员不能越过中线。

(4)"四对四"半场攻守练习。由中场开始,2 名进攻队员运用个人运球突破或传球配合摆脱防守,另外 2 名进攻队员做策应传球;2 名防守队员盯人防守,另外 2 名防守队员保护补位和围抢。

(5)"五人制""七人制"全场比赛。根据场上情况,有意识地运用攻守战术,增强配合意识。

小知识

角球防守的选位和盯人原则

(1)守门员站在靠近远端门柱附近,便于观察场上情况和出击。

(2)一名防守队员站在近端门柱,防止进攻者发内旋球射门。

(3)发角球同侧的一名防守队员,应站在端线附近距角球区 9.15m 处,阻止和干扰对方发低平球或采用短传配合。

(4)禁区内每人盯一名进攻队员,空中争顶球能力强的队员盯住头球好的进攻队员。

第二节 篮球

一、篮球的概述

篮球运动起源于1891年,由美国马萨诸塞州春田市基督教青年会学校体育教师詹姆斯·奈史密斯博士发明。当时他看到儿童向装桃的篮筐里做投掷游戏,从中受到启发,创编了篮球游戏。最初篮球比赛人数、场地和时间均无严格限制,只要人数相等就可比赛。20世纪初规定为上场队员9人,1920年前后改为每队6人,之后又改为每队5人。1932年在瑞士日内瓦召开第一次国际篮球会议,同年在罗马成立了国际业余篮球总会;1948年国际篮总决定从1950年开始每四年举行一次男子篮球世界锦标赛;女子篮球运动则是从1917年兴起,1953年于智利举办第一届世界女子篮球锦标赛,并决定以后每四年举行一次。

篮球在1904年被列入奥运会的表演项目,1936年柏林奥运会成为正式项目,并统一了世界篮球竞赛规则。女子篮球到1976年蒙特利尔奥运会才被列为比赛项目。1992年巴塞罗那奥运会开始允许职业篮球选手参加奥运会比赛,提高了奥运会篮球赛水平(见图7-16)。

图7-16 篮球比赛

篮球运动是一项集体性、综合性、围绕高空展开立体型攻守对抗的活动性游戏,是全国各级各类学校对学生进行全面素质教育的基本内容,是增进学生健康的教育手段和贯彻德、智、体、美全面素质教育的手段之一。

二、基本技术

篮球技术是在篮球比赛中队员为了攻守目的所运用的各种专门动作的总称,主要包括脚步移动、传接球、运球和投篮等。

(一)脚步移动

脚步移动是在篮球比赛中队员为了争取时间和空间上的主动优势所采用的各种脚步动作的总称,是学习篮球技术和使用机动灵活战术的基础。脚步移动主要包括起动、跑、急停、滑步和转身等。

1.基本站立姿势

基本站立姿势是脚步移动的准备姿势,以便于各种技术动作的开始和运用。

动作要领:两脚前后或左右开立,与肩同宽,两膝微屈,重心落于两脚间,上体稍前倾,两臂自然弯曲于体侧,两眼环视全场情况。

2.起动

起动是队员在球场上由静止状态变为运动状态的一种起始动作,一般用于在攻、守中抢占有利位置。起动包括向侧和向前起动两种方式。

动作要领:以向左侧起动为例,从基本站立姿势开始,向左侧起动时重心左移,上体迅速左转,左脚不动,右脚前脚掌用力蹬地,并向左跨出,两臂自然摆动;向前起动与向左起动的动作相仿,只是方向不同。

3.跑

跑是最基本的移动技术,包括侧身跑、变速跑、变向跑和后退跑等。其中侧身跑和变速较为常用。

(1)侧身跑。侧身跑是队员在跑动中为了抢位、摆脱防守、接侧向或侧后方的传球而采用的一种跑动方法。动作要领:跑动过程中两脚尖正对跑动方向,头和上体转向球的方向。

(2)变速跑。变速跑是队员在跑动过程中改变跑的速度(加速或减速)的一种方法。动作要领:跑动过程中,加速时上体前倾,两脚掌连续交替向后蹬地,同时迅速摆臂;减速时上体直起,加大步幅,用前脚掌抵地,缓冲减速。

4.急停

急停是队员在快速跑动过程中,突然制动并呈静止状态的一种方法。常用的有跨步急停和跳步急停两种方法。

(1)跨步急停。动作要领:停步时一只脚向前跨出一大步,脚跟着地过渡到全脚掌抵地,同时迅速屈膝,上体后仰。另一只脚着地时脚尖内旋,身体顺势侧转,前脚掌内侧蹬地。两臂曲肘张开,保持身体平衡。

(2)跳步急停。动作要领:停步时双脚起跳,上体稍后仰,两臂自然摆动,两脚同时平行落地,屈膝降重心,两臂曲肘张开,保持身体平衡。

5.滑步

滑步是队员防守移动时的常用步伐。常见的有侧滑步、前滑步和后滑步三种步伐。

侧滑步动作要领:开始滑步前两脚左右开立,微屈膝,两臂侧张开;向左滑步时身体重心左移,左脚向左跨出一步,落地的同时右脚迅速滑行跟进,完成一步侧滑,然后重复以上动作(见图 7-17)。

向右、向前、向后滑步时,动作相似,只是方向不同。

图 7-17 向左侧滑步

6.转身

转身是队员以一脚做轴(中枢脚),另一只脚蹬地向前或向后跨出,身体顺势转动,以改变身体方向的一种方法。转身包括前转身和后转身两种方式。

(1)前转身。动作要领:转身时(以右脚为中枢脚)左脚前脚掌向外蹬地,同时身体重心右移,左脚经体前向右跨一步,同时中枢脚以前脚掌为轴(脚跟提起)用力碾地旋转,身体顺势右转(见图 7-18)。

图 7-18 前转身

(2)后转身。后转身和前转身的动作相仿,不同的是后转身时移动的脚向自己身后跨步,使身体改变方向。

小知识

同学们打篮球之前要做好安全检查,注意以下几个方面:(1)上衣、裤子口袋里不要装钥匙等坚硬、尖锐锋利的物品,不要佩戴各种金属或其他饰物。(2)戴眼镜的同学要做好防护,必要时提前取下眼镜,再开始运动。(3)不要穿着塑料底的鞋或皮鞋,应当穿着运动鞋。(4)正确佩戴护膝、护腕等,做好防护。

（二）传接球

传接球是篮球比赛中队员之间有目的地转移球，以更好地配合全队进攻的有效手段。因此，传接球是组织全队进攻配合的纽带，也是提高进攻质量的重要环节。

1.传球

传球包括双手胸前传球、双手头上传球、单手肩上传球、单手胸前传球和勾手传球等。下面对最常用的双手胸前传球和单手肩上传球进行简要介绍。

（1）双手胸前传球。双手胸前传球是一种最基本、最常用的传球方法，适用于不同方向、不同距离的传球，其特点是准确性高，便于控制球。

动作要领：双手持球时两脚开立，两膝微屈，重心落于两脚间，双手十指自然分开，两拇指相对呈“八”字形，指根以上部位持球两侧，掌心空出，持球于胸腹之间；传球时，两臂迅速向传球方向前伸，当手臂将要伸直时，急促抖腕，同时两拇指用力下压，食、中指用力拨球，将球传出（见图 7-19）。

图 7-19 双手胸前传球

（2）单手肩上传球。单手肩上传球常用于中、远距离传球，其特点是传球力量大，利于抢到后场篮板后长传快攻。

动作要领：（以右手传球为例）左脚向传球方向迈出半步，同时右臂引球至右肩上方，左手离球，左肩对着传球方向，重心落于右脚上；右脚内侧蹬地转身，同时迅速向前挥臂，手腕前屈，通过食、中指拨球，将球传出（见图 7-20）。

图 7-20 右手肩上传球

2.接球

接球是队员获得球的动作,是抢篮板球和断球的基础,包括双手接球和单手接球两种。

(1)双手接球。双手接球包括双手接胸部高度的球、双手接头部高度的球、双手接低于腰部的球和双手接地滚球等方法。下面简要介绍双手胸前接球的动作要领。

动作要领:两眼注视来球方向,两臂向来球方向伸出,十指自然分开;当双手触及球时手臂顺势引球,将球持于胸腹之间(见图 7-21)。

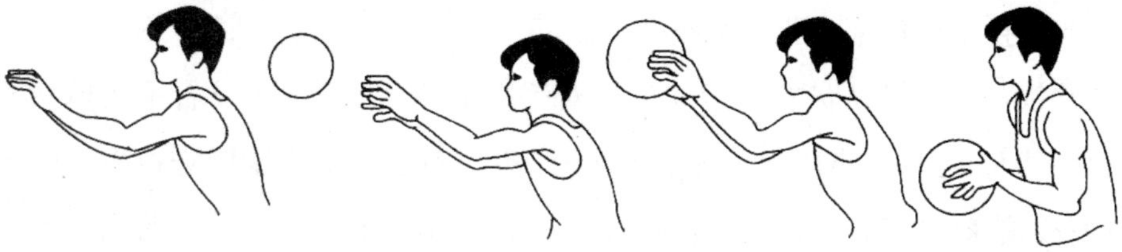

图 7-21 双手胸前接球

(2)单手接球。动作要领:(以右手接球为例)两眼注视来球方向,右臂微屈,伸向来球方向,手掌呈勺形,五指自然分开;当手指触及球时右臂顺势引球,左手立即帮助右手,双手持球于胸腹间(见图 7-22)。

图 7-22 单手接球

(三)运球

运球包括高运球、低运球、体前变向换手运球和胯下运球等。

1.高运球

高运球是将球的反弹高度控制在腰、胸之间的运球方法,一般用于无防守的快速运球。

动作要领:(以右手运球为例)运球时微屈膝,上体稍前倾,目平视,以肘关节为轴,前臂自然伸屈,用右手按拍球的后上方,把球的落点控制在身体右前方,球的反弹高度则在胸腹之间。

2.低运球

当持球队员接近防守队员或防守队员来抢球时，持球队员为保护球或摆脱防守，常采用低运球方法。

动作要领：运球时抬头、目视前方，深屈膝，上体前倾，用上体、腿和另一只手臂保护球；同时，用手短促地按拍球，把球的反弹高度控制在膝关节以下。

3.体前变向换手运球

当防守队员堵截运球队员的进攻路线或运球队员运球接近防守队员时，运球队员可运用体前变向换手运球来摆脱和突破对手。

动作要领：（以运球队员右手运球突破对手左侧为例）运球队员右手运球，当对手向右侧移动堵截时，运球队员应向右侧加速运球，吸引对手偏离正常防守位置；接着突然变向，用右手按拍球的右后上方，向左侧拍球，左、右脚先后迅速向左前方跨出，上体左转并前倾探肩，换左手按拍球的后上方，加速运球突破对手（见图 7-23）。

图 7-23　体前变向换手运球

4.胯下运球

动作要领：（以右手胯下运球为例）运球跨步急停后，两脚前后开立，左脚在前，重心落于两脚间；右手按拍球的右上方，使球从两腿之间穿过，换左手运球，右脚向左前跨出，完成一次胯下运球。

（四）投篮

投篮包括原地投篮、行进间投篮、跳起投篮、补篮和扣篮等，下面对最常用的原地投篮和行进间投篮进行简要介绍。

1.原地投篮

原地投篮包括单手头上投篮、单手肩上投篮、双手头上投篮和双手胸前投篮。下面以原地单手肩上投篮为例，介绍原地投篮的动作要领。

原地单手肩上投篮的动作要领：（以右手投篮为例）从双手持球的基本站立姿势开始，左手扶球左侧，右手持球，右臂曲肘，置球于右肩上；投篮时两脚掌蹬地，左手离球，右臂向前上方伸直时手腕前屈，食、中指拨球，将球投出（见图 7-24）。

图 7-24 原地单手肩上投篮

2.行进间投篮

行进间投篮包括单手肩上投篮、单手低手投篮、双手低手投篮、反手投篮和勾手投篮等。下面以行进间单手低手投篮为例，介绍行进间投篮的动作要领。

行进间单手低手投篮的动作要领：(以右手投篮为例)运球队员结束运球变为双手持球的同时，右脚跨出第一步；左脚跨出第二步落地时前脚掌用力蹬地向前上方起跳，右腿屈膝自然上提，右手将球引至右肩侧上方；腾空到最高点时左手离球，右手托球，右臂向前上方伸展；接近球篮时，手腕、手指上挑，将球投出(见图 7-25)。

图 7-25 行进间单手低手投篮

三、战术配合

掌握一定战术，能进行战术配合是团队精神的最好诠释。在篮球比赛中，如果你或同伴的进攻被对方限制，凭借个人能力无法获得投篮机会，你和同伴会怎么做呢？答案肯定是运用战术配合。那么，你知道怎样配合才有效吗？

小知识

你知道在篮球战术板上各种符号的含义吗？“○”代表进攻队员；“△”代表防守队员；“→”代表队员跑动路线；“- - - -►”代表球的飞行路线；“~~~►”代表运球行进路线；“—‖►”代表投篮；“—┤”代表掩护；“①②③④⑤”分别代表场上的1号位~5号位。

(一)基础战术配合

1.掩护配合

掩护配合是掩护队员采用合理的行动,用自己的身体挡住同伴防守者的移动路线,使同伴借以摆脱防守,在局部形成“多打少”的一种进攻战术(见图 7-26)。

(1)配合要领:掩护动作正确,位置合理;拆分默契,拉开距离。

(2)运用时机:常在对方采取半场紧逼盯人或区域紧逼盯人防守,个人难以摆脱防守时使用。

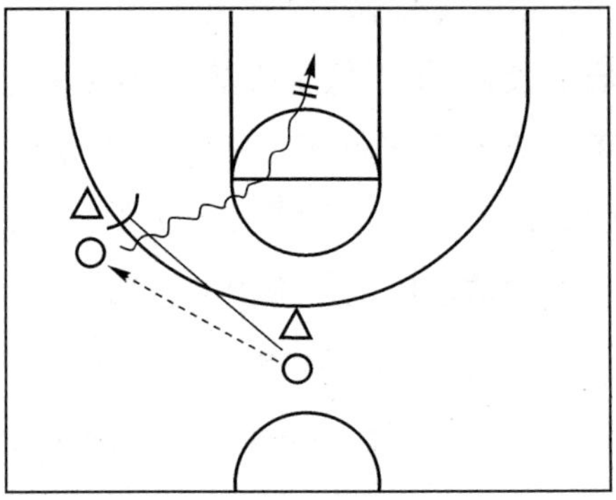

图 7-26 掩护配合

2.夹击配合

夹击配合是两名以上防守者同时采取突然行动,封堵和围夹持球者,在局部形成“多防少”的一种防守战术(见图 7-27)。

(1)配合要领:选择最佳的夹击位置和时机,用身体和腿部限制进攻者的活动,积极挥动手臂封堵传球角度,伺机抢球或断球。

(2)运用时机:在局部区域(边线、底角和中线附近)对持球队员或运球队员停球后进行夹击,造成对方失误或违例;在对方掷界外球时,夹击接应者接球。

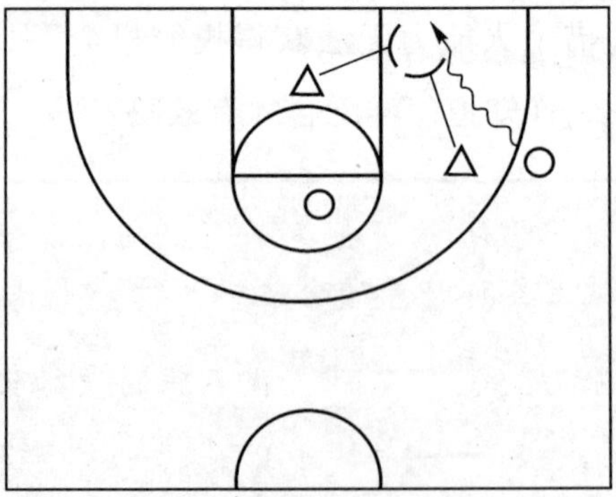

图 7-27 夹击配合

小知识

战术谋略

篮球比赛中,如果对方球员身材较高,个人能力强,那么,实力相对较弱的球队一般会采用半场区域联防的防守战术。根据进攻球员的进攻特点采用不同的站位队形:对于内线高大,以内线进攻为主的球队采用“2—3 联防”;对于外线投篮准的球队采用“3—2 联防”;为限制明星球员的发挥,采用“1 人盯人,4 人联防”。总的原则是在局部区域形成“多防少”,限制对方进攻。

(二)练习方法

(1)半场“二对一”练习。重点练习掩护动作和配合方法。

(2)半场“二对二”对抗练习。提高掩护配合的实战运用能力。

(3)全场“一对二”夹击练习。进攻者运用各种运球突破技术向篮下推进,两名防守者在不同的区域进行夹击。

(4)全场“三防二或四防三”夹击练习。进攻方受到夹击被迫停球时,可将球传给同伴,防守方对无球者是一防一,对持球者是二防一。

(5)半场“三对三”攻守转换练习。攻守双方根据场上的情况,合理运用掩护配合和夹击配合,提高攻守质量。

第三节　排球

一、排球概述

(一)排球的起源与发展

排球起源于由美国马萨诸塞州霍利奥克城的基督教青年会干事摩根(W.G.Morgan)于 1895 年创立的室内游戏。创立 100 多年以来,排球从一开始仅仅是少数人作为休闲、消遣的一种游戏,后来逐渐成为遍及世界五大洲,为广大群众喜闻乐见的体育运动项目(见图 7-28)。

首届世界男子排球锦标赛于 1949 年举行,1952 年起举行世界女子排球锦标赛。

经常参加排球运动,能提高运动中枢对肌肉、肢体的控制能力,发展人体的力量、速度、灵敏性和耐力,提高中枢神经系统的调节功能和心血管系统的供给作用,促进机体的发育,改善身体素质和健康水平。还能通过此项运动来调节情绪,减轻压力,让情感得到宣泄,平衡心理,促进心理的健康发展。

图 7-28　排球运动

（二）中国排球运动

排球运动在我国的历史可以追溯到 20 世纪初。1905 年，广州南武中学和香港皇仁书院开始倡行排球运动，此后的传播方式主要是基督教青年会体育部、留学生、外籍人士等进行教学、游戏、训练及表演等，排球运动在我国部分城市的一些学校中逐步开展起来。

我国最早将 Volleyball 音译为"华利波"，后来改成"队球"，取成队比赛之意，最后才改为"排球"。

中国女排是一支具有光荣历史的队伍，以技术全面、快速多变、攻防平衡的特点立足于世界强队之列。曾在 1981 年和 1985 年世界杯、1982 年和 1986 年世锦赛、1984 年洛杉矶奥运会上夺得冠军，成为世界上第一个"五连冠"的女子排球队，之后在 2003 年世界杯、2004 年奥运会、2015 年世界杯、2016 年奥运会、2019 年世界杯五度夺冠，共 10 度成为世界冠军（包括世界杯、世锦赛和奥运会三大赛）。中国女排是中国三大球中唯一一个拿到世界冠军奖杯的队伍。

二、基本技术

排球技术是在比赛规则允许的条件下，队员运用的各种合理击球动作和配合动作的总称，主要包括准备姿势与移动、传球、垫球、扣球、发球和拦网等。

（一）准备姿势与移动

准备姿势与移动是排球运动中运用最多的两项基本技术，它是完成传球、垫球、扣球、发球和拦球各项技术的前提和基础，并且对各项技术动作的运用起着连接作用。

1.准备姿势

按照重心的高低，准备姿势可分为稍蹲、半蹲和低蹲三种。下面介绍最常用的半蹲准备姿势的动作要领。

半蹲准备姿势动作要领：两脚左右或前后开立（根据场上情况，可以左脚在前或右脚在前），稍比肩宽，脚跟提起，膝微屈，脚尖和膝稍内扣；上体前倾，重心前移，肩超膝，膝超脚尖；两臂自然弯曲，置于腹前，目视来球。

2.移动

移动的基本步伐包括并步与滑步和交叉步等。

并步与滑步的动作要领：（以向前移动为例）从两脚前后开立的准备姿势开始，后脚用力蹬地，前脚向来球方向跨出一步，后脚迅速跟上成准备姿势。连续并步移动称为滑步。

交叉步的动作要领：从准备姿势开始，向右移动时上体稍向右转，左脚从右脚前面向右交叉跨一步，然后右脚再向右跨一大步，同时身体转向来球方向成准备姿势。

（二）发球

下面对正面上手发球和侧面下手发球进行简要介绍。

1.正面上手发球

正面上手发球的特点是力量大、速度快、弧度平、旋转强和落点易于控制。

（1）准备姿势：面对球网站立，两脚前后自然开立，左脚在前，两膝微屈，上体前倾，左手持球于胸前。

（2）抛球：左手将球垂直平稳地抛向右肩的前上方，高度为距头顶3个球高。同时右臂抬肘约与肩平，前臂后引，手掌置于头后上方，上体略向后移，挺胸、展腹、身体重心后移至右脚。

（3）击球：身体重心前移，收腹，同时带动右臂迅速向肩前上方挥动，在最高点伸直手臂，用力掌击球的后中部；在触球的刹那，手腕适当地向前推压（见图7-29）。

图7-29 正面上手发球

2.侧面下手发球

侧面下手发球的特点是发球动作较简单、容易掌握、稳定性较大，但攻击性较小。

(1)准备姿势:右肩正对网,两脚左右开立,与肩同宽,上体稍前倾,重心落于两脚间或稍偏右脚,左手置球于腹前。

(2)抛球:左手将球抛至胸前距身体约一臂远,同时右臂摆至身体右侧后下方,上体稍右转。

(3)击球:右脚内侧蹬地,身体左转,带动右臂向前摆动,在腹前用全掌击球下部,将球击出。击球时手臂要伸直,眼睛要看着球。

(三)传球

传球是排球运动中的一项最基本的技术,是进行比赛和组织战术的基础。传球的种类多种多样,下面对正面双手传球(简称正传)和背传进行简要介绍。

1.正传

(1)动作要领:接球前采用稍蹲姿势,身体站稳,上体挺直,双手自然抬起,置于脸前;当球至距额前上方一个球左右的位置时,开始双脚蹬地、伸膝,伸双臂,张开双手,从脸前向前上方击球,将球传出(见图 7-30)。

(2)传球手形:当手触球时两手自然张开,呈半球状,手腕稍后仰,以拇指、食指和中指拖住球的后下部,两拇指相对,接近"一"字形,两手间要有一定的距离(不超过球的直径)。

(3)传球的用力:传球时主要是利用蹬地、伸膝、向上展体和伸臂的力量,配合手指和手腕的弹力将球传出。

图 7-30　正传

2.背传

动作要领:接球时上体挺直或稍后仰,两膝半屈,重心落于两脚间,双手自然抬起,置于脸前,目视来球方向;迎球时微仰头挺胸,下肢蹬地,同时上体向上方伸展;触球时,手腕后翻,掌心向上击球底部(手形与正传的手形相同),同时下肢蹬地、展腹、抬臂、伸肘,通过手指和手腕的弹力把球向后上方传出(见图 7-31)。

图 7-31 背传

（四）垫球

垫球主要包括正面双手垫球、体侧垫球、跨步垫球和挡球等。下面对最常用的正面双手垫球和跨步垫球进行简要介绍。

1.正面双手垫球

正面双手垫球是在腹前用双手垫击来球的一种垫球方法，是各项垫球技术的基础。

（1）动作要领：垫球前判断球的落点，然后迅速移动到落点，身体正对来球方向，成准备姿势站好；当球接近腹前时两臂夹紧前伸，含胸收肩，收腕抬臂，将球准确地垫在小臂上（见图 7-32）。

（2）手形：两手手指上下相叠，掌根紧靠，两拇指平行相靠，紧压在上层手指的中指第二节上，两臂伸直相夹（见图 7-33）。

（3）击球点与垫球部位：击球点应保持在腹前约一臂处；垫球部位为前臂腕关节以上 10cm 左右桡骨内侧平面为宜（见图 7-34）。

图 7-32 正面双手垫球

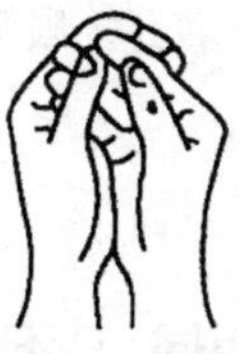

图 7-33 垫球手形

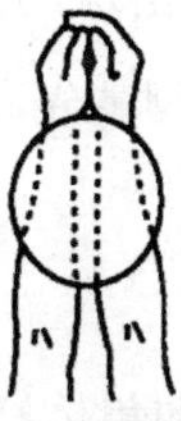

图 7-34 垫球部位

2.跨步垫球

跨步垫球是指当球距身体一步左右、速度很快或位置较低、队员来不及移动正对时，迅速向前或向侧跨出一步垫击来球的动作。

动作要领：垫球前首先判断来球的落点，然后迅速向来球方向跨出一步，屈膝制动，重心移至跨出的脚上。两臂夹紧、伸直，插入球下，用两前臂击球的后下部，将球平稳地向目标方向垫出。

（五）扣球

扣球主要包括正面扣球、自我掩护扣球和勾手扣球等。下面对最常用的正面扣球进行简要介绍。

正面扣球（以两步助跑右手扣球为例，如图 7-35 所示）的动作要点如下。

图 7-35　正面扣球

（1）准备姿势：采用稍蹲姿势，两臂自然下垂，观察来球，做好向各个方向助跑起跳的准备。

（2）助跑：助跑时左脚先向前迈一小步（便于寻找和对正方向），接着右脚再迅速跨出一大步，同时两臂绕体侧向后引。左脚及时跟上右脚，踏在右脚之前，两脚尖稍向右转，屈膝制动同时两臂自后积极向前摆动。

（3）起跳：助跑制动之后两臂用力向上摆，同时两脚猛力蹬地向上起跳。

（4）空中击球：起跳后挺胸展腹，上体稍向右转，右臂向后上方抬起，身体呈反弓形；挥臂时身体左转，收腹，带动肩、肘、腕各部分关节向前上方挥动（类似甩鞭动作）；击球时五指微张呈勺形，以掌心击球的后中部，同时曲腕、曲指向前推压，将球扣出。

（5）落地：落地时前脚掌先着地，然后过渡到全脚掌着地，顺势屈膝收腹，以缓冲下落的力量。

（六）拦网

拦网包括单人拦网和集体拦网，两者的动作要领相同，只不过后者更注重相互间的协调与配合。下面对单人拦网进行简要介绍。

单人拦网的动作要点如下(见图 7-36)。

图 7-36 单人拦网

(1)准备姿势:面对拦网,两脚左右开立,与肩同宽,两膝微屈,两臂在胸前曲肘,距网 30~40cm。

(2)移动:为了及时对正对方的进攻点,拦网队员需要及时移动。常用的移动步伐有并步与滑步和交叉步等。

(3)起跳:原地起跳时两膝弯曲(弯曲程度因人而异,以发挥最高弹跳力为原则),重心降低,双脚用力蹬地,同时两臂在体侧画小弧用力上摆,带动身体垂直起跳。

(4)空中击球:起跳过程中两手经额前并平行球网向网上沿的前上方伸出,两臂平行伸直,前臂靠近网,两肩尽量上提;拦网时两臂尽力过网伸向对方上空,两手自然张开,曲指、曲腕呈勺形,以便包住球;手触球时两手,手腕突然下压,盖住球的前上方。

(5)落地:落地时面对对方,屈膝缓冲,同时曲肘,向下收臂。

三、战术配合

战术是指在比赛中,运动员依据比赛双方的具体情况和排球运动的规律,运用合理的技术,有意识、有目的、有组织的个人行动和集体配合。

(一)排球阵容

排球阵容配合是排球战术运用的基础,阵容配备应依据队员的特长及本队的战术思想,安排队员在场上的位置,以最大限度地发挥该队技术和战术水平。

阵容配备主要有“四二配备”和“五一配备”两种。

1.四二配备

四二配备是 2 个二传手、4 个进攻队员。4 个进攻队员中 2 个为主攻,2 个为副攻,他们都站在对角位置上,无论怎样轮转,前排都能保持一名二传队员和两名进攻队员,便于组织和发挥攻击力量。这种比较简单的战术配备适用于初学者和一般水平的球队。

2.五一配备

五一配备是场上只有 1 个二传手,其余全是主攻手。这样能加强前排的拦网和攻击力量,更好地控制比赛的进行,掌握主动权。目前,这种战术阵容配备被水平较高的球队广泛运用。

（二）排球进攻战术

进攻战术由一传、二传和扣球3个环节组成。

1."中一二"进攻

由3号位做二传，将球传给2、4号位的进攻。二传在2、4号位时，球发出后可以置换到3号位，这种情况被称为边一二换中一二，反边一二换中一二（见图7-37）。

此种进攻简单，便于组织。

2."边一二"进攻

由2号位做二传，将球传给3、4号位进攻；二传在3、4号位时，发球后换到2号位（见图7-38）。

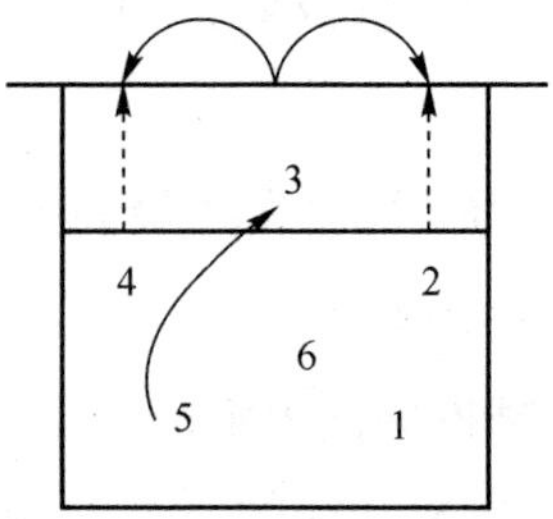

图7-37 "中一二"进攻战术

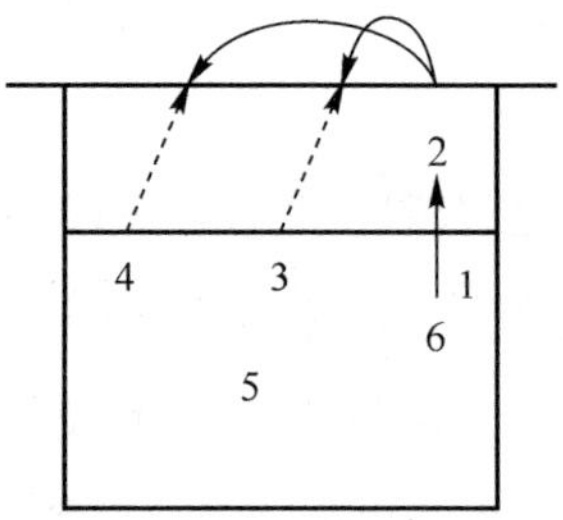

图7-38 "边一二"进攻战术

3.强攻

强攻指在没有同伴掩护的情况下，在对方有准备的拦防情况下，强行突破的进攻。强攻的二传球较高，根据不同的二传球位置，可以分为集中进攻、拉开进攻、围绕进攻、调整进攻等，后排队员的高球进攻也属于强攻的打法。

（三）排球防守战术

1.接发球的站位阵形

接发球的阵形既要有利于接球，也要有利于本方进攻战术，同时能注意对方发球特点来布阵。

（1）五人接发球。除1名二传在网前站立或后排插上之外，其余5名队员均担负起一传任务。通常为一三一或三三站位。

（2）四人接发球。二传和上快球队员站在网前不接发球，后场四人呈一字或弧线站立。

2.防守阵形

（1）无人拦网的防守阵形。在无拦网必要时，二传在网前，既可以接网前球，又可以组织进攻，前排队员后撤，准备防守与进攻。

（2）单人拦网防守阵形。此种阵形用于对方进攻力量较弱，扣球以中线为主，吊球较多的情况。

(3)接拦回球的保护阵形。应依据本方的进攻战术和对方拦回的情况,以及参加防守的人数来确定。本方扣球时必须加强保护,尽量形成多道保护防线,积极防起被拦回的球,并及时组织继续进攻。

第四节　乒乓球

一、乒乓球概述

(一)乒乓球的起源与发展

19 世纪 70 年代,乒乓球首先出现在英国,最初只是作为一种休闲运动的体育项目,用来代替草地网球。现如今,如果单从参与这项运动的人口来看,乒乓球可以算是世界第一运动,全世界有近 4000 万人从事该运动。1900 年 12 月在英国伦敦举行了第一次大型乒乓球比赛。1926 年,国际乒乓球联合会正式成立,并决定举行第一届世界乒乓球锦标赛。

1904 年,上海四马路一家文具店的经理王道平,从日本买来 10 套乒乓球器材,从而乒乓球运动开始在我国出现。1953 年春,中国乒乓球队第一次参加了在布加勒斯特举行的第二十届世界乒乓球锦标赛。从 1959 年,中国运动员容国团获得了第 25 届世界乒乓球锦标赛男子单打冠军后,中国运动员开始登上了国际乒坛。迄今为止,中国乒乓球运动员共获得了 120 多个世界冠军,3 次包揽世乒赛、两次包揽奥运会的全部金牌,半个世纪来,中国乒乓球运动始终处在世界前列。

乒乓球运动具有球小、速度快、变化多、技巧性强、趣味性高等特点,设备比较简单,没有年龄、性别和身体条件的限制,在室内外都可进行,运动量可大可小,具有广泛的适应性和较高的锻炼价值。

经常参加乒乓球运动,可以很好地锻炼神经系统的灵活性、敏锐性及判断能力,使人心情舒畅,具有丰富的想象力,有利于提高学习和工作效率;能改善人的心血管、脑血管系统的机能,使人的反应加快,身手敏捷,动作协调,四肢灵活、柔韧,形体健美;能提高控制情绪的能力及培养机智果断、勇敢顽强、勇于进取和敢于拼搏的优良品质与作风;能增强人的快速反应能力和身体的爆发力,加速全身的血液循环,改善内脏器官的功能,促进身心全面发展。

(二)中国乒乓球运动

中国乒乓球队成立于 1952 年。1953 年春,中国乒乓球队第一次参加了在布加勒斯特举行的第二十届世界乒乓球锦标赛。

1959 年,容国团获得了第二十五届世界乒乓球锦标赛男子单打冠军后,中国运动员开始登上国际乒坛，逐渐形成了以“快、准、狠、变”为技术风格的直拍近台快攻打法。在1961年第二十六届世界锦标赛中，中国队既过了欧洲关，又战胜了远台长抽加秘密武器“弧圈球”打法的日本选手，第一次夺得了男子团体世界冠军，并连续获得第二十七、二十八届男子团体冠军。中国近台快攻的优点是站位近、速度快、动作灵活、正反手运用自如，比日本远台长抽打法又大大前进了一步。20世纪60年代，中国乒乓球技术水平位于世界最前列，乒乓球运动的优势由日本转移到中国。

在日本、中国乒乓球运动发展的同时，欧洲运动员从失败中总结经验教训，经过近20年的努力，终于取日本弧圈球技术和中国近台快攻打法之长，创造出适合他们的先进打法，即以弧圈球为主结合快攻的打法。代表人物是匈牙利的克兰帕尔和约尼尔。以快攻为主结合弧圈球的打法，是以正反手快攻为主要技术，用反手快拨快攻力争主动，以正手拉弧圈球寻找机会扣杀为得分手段，代表人物是瑞典的本格森、捷克的奥洛夫斯基等。这两种打法的特点是防守较强、速度快、能拉能打、低拉高打、回旋余地较大。现今乒乓球运动推进到了防守和速度紧密结合的新高度。

乒乓球运动男女老少皆宜，能活跃文化体育生活，实为强身健体的一项妙趣无穷的体育运动。

二、基本技术

（一）握拍方法

1.直握拍方法

用正面拇指第一指节和食指第二指节握拍，拍柄压住虎口，背面中指、无名指和小指自然弯曲斜形重叠，中指第一指节顶住球拍的后上部使球拍保持平稳（见图7-39）。

2.横握拍方法

中指、无名指和小指自然地握住拍柄，拇指在球拍正面，轻贴在中指的旁边，食指自然伸直，斜放于球拍的背面，虎口轻微贴拍（见图7-40）。

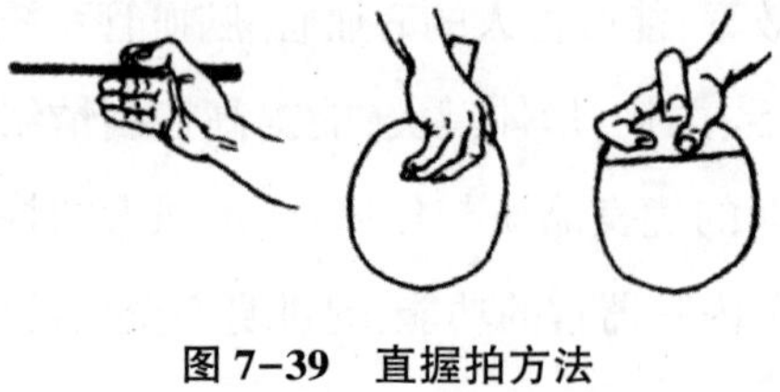

图7-39　直握拍方法

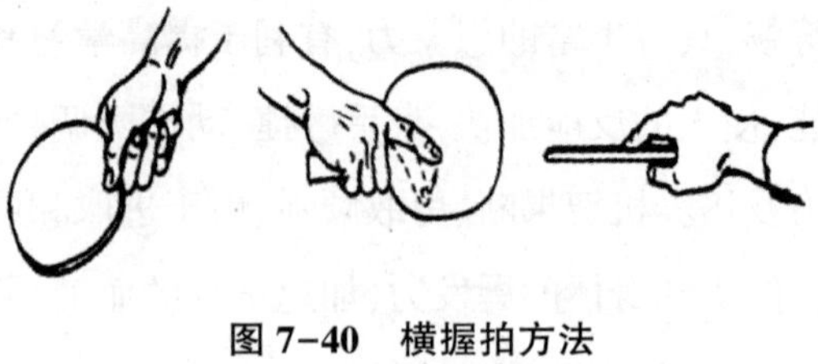

图7-40　横握拍方法

（二）基本步伐

1.单步

单步是指以一脚的前脚掌为轴，另一脚向前、后、左、右某个方向移动一步。单步的特点是移动范围较小，重心较为稳定，多在来球离身体不远的情况下使用。

2.跨步

跨步是指以一脚向来球方向跨出一大步，另一脚跟着移动。跨步的特点是移动范围较大，身体重心起伏也大，多在来球急、角度大的情况下使用。

3.滑步

滑步是指两脚几乎同时向来球方向蹬地，离球远的脚先落地。滑步的特点是移动范围较大，身体重心平稳，便于发力，多在来球角度较大、球速快时采用。

4.交叉步

交叉步是指用离球远的脚朝来球方向跨出一大步，并从前面超过另一脚形成交叉状，另一脚再向来球方向移出一步。这种步伐多在来球远离身体的情况下采用。

(三)发球方法

1.正手平击发球

将球抛起，拍面稍前倾，当球下降稍高于球网时手臂向左前方发力，挥拍击球中上部(见图 7-41)。击球后的第一落点应落在球台中区。

2.反手发轻短球

手臂先向后上方引拍，当球下降至比网稍高时，前臂向前下方轻微用力送出，拍面后仰，触球中下部并向底部摩擦(见图 7-42)。

图 7-41 正手平击发球

图 7-42 反手发轻短球

3.发下旋球

发下旋球时执拍手的上臂带动前臂加速向前下方挥拍，前臂迅速旋内；拍面后仰较大，由球的中下部后向底部摩擦击球(见图 7-43)。

图 7-43 发下旋球

4.高抛发球

发球者先将球抛至空中，高度为 2~3m，待下落到一定高度时击球。挥拍时上臂外展的幅度稍大，要借助转腰和蹬地的力量。由于抛球高度大，球体下落时的重力加速度骤增。高抛球具有球速快、旋转强、时间差明显等特点。

（四）常用击球方法

1.推挡球

推挡球包括挡球、快推、快拨和加力推等多种方法，下面介绍常用的两种。

（1）挡球是指前臂与台面平行伸向来球，球拍触球时前臂和手腕稍向前移动，拍面接近垂直，并在来球的上升期击球的中部（见图 7-44）。

（2）快推是指引拍时肘关节靠近身体右侧，前臂与台面平行，将球拍后引至左腹前，拍面垂直，击球时前臂和手腕迅速前伸，食指用力，拇指放松使拍面稍前倾，并在上升期击球的中上部（见图 7-45）。

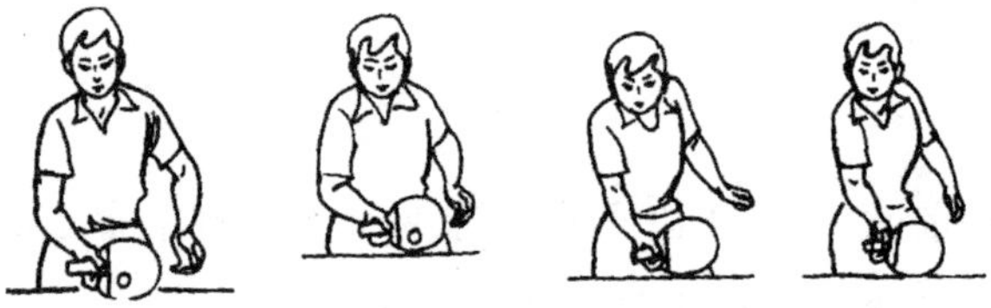

图 7-44　挡球

图 7-45　快推

小知识

推挡易犯错误和纠正方法如下：

（1）推挡时，手腕下垂，使球拍与小臂成垂直。纠正时，手腕向外展，使球拍拍柄偏向左一些。

（2）推挡时，拍形角度掌握不好。纠正时，注意加强手腕的灵活性和调节拍形角度。

（3）推挡时，拍形前倾过大，击球时间过早。纠正时，迎球时机稍晚一些。

（4）快推前，肘关节离开身体。纠正时，击球前上臂和肘关节靠近身体。

2.搓球

搓球是近台还击下旋球的一种技术。将球拍置于体前，击球时上臂前伸，拍面稍后仰，利用上臂前伸和外旋的力量，将球拍向前下方送出，在来球的下降期摩擦球的中下部（见图 7–46）。

3.攻球

当来球将要落至台面时前臂外展，将球拍后引至身体右侧稍后；当来球从台面弹起时，上臂带动前臂向左前上方快速挥动，并配合前臂内旋动作将拍形前倾；在上升期击球的中上部（见图 7–47）。

图 7–46 搓球

图 7–47 攻球

4.弧圈球

执拍手沉肩垂臂，引拍至身体后下方，大臂带动前臂向前上方挥拍，逐渐加快挥拍速度。拍触球时，右脚蹬地转体向左侧转动，迅速收缩前臂，发力要以腰、手为主，在来球下降期击球的中部或中上部（见图 7–48）。

图 7–48 弧圈球

三、战术配合

运动员在比赛中根据自己和对方的具体情况，有目的、有意识地运用技术，就构成乒乓球的战术。

（一）单打战术

1.发球抢攻战术

反手发右侧上（下）旋球，至对方中路靠右近网处，伺机抢攻；反手发急上（下）旋球，至对方左角，配合发近网短球，伺机抢攻；正手发左侧上（下）旋球，配合发转与不转球抢攻；正手高抛发左侧上（下）旋球（长、短球）至对方左角后抢攻。

2.推挡侧身抢攻战术

用推挡技术压住对方反手，伺机侧身抢攻。

3.对攻战术

这是进攻型打法选手互相对垒时常用的战术。主要有:紧压对方反手结合变线、连续压中路及正手、调右压左、轻重力量变化等战术,伺机抢攻;近台打(拉)回头和远台对攻(拉)及放高球的战术,以争取由被动变主动。

4.攻对削战术

包括:拉两角杀中路;拉中路攻右(左)角;拉右(左)杀左(右);拉远台迫使对方离台远,然后放短球,扰乱对方步法,伺机扣杀;等等。

5.以削为主,削中反攻战术

以旋转和落点变化迫使对方回球偏高,伺机反攻或使对方失误;以稳削变化旋转和落点为主,适当配合反攻;连续削加转球至对方左角,然后配合送不转球至对方右角;连续削对方正手,突变削对方反手,迫使对方用搓球回接,伺机反攻,削转与不转球,配合控制落点,伺机反攻;交叉削逼两角,伺机反攻。

(二)双打战术

为了协同作战,加强配合,双打选手在发球时可用手势相互暗示发球意图,尽量为同伴创造抢攻条件,力争主动。在接发球时应以抢攻、抢拉为主。当发球或接发球后,可运用打一角的战术,迫使对方两人在一角匆忙换位,再突袭另一角;亦可交叉攻两角或长短结合的战术,打乱对方两人的基本站位、走位,从中创造进攻机会。

第五节　网球

一、网球概述

(一)网球的起源与发展

早在12~13世纪,法国的传教士为了调剂教堂里刻板的生活,常常在教堂的回廊里用手掌击打一种类似小球的物体。后来这种活动逐渐传入法国宫廷并很快成为深受当时贵族欢迎的一种娱乐游戏。

英国的温菲尔德少校在1873年对早期网球的打法做了改良,并将场地转移到了草坪地。英国板球俱乐部于1875年修订了网球比赛规则,1877年7月,举办了第一届温布尔登草地网球锦标赛。在此之后,网球运动的规则及场地又被进行了一定的调整。至此,现代网球正式形成,并且在欧美很快盛行起来,成为一项深受欢迎的球类运动。

1896年在雅典举行的第一届奥运会上将网球的男子单打与双打列为正式比赛项目。后来,由于国际奥运会和国际网球联合会在“业余运动员”的定义上发生分歧,直到1988

年的汉城奥运会上，网球才再一次被重新列为正式比赛项目。

近20多年以来，我国网球运动水平有了较大幅度的提高。2004年雅典奥运会，李婷/孙甜甜夺得女子双打冠军。2006年澳大利亚网球公开赛上，郑洁/晏紫夺得女子双打冠军。当然，从世界角度看，我国网球与国际水平仍存在着相当大的差距。

网球运动场地可分为草地、沙地、泥地和涂塑合成硬地等。比赛分男女团体、男女单打、男女双打及混合双打7种。以4分为一局，6局为一盘。男子采用5盘3胜制，女子为3盘2胜制。国际网球比赛现均采用“平局决胜制”，以此来控制比赛时间。

网球与高尔夫球、保龄球、台球并称为世界四大绅士运动。

经常从事网球运动可增强体质，促进身心全面发展，能有效地提高中枢神经系统的反应能力，改善心血管系统的机能，并能有效地提高速度与力量，增强协调性和提高耐久力，提高动作速度和活动能力，还能使人形成机智勇敢、沉着冷静、敢于拼搏的优良心理素质。由此可见，网球运动的健身锻炼价值是相当高的。

现今世界著名网球赛事主要有四大网球公开赛（温布尔登网球公开赛、澳大利亚网球公开赛、法国网球公开赛和美国网球公开赛）、戴维斯杯赛、联合会杯赛和奥运会赛等。

（二）中国网球运动

中国的网球运动始于1885年，由英、美、法商人和传教士相继传入，首先在上海发展起来。1942年，中国人首次参加四大公开赛之一的温布尔登网球公开赛和戴维斯杯网球赛。新中国成立后，网球运动得到了进一步的发展。1953年，天津市举办了新中国首次全国网球表演赛。随着21世纪的到来，我国也迎来了网球运动的辉煌时刻。2004年，李婷、孙甜甜勇夺奥运会女双金牌，震惊世界；郑洁在法国网球公开赛中打入16强；李娜夺得中国网球第一个WTA巡回赛冠军。2006年1月，郑洁/晏紫夺得中国网球在大满贯赛成年组双打比赛中的第一个冠军。2008年，郑洁带着第133位的世界排名、以外卡球员身份参加温网比赛，一路击败了包括世界第一伊万诺维奇在内的5位球员进入四强，创造了中国金花在大满贯赛事中的最佳战绩。2010年，李娜、郑洁双双打入澳大利亚网球公开赛四强，创造了中国金花在澳网的最佳战绩，澳网女单四强也首次出现了中国运动员占据半壁江山的局面。2011年，李娜夺得悉尼顶级巡回赛女单冠军、澳网女单亚军、法网冠军。2014年1月25日，李娜夺得澳大利亚网球公开赛冠军。2014年9月30日，第17届仁川亚运会网球女单决赛中，中国选手王蔷以2∶0战胜泰国的库姆淳夺得金牌，这也是中国网球在该项目上的三连冠。2018年8月25日，2018年雅加达亚运会网球女双决赛，徐一璠/杨钊煊挽救两个赛点，以6∶2/1∶6/11∶9击败中国台北组合詹咏然/詹皓晴，夺得冠军，这是中国队时隔12年再夺亚运会女双冠军，也是历史上第三次登顶。

二、基本技术

(一)握拍方法

握拍是所有击球的基础,它决定了挥拍的方式、击球时的拍面角度、击球点以及控制、深度和力量等最重要的击球元素,所以握拍的好坏很大程度上能够影响技术的提高和全面发展(见图 7-49)。

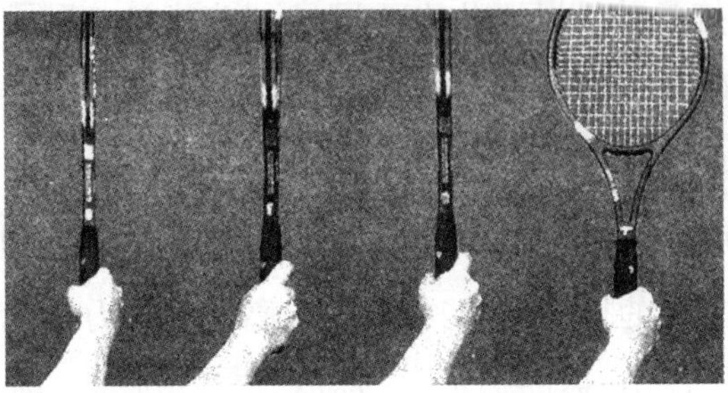

(a) (b) (c) (d)

图 7-49 握拍方法

(a)东方式正手握拍法;(b)东方式反手握拍法;(c)大陆式握拍法;(d)西方式正手握拍法

1.东方式握拍法

手掌根(小鱼际)压住右上斜面,食指下关节压住右垂直面,呈 45°斜交。拇指肚压在中指指端;握拍时,中指、无名指、小拇指并拢,手掌根部与球拍底面平齐,拍面与掌心平行,故也被称为“握手式握拍法”。

东方式握拍法可以通过摩擦球的后部击出上旋球,还可以打出力量大和穿透性强的平击球,但在击打不同的球时,握拍法也应做相应的调整。

2.大陆式握拍法

大陆式握拍法也称“握锤式”握拍法。握拍时,拇指与食指成“V”形,虎口放在拍把手的上平面与左上斜面的交界线上,掌根贴住上平面,与拍底平面对齐。食指与其余三个手指稍分开,食指点下关节紧贴在右上斜面上。

大陆式握拍法简单灵活,在处理低球和上网截击上有较大优势。

3.西方式握拍法

西方式握拍法适用于水泥场地,握拍时手握拍柄后部,掌根贴拍柄下斜面上,拍面稍稍朝向地面。

(二)准备姿势

任何一种技术动作的开始环节都是准备姿势,无论是正手击球还是反手击球,不管是网前截击还是底线抽击,做完动作后都要回到准备姿势。

动作要领:面对球网,两脚开立与肩同宽,身体放松,眼睛平视,双膝微曲,重心稍放在脚尖上，脚后跟略微抬起，肩部放松，两肘自然下垂，轻触腰两侧，球拍置于腰与胸之间。

球感的针对训练：

(1)两人面对面抛球，分别接住落地球或空中球，距离逐渐拉长，角度逐渐拉开。

(2)拍球。开始拍一下，过渡到连续向下拍球；熟练后，可移动拍球、转圈拍球、蹲下拍球等。

(三)正手击上旋球

正手拍上旋球是球拍自后下方向前上方挥动，摩擦整个球体，产生球由后下方朝前上方转动，因此称为上旋球。

动作要领：击球时，将球拍降到击球点之下，同时转肩拉球拍到高位，后摆挥拍，加大向上提拉挥动的幅度，使球产生较为急剧的上旋，同时注意手腕弯曲，击球点向前，站姿成开放式，击球后顺势向前挥拍，直至肘部到下颚前(见图7-50)。

图7-50 正手击上旋球

飞行幅度高、下降快、落地弹起的反射角度较小这是上旋球的特点。此种球前冲力较大，是正拍击球中既能发力大，又能控制进入场区减少失误的击球方法。

(四)单手反手击球

动作要领：先转肩，准备击球。拍头下垂，同时弯屈膝盖，向球网跨一步，肩部挺直，通过转移身体重心发力击球；击球后，手臂顺势向前向右上伸直，但仍保持侧身姿势(见图7-51)。

图7-51 单手反手击球

（五）网前截击球

截击球是网前技术中的一种攻击性击球方法，是指当球在落地之前，将球击回到对方半场区的击球方法。

正手截击动作要领：当对方球飞来时，迅速上前，选择自己最能使上劲的位置击球。随球动作幅度要大，并迅速调整姿态准备迎接下次击球（见图 7-52）。

图 7-52 网前截击球

反手截击动作要领：反手击球时，绝大部分球员都采用两手握拍法，使拍头与球平行。为了保证成功截球，要用尽全身力量击球。动作要领与制胜球相同，为了防止扭伤手腕，接着用腕部动作随挥。

截击球的后摆动作不应过大，击球点应保持在身体前方 30~60cm 左右，要向前迎击来球，注意拍头不要下垂，要保持拍头位置比手腕高，击球时手腕固定，握紧拍子，击球时拍子不能移动。

上网截击要特别警惕对方的破网和挑高球，因此站位的选择是至关重要的。一般要站位于对方破网的直线和斜线之间形成的夹角的平分线上，并注意多保护直线空当。

（六）发球

最重要的网球技术之一就是发球，发球是唯一由自己掌握的击球环节。它可以不受对方制约，在较大程度上能够发挥出个人的特点，用以控制对方，为自己的进攻创造有利条件。发球基本分为平击发球、切削发球和上旋发球三种形式。

切削发球的动作要领：全身保持放松状态，向相应发球区侧身，眼睛注意观察对手；右脚的脚尖指向右网柱，两脚尖的连线指向相应的发球区；手轻握球，抛球手和握拍手同时向上，抛球并拉开球拍同步完成，身体呈弓形伸展；转身向前，小臂向下引拍。眼睛看球，后脚蹬地，手臂向上在高点挥拍击球，手腕轻轻发力。重心向前。

后脚前移，随惯性自然完成动作（见图 7-53）。

图 7-53 切削发球

切削发球球速快,威胁大,并且容易提高发球命中率。

发球的针对练习:

(1)徒手做发球前的准备姿势,模仿抛球及发球的完整动作,多用心体会放松、准确、协调、完整、舒展的发球动作。

(2)先练习发不定点球,后练习发定点球;逐步提高难度,即在发球区内不同的落点设立目标练习“打靶”,从而使命中率和准确性均得到提高。

(七)接发球

接发球是仅次于发球的第二位重要击球技术,一旦对方发球命中,接发球即决定着这一分的发展。

接发球动作要领:保持两脚平行站位,比肩略宽,右手持拍者一般右脚稍前,两膝微屈,上体稍前倾,脚跟提起,将球拍置于体前。在接发球的全过程中眼睛始终要注视来球,一直到完成还击动作;击球前,向前移动一步。接发球时必须有明确的指令,直线或斜线。

接发球的针对练习:

(1)与发球员配合的接发球练习对方有一至两名;运动员练发球,结合实战,进行接发球练习。练习接发球破网,接发球抢攻,接发球随球上网。

(2)练习对方有多人轮流发球,要求接球员把球回击到指定的区域内,提高接发球准确性。

(八)吊高球技术

吊高球技术是一种可调整的击球法。吊高球是一种防守打法,一个好的吊高球大多可使运动员从防守转入进攻。吊高球作为防御性打法,能够将球吊到对方后场较深区域,从而迫使对方很难到位接球。

三、战术配合

(一)斜线变直线练习

该练习为底线球基础练习,可用于单打或双打变线能力的提高,球员之间进行斜线对斜线对抗训练,如遇恰当时机,一方可变直线球以调动对手,变线后进入全场比赛模式继续完成该分(见图 7-54)。

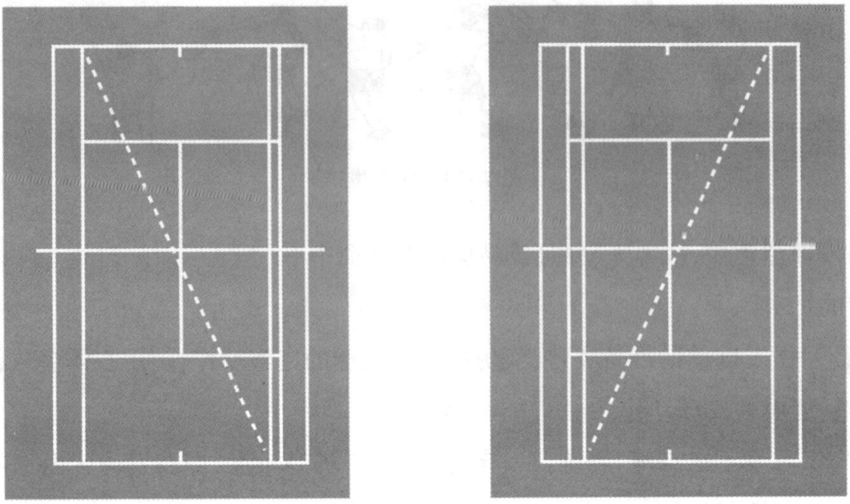

图 7-54　斜线变直线练习

(二)直线变斜线练习

该练习为底线球基础练习,可用于单打或双打变线能力的提高,球员之间进行直线对直线对抗训练,如遇恰当时机,一方可变斜线球以调动对手,变线后进入全场比赛模式继续完成该分(见图 7-55)。

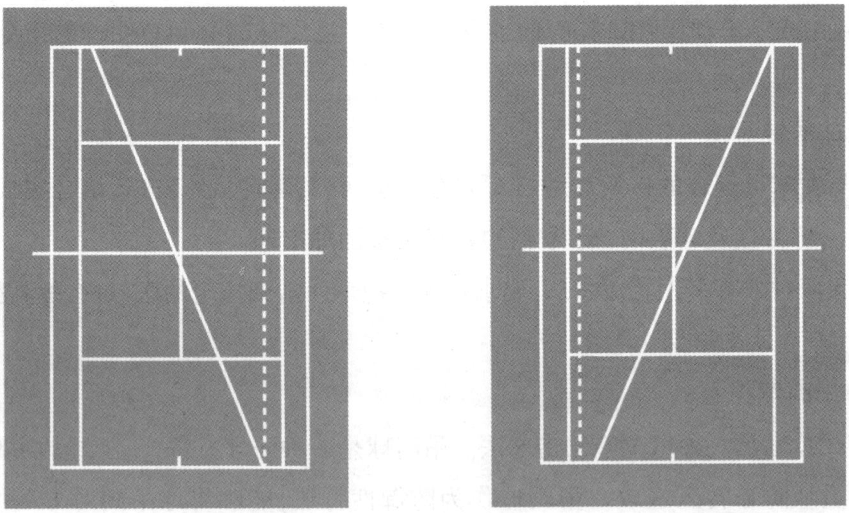

图 7-55　直线变斜线练习

(三)双打"一网一底"练习

该练习为双打比赛中的经典站位,在女子网球比赛中较为常见。练习中,底线人的主要目的是将球回击给对面底线人,同时避免网前人的突然抢网,如底线人察觉对方网前人意图抢网,可将球打向对方网前人一侧寻求破网机会。

第六节 羽毛球

一、羽毛球概述

(一)羽毛球的起源与发展

类似今日羽毛球活动的游戏出现于18世纪时印度的蒲那城。现代羽毛球运动则大约于1800年在英国诞生。

第一本羽毛球比赛规则于1877年在英国出版。世界上第一个羽毛球协会于1893年在英国成立。该协会于1899年举办了第一届“全英羽毛球锦标赛”,此后每年举办一次,沿袭至今。1934年,国际羽毛球联合会成立,总部设在伦敦。在1988年汉城奥运会上,羽毛球被列为表演项目,1992年巴塞罗那奥运会羽毛球成为正式比赛项目,尔后羽毛球运动进入新的发展时期。

大约1920年羽毛球运动传入我国,20世纪70年代我国羽毛球队已跻身于世界强队之列。从1982年至今,我国羽坛健儿在国际各级大赛中获得了几十个世界冠军,涌现出了一大批羽坛“天王”“天后”,这些都是我国羽毛球事业长盛不衰的有力证明。

经常进行羽毛球运动可以锻炼人体的灵活性、协调性,提高人体上下肢及躯干的活动能力,能改善呼吸系统和心血管系统的功能,还能提高有氧供能和无氧供能的能力,调节神经系统并提高其抗乳酸的能力,而且能起到增进健康、抗病防衰、调节精神的作用。此外,羽毛球运动还因其竞争性、对抗性、大强度等诸多因素的要求,使得意志品质在该项运动中占有特别重要的地位。另外,羽毛球活动还包括对对方战术意图的揣摩,对各种战机的把握,对自己运用什么战术的选择等智力因素,所以经常从事该项运动能使人思维敏捷。

目前,由国际羽联主办的世界重大羽毛球赛有汤姆斯杯赛、尤伯杯赛、世界羽毛球锦标赛、苏迪曼杯赛、世界杯羽毛球赛、全英羽毛球锦标赛、国际系列大奖赛等。

(二)中国羽毛球运动

20世纪初羽毛球运动传入中国,新中国成立后该项运动得到迅速发展。20世纪70年代我国羽毛球队已跻身于世界强队之列。

1954年,一些报效祖国的赤子先后回国,并带回了先进的羽毛球技术,同时组建了国家集训队;继而在我国东南沿海几个主要大城市成立了以归国华侨青年为骨干的羽毛球队,在“破除迷信,解放思想,走自己的路”的思想的指导下,我国羽毛球运动员总结了国内外羽毛球运动的经验教训并整理了技术资料，结合自己的运动实践进行了探索，不断改进训练方法。其中，福建省运动队主要在技术的手法上、广东队主要在步法上进行了改革和突破；同时借鉴我国乒乓球运动的成功经验，并通过对多年训练和比赛实践经验的总结，提出了“以我为主、以快为主、以攻为主”的积极打法。后来，又经过不断的总结和完善，逐步形成了中国羽毛球运动所特有的“快、狠、准、活”技术风格。我国运动员怀着一颗勇攀世界羽坛技术高峰、为国争光的雄心大志，吸取了国外的一些先进的运动训练方法，勤学苦练，自觉贯彻“从难、从严、从实战出发，进行大运动量训练”的“三从一大”训练方针，运动技术水平得到了进一步的提高。

虽然当时我国未加入国际羽联，未参加世界性锦标赛，但是在国际交往中，多次与当时的世界强队进行过较量，都取得了优异的成绩，被许多国外电报誉为“无冕之王”“冠军之冠军”等。

1981 年 5 月，国际羽联重新恢复我国在国际羽联的合法席位，实现了我国运动员多年的夙愿——逐鹿世界羽坛，争夺世界桂冠，为国争光。

1981 年 7 月，在第 1 届世界运动会上（美国洛杉矶），我国运动员陈昌杰、孙志安、姚喜明、刘霞和张爱玲夺取了男女单、双打的四项冠军。1982 年，我国第一次参加全英羽毛球比赛，张爱玲夺得女子单打冠军，徐蓉、吴健秋夺得女子双打冠军，李劲勇夺男子单打冠军；同年，中国队第一次参加“汤姆斯杯”赛，在第一天 1∶3 非常不利的情况下，奋力拼搏，最终以 5∶4 击败羽坛劲旅印尼队，夺得冠军。1984 年，在马来西亚的吉隆坡，我国羽毛球女队又夺得了第十届“尤伯杯”冠军。

之后，我国又涌现出了杨阳、赵剑华、熊国宝、李永波、田秉毅和林瑛、吴迪西、李玲蔚、韩爱萍等一批世界羽坛顶尖高手，从而进一步奠定了我国羽毛球技术水平处于世界羽坛领先地位的基础，在一系列世界大赛中为祖国夺得了众多的金牌，创造了中国羽毛球历史上的辉煌时期。进入 20 世纪 90 年代，随着杨阳、赵剑华、李玲蔚等一批优秀运动员的相继退役，我国暂时出现了一段青黄不接的时期，而印尼经过了多年的励精图治，涌现了一批以阿迪、王莲香为代表的新秀。此外，欧洲也重新崛起，韩国、马来西亚也时有新人涌现，世界羽坛进入了群雄抗衡的时代。

在 1992 年巴塞罗那奥运会上，我国羽毛球项目竟与金牌无缘。直到 1995 年我国羽毛球项目才逐渐步出低谷，首次夺得“苏迪曼杯”。在 1996 年亚特兰大奥运会上，葛菲、顾俊勇夺女双冠军，实现了我国羽毛球项目在奥运会上零的突破。1997 年，我国运动员再次夺得“苏迪曼杯”，同时在世界锦标赛上获得了女单、女双和混双三块金牌，开始步入再铸辉煌的历程。

2019 年 4 月 6 日，中国羽毛球协会正式公布羽毛球运动水平等级评定标准。在该等级评定体系中，三级及以上运动员执行国家体育总局颁布的运动员技术等级标准，四级至六级运动员可以通过参加各级羽协主办的各类群众性羽毛球比赛获得，六级至九级运动员以及 7 个少儿等级则通过参加技能科目的测试获得。

二、基本技术

（一）握拍方法

握拍方法有正手握拍和反手握拍两种，如图 7-56 所示（拍面与地面垂直）。

图 7-56　正手握拍法与反手握拍法

正手握拍法：虎口对着拍柄窄面的小棱边，拇指和食指贴在拍柄的两个宽面上，食指和中指稍分开，中指、无名指和小指并拢握住拍柄。

反手握拍法：在正手握拍的基础上，拇指和食指稍向外转。

（二）基本步伐

1.上网步伐

上网步伐是完成上网搓球、推球、勾球、扑球及挑球的步伐，它包括蹬跨步上网、两步蹬跨步上网、垫步加蹬跨步上网、交叉步加蹬跨步上网等，如图 7-57 所示。

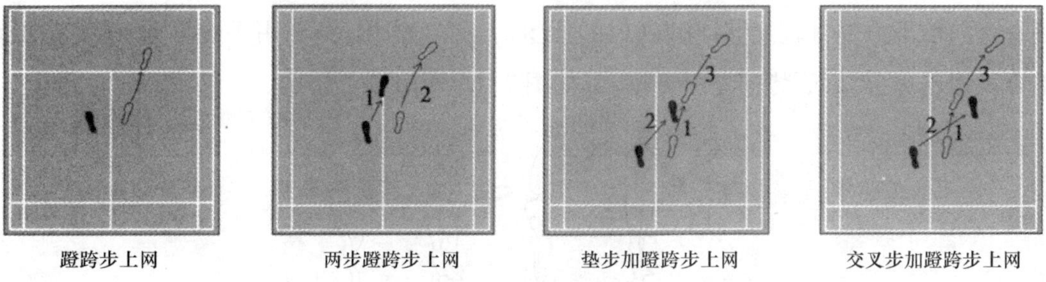

图 7-57　蹬跨步上网步伐

2.后退步伐

后退步伐是指从中心位置后退到底线的步伐，包括侧身后退一步步伐、侧身并步后退步伐、交叉步后退步伐，如图 7-58 所示。一般用于后退回击高球、吊球、杀球、后场抽球等。

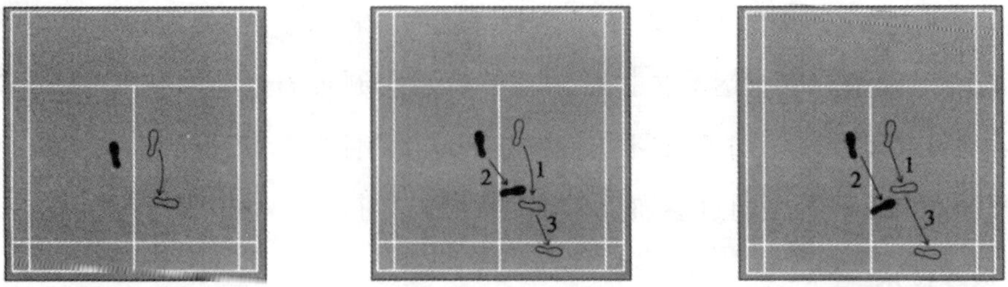

侧身后退一步步伐　　侧身并步后退步伐　　交叉步后退步伐

图 7-58　后退步伐

3.两侧移动步伐

两侧移动步伐是指从中心位置向左右两侧边线移动的步伐，包括向右侧蹬跨步、向右并步加蹬跨步、向左蹬转跨步、向左垫步加蹬转跨步，如图 7-59 所示。一般用于中场接球、扣杀球或起跳突击等。

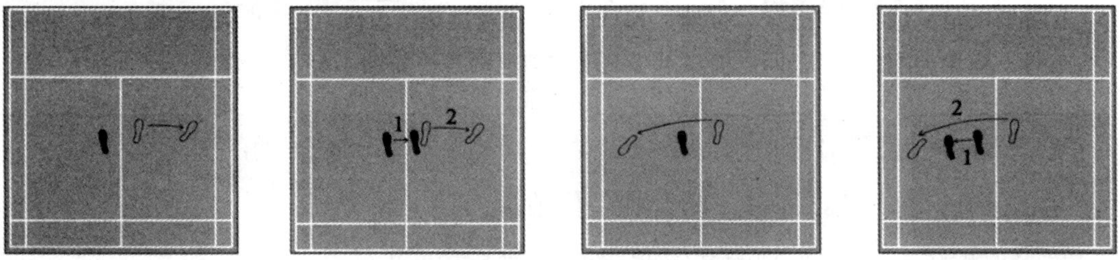

向右侧蹬跨步　　向右并步加蹬跨步　　向左蹬转跨步　　向左垫步加蹬转跨步

图 7-59　两侧移动步伐

（三）发球方法

1.高远球

发高远球是指把球发得又高又远，球的飞出方向与地面的夹角要大于 45°。当球落到右臂向前下方伸直就能够接触到球的位置时，紧握球拍，并利用手腕屈收的力量向前上方发力击球，然后顺势向左上方挥动，如图 7-60 所示。

图 7-60　正手发高远球

2.平高球

发平高球时动作过程大致与发高远球相同，只是在击球的一刹那，前臂加速带动手腕向前上方挥动，拍面要向前上方倾斜。高远球与平高球的飞行路线如图 7-61 所示。

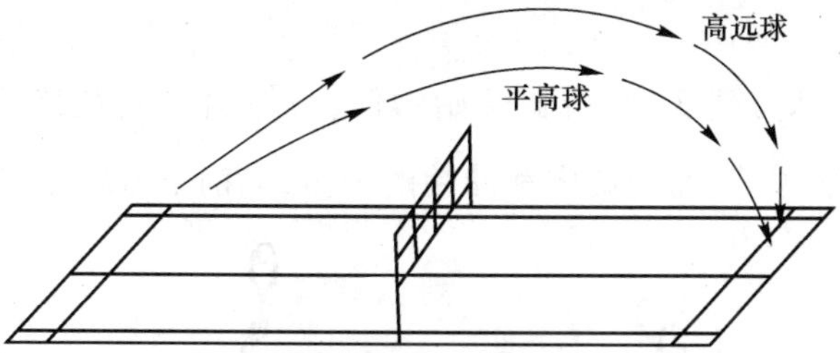

图 7-61　高远球与平高球的飞行路线

3.网前球

网前球是指球刚好越网而过，落在发球线附近。正手发网前球时，上臂动作幅度要小，主要靠前臂带动手腕向前切送；反手发网前球时，球拍触球时拍面应呈切削状，用手腕柔和发力，由后向前推送击球(见图 7-62)。

图 7-62　正手、反手发网前球

(四)击球方法

1.高远球

球落至额前上方击球点时，上臂往右上方抬起，前臂自然后摆，手腕尽量后伸；前臂急速内旋，往前上方挥动，手腕发力击球的后部(见图 7-63)。

图 7-63　正手击高远球

2.平高球

击平高球与击高远球的动作类似,只是在击球的一刹那,手腕是向前用力而不是向前上方用力。

3.吊球

球下落到接近击球点高度时,右腿开始蹲伸,身体由右向左转动;腰腹协调用力,上臂带动前臂,利用伸肘关节、前臂旋内和曲腕的力量,向前下方轻击来球(见图 7-64)。

图 7-64　正手吊球

4.挑球

挑球是把对方击来的吊球或网前球挑高,回击到对方后场去。来球时,球拍后引,以肘关节为轴,曲臂内旋,握紧球拍,用食指及手腕的力量将球向前上方击出(见图 7-65)。

图 7-65　正手挑球

5.扣杀球

扣杀球是指快速后退,向上引拍;在球开始下落时靠脚尖蹬地的力量起跳,击球时充分利用腰腹力量,以大小臂带动手腕快速下扣(见图 7-66)。

图 7-66　扣杀球

三、战术配合

战术是根据对手的技术、打法、体力和思想意志等因素，从发挥自己的长处、弥补自己的短处出发，为争取比赛胜利而采取的各种策略。

（一）单打战术

1.发球抢攻

即从发球的第一拍起，争取控制对方，攻杀得分。一般以发网前低球结合平快球、平高球，争取第三拍主动进攻。

2.攻后场

对后场还击力量较差的对手，可以攻后场底线两角，乘机进攻。

3.攻前场

对基本功差的选手，可将其引到网前，争取得分。

4.打四方球

若对手步法较慢，体力稍差，技术不全面，可以快速准确地攻击对方场区的4个角落，伺机向空当进攻。

5.杀吊上网

当对手打来后场高球时，先以杀球配合吊球把球下压，落点要选择在场区的两条边线附近，使对手被动回球。若对手还击网前球，迅速上网搓球、钩球或平推球，创造在中后场大力扣杀的机会。

6.防守反攻

先以高远球诱使对方进攻，在对手强攻不下、疏于防守时，即可突击进攻，或在对方体力下降、速度放缓时，再发动进攻。

（二）双打战术

1.发球、接发球战术

双打的发球往往是决定胜负的关键。发球要根据对方情况，选择好站位，注意球路、落点的变化，争取主动。因双打的发球线比单打短76cm，不利于发高球，故往往以发网前球为主。接发球时如判断准确、动作较快，有较好的出手手法，常可以扑球使对方被动，或是以搓球、推球获得主动进攻的机会。

2.攻人（2打1）

集中攻击对方有明显弱点的队员。若另一名队员前来协助，露出空隙，可攻空隙；若另一名队员放松警惕，可攻其不备。

3.攻中路

当对方处于并排防守站位时,可攻对方两人的中间;当对方前后站位时,可把球下压或轻推在两边线半场处。

4.攻后场

遇到后场扣杀能力差的对手,可采用平高球、推平球、接杀挑底线,把对方一人紧逼在底线两角移动。当对手被动还击时,大力扑杀。如另一名对手后退支援,即可攻网前空当。

5.后攻前封

当本方处于主动进攻前后站位时,后场队员逢高球必杀,迫使对手接杀挡网前,为本方前场队员创造封网扑杀机会。前场队员要积极封锁前场,迫使对方被动挑高球,若挑高球不到后场,就会为本方创造得分机会。

6.防守反攻

在防守中寻找反攻的机会,以达到被动转为主动进攻的目的。待到有利时机,运用反抽或挡网前回击对方的杀球,从防守转为反攻,争得主动权。

第七节　木球

一、木球的概述

木球是一项集娱乐性、技巧性和竞争性于一体的休闲体育运动,起源于中国台湾省,由台湾实业家翁明辉先生于 1990 年发明。木球的历史虽然不长,但其发展速度很快。目前,木球在中国大陆、中国台湾、中国香港以及日本、韩国、马来西亚、泰国、欧洲等地广泛开展,在亚洲之外的奥地利、意大利、匈牙利、英国、加拿大、美国等地也有了不少爱好者,呈现出良好的发展态势。

1993 年 9 月,中国台湾木球协会成立。1995 年 8 月,木球运动传入中国大陆。1999 年 5 月,亚洲木球总会和国际木球总会相继成立。1999 年 11 月,亚洲奥林匹克理事会代表大会一致通过承认亚洲木球联合会的正式决议。2001 年,木球运动被国家体育总局社会体育指导中心定为正式推广运动项目。2004 年,国际奥林匹克委员会颁发了一座运动与健康幸福奖杯给国际木球总会。目前,世界上已有 21 个国家和地区成立了木球协会。

木球运动已被正式列为亚洲奥林匹克理事会沙滩运动会正式比赛项目。马来西亚、泰国、日本、韩国等国都定期或不定期举办国际公开赛,我国每年也都要举办几次国内锦标赛。中国台湾地区每年 3~6 月间举办的“全民运动木球联赛”,平均有 2500 支队伍、20

多万人报名参赛。木球虽小,但爱好者众多。

二、基本技术

(一)击球基本动作

1.基本站姿

基本站姿的动作如下:

(1)两脚开立,与肩同宽,身体重心平均落在两脚之间。

(2)两脚脚尖自然朝前,左脚脚尖向左张开约 20°。

(3)双膝微屈,两臂自然下垂。

(4)颈部略微下弯,整体姿势如中国功夫中的“马步”。

(5)整个动作站定后,应有气定神闲且稳如泰山的感觉(见图 7-67)。

图 7-67 基本站姿

2.握杆

握杆的动作如下:

(1)采用十指握杆法。

(2)左手自然放松放于脚前,将球杆斜着横过手掌靠住食指根部的第一指关节。

(3)左手食指与大拇指形成 V 字形指向右颊。

(4)右手紧靠在左手下方。

(5)右手手指与大拇指形成 V 字指向右肩(见图 7-68)。

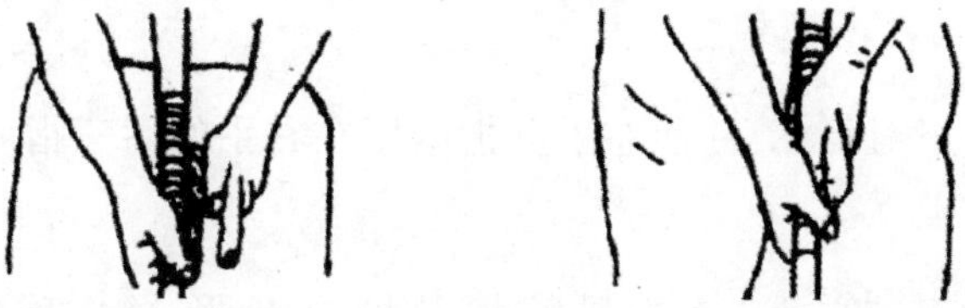

图 7-68 握杆

3.瞄准

瞄准的动作如下：

(1)从球的后方观测预定行进的方向。

(2)摆好球杆，使杆头、球中心与目标(球门)三点瞄准成直线。

(3)握好杆，站好位，集中精力准备挥杆。

(4)瞄球试挥如图7-69所示。

图7-69 瞄准试挥

4.挥杆

在准备姿势和瞄准的基础上，两臂握杆在体前，以肩为轴似钟摆，预摆挥杆不过肩，眼睛直视球中央，腰腿千万别起伏；预摆结束下挥杆，保持肩臂轻松力，原路挥杆走椭圆，重心平行向左移，毫不犹豫把球击出(见图7-70)。

图7-70 挥杆

(二)攻门基本动作

1.基本站姿

先将球置于脚尖的平线上，两脚张开，脚尖与木球行进方向呈直角，两脚张开，幅度小于肩宽，两膝微屈，身体重心自然下沉，看球时微弯颈部。

2.握杆

右手掌与左手背正对目标，并使左手食指微压在右手的后三指。

3.瞄准

瞄准必须从球的正前方及正后方观察球门附近的地形，将木球杯、球、球杆三者成一条直线。

4.挥杆攻门

以双手臂及球杆的长度为摆臂,以双肩为支架,以双脚站立时身体所成的姿势为轴心,做钟摆运动,击打球的中心部位,依据距离的长短,决定摆动幅度的大小及攻门的力度。注意在挥杆动作中,要有送杆动作,如果击球准确,送杆动作自然就会好。在击球瞬间,杆面正对球位,要有球粘在杆头与杆头一起挥出去的感觉。

(三)短杆基本技术

短杆需要准确的计算和精湛的技术,这是决定成绩的重要因素。短杆要求的不是距离而是对球的控制能力。其基本动作要领:以双手臂及球杆的长度为摆臂,以双肩为支架,以双脚站立身体所成的姿势为轴心,做钟摆运动。预摆挥杆一般不超过腰部,上杆同时身体重心微向右移,落于右腿,手臂与肩部一起下拉,这样杆头的位置会准确些。击球后身体重心移向左腿,注意挥杆速度不要太快,否则会影响击球的准确度。

(四)中杆基本技术

中杆主要是用来打中等距离的球,其击球距离介于长杆与短杆之间,有时也可以部分代替两者的作用,所以非常重要,同样也要熟练掌握。此项技术是初学者比较容易掌握的杆法。其基本动作要领:中杆的动作要领与短杆基本相同,不同点是挥杆高度一般要高于腰而低于肩,转腰和转肩的幅度要大于短杆,击球力量也要大于短杆,挥杆击球时眼睛要一直盯住球心,保证击球的准确度。击球动作完成后,再观察球的运行方向,并且球杆自然挥动至左肩上。

(五)长杆基本技术

长杆技术是木球技术中难度最大的一项技术,经常会给具有一定水平的爱好者带来困扰,不管如何练习,球就是打不好。其实,想打好长杆不仅需要技术,还需要有能够控制长杆的技能。其基本动作要领:上杆时,挥杆高度要高于肩,身体舒展,双臂放松,右侧牢牢顶住的同时,左肩和腰部最大限度地右移;下杆时,与之相反。击球时,眼睛紧盯球心,不要随杆的挥动而移动;击球结束后,球杆顺势挥到左肩上。此过程肩的转动最多可达180°,要求挥杆速度快、力量大,但是如果身体的肌肉力量不足,则很难完成这个动作。

三、战术配合

(一)一般战术

1.稳中求胜

在比赛中,队员稳定的发挥是取胜的关键,不管是在杆数落后还是领先的情况下,队员都要保持清醒的头脑和沉稳的心态,每一球都要稳扎稳打,千万不要急于求成。队员在比赛落后时,一般都会表现出急躁情绪,在5m之外也会选择力量较大的攻门而不是力量适中的调门,结果事与愿违,球往往会直接出界,不仅不能缩小差距还要追罚一杆,得不偿失。

2.调门战术

一般球距离球门5m以上时,最好选择调门而非直接攻门。调门时多采用短杆或中杆,力量要适中,力争把球控制在距离球门1m左右的位置,为下一杆的攻门打下良好的基础。

3.攻门战术

一般球距离球门5m以内时,可以选择直接攻门。攻门时多采用短杆技术,力量要适中,最好用似攻门又似不攻门的力量击打球,即使球进门也是刚刚过门的感觉,如果球没进门,一定要把球控制在距离球门1m左右的位置,为下一杆的攻门做好准备。注意挥杆速度不要太快,否则影响攻门的准确度。

4.因地制宜

木球场地复杂多变,如上坡、下坡、沙坑、障碍、积水等,所以在击球前一定要把整个球道观察清楚,千万不要盲目击球,一定要做到心中有数并制定出相应的战术,这样才能胸有成竹地完成比赛,取得好成绩。

(二)心理战术

1.自我暗示

自我暗示是个人通过语言或其他方式对自己的知觉、思维、想象、情感和意志等心理活动产生某种刺激影响。在木球比赛中遇到困难时,不要轻言放弃,否则有悖于体育拼搏精神。这就要求运动员要进行自我暗示,调整好自己的心态,击球前多思考正确的击球动作,这样才可能打出高水平的球,同时还可以提升自信心,一定要一杆一杆地拼,不可产生急躁情绪,要在心中充满必胜的信念。

2.先胜后战

先胜后战是先创造获胜的条件,而后才寻求对手决战。其内容有:(1)准备和参加竞赛时,首先在心理上树立必胜的信心,而不是抱侥幸心理或迷信心理参赛;(2)在具体比赛方案上做好周密的计划和安排;(3)客观设置参赛目标,重视参赛结果,更重视参赛过程。

3.出奇制胜

"奇"与"正"是事物矛盾的两个方面。"正"是指一般情况;"奇"是指个别情况。"出奇"就是反常,反常先要知常,只有懂得一般的事物规律和解决问题的一般方法,才能根据情况，应用创造性思维，创造出奇特的巧妙打法。对“正”的认识越深、把握越透，对“奇”的运用就越巧、越活，善于活用，才能产生出奇制胜的效果。

4.以我为主

竞赛双方总是希望自己能处在主动的一方，这样不仅能在比赛中顺利贯彻自己在赛前制订的方案，控制比赛的节奏和进程，有效地遏制对手的技术发挥；而且在心理上也处于一种有利的地位，从而保证比赛的胜利。而被动的一方则处于被制约的位置上，被对手破坏了原有的心理素质，使技术难以发挥。

四、比赛规则

（一）场地设置

1.木球场地规格

木球场地规格包括以下几个方面：

（1）球道应定期保养，赛前应修剪球道上的草，做好地面整理。

（2）每一球道宽度可做地形规划，但最窄处不得少于 2m，最宽处不宜超过 20m。

（3）球道距离。35m 以下为短距离球道，65m 以下为中距离球道，100m 以下为长距离球道。

（4）球场有 12 个球道，且至少须有 4 个弯曲式球道，其中 2 个左弯道，2 个右弯道。

（5）12 个球道中至少有 2 个长距离球道，2 个短距离球道。

（6）球道长度的丈量，以发球线中心点沿球道中央至球门中心点的长度为每一个球道的实际距离。

（7）每一个球道的起端，应设有一个横线为起点线，称为发球线；发球线线长 2m，横线两端向后划设 3m 的四方形范围，称为发球区（见图 7–71）。

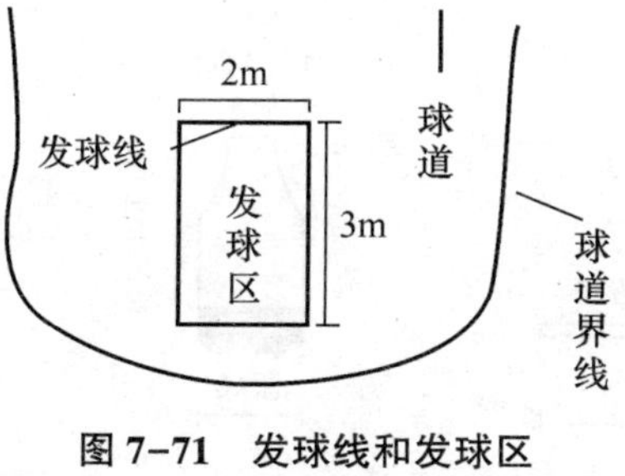

图 7–71 发球线和发球区

（8）每一个球道的末端应设有以球门为中心，直径 5m 的圆形球门区，球门两侧若受地形影响，右侧不受直径 5m 的限制；球门区后方距球道边缘界线应有 1m 以上的缓冲地区（见图 7–72）。

（9）球门架设在球门区的中心点，球门可朝向球道任何一个方向（见图 7–73）。

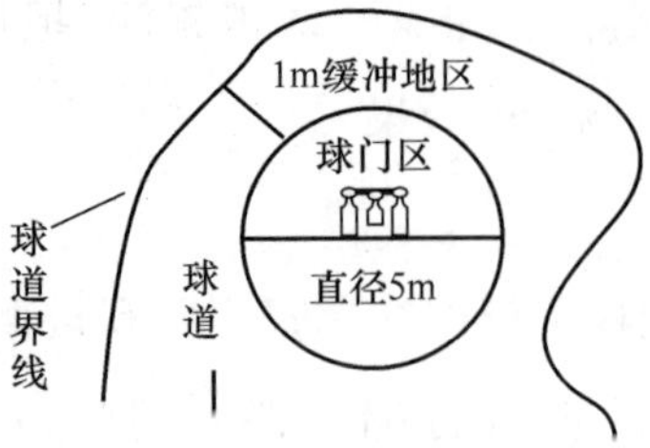

图 7-72　缓冲地区

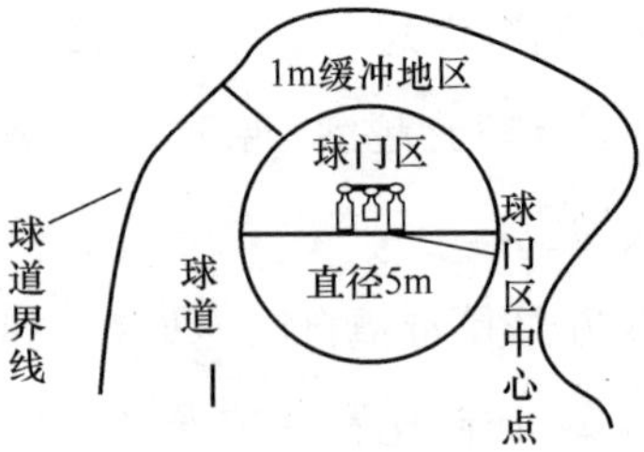

图 7-73　球门区

(10)发球区及球门地面以平坦无障碍为宜。

2.球

球须为圆形球体,且为木质,直径 9.5cm±0.3cm;重量 350g±60g。球体上可标示号码及木球标志。球的形状与规格如图 7-74 所示。

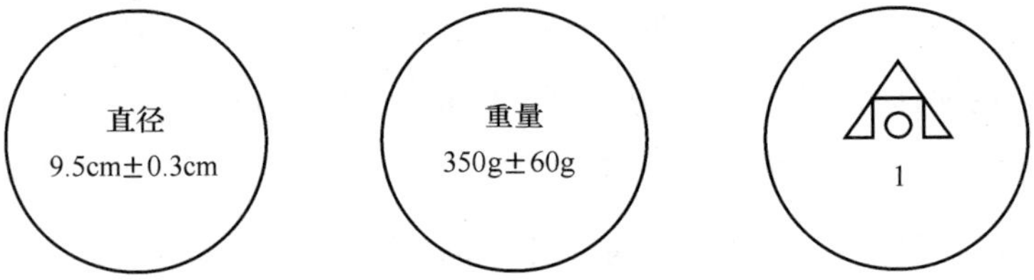

图 7-74　球的形状与规格

3.球杆

球杆为 T 字形,且为木质,总重量约 800g。总长为 90cm±10cm(含握杆和球瓶部分)。球杆头的球瓶长 21cm±1cm;瓶底套上一个圆形橡皮帽,橡皮帽直径 7cm±0.3cm,底厚 1.5cm,高 4cm,缘壁厚 0.5cm。

球杆形状与规格。球杆如图 7-75 所示,球瓶杆头如图 7-76 所示。橡皮帽如图 7-77 所示。

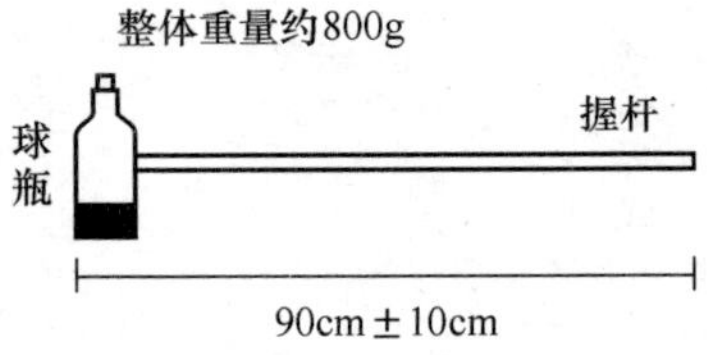

图 7-75　球杆

图 7-76　球瓶杆头

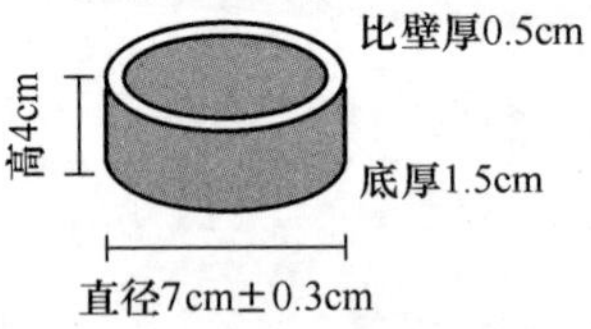

图 7-77　橡皮帽

4.球门

球门须为 M 字形且为木质,附有金属棒栓头橡胶管配件。以两支球瓶为球门柱,固定于地面上,球门柱内缘宽度为 16cm±1cm。球门如图 7-78 所示。球门设备如图 7-79 所示。

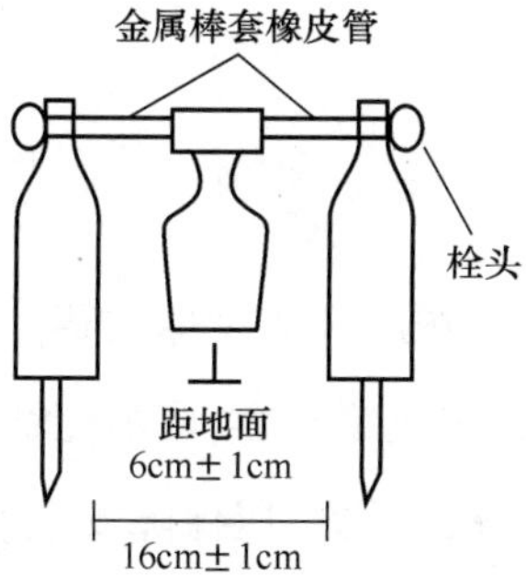

图 7-78 球门

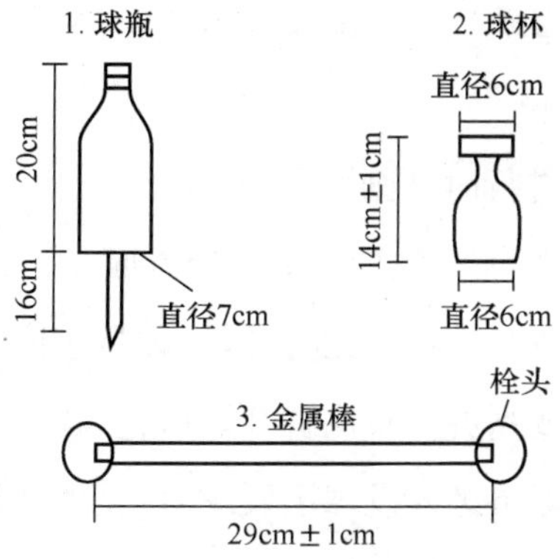

7-79 球门设备

(二)比赛规则

1.球队

球队的组成如下:

(1)球队由领队、教练、管理、队长、队员组成。

(2)每队球员报名4~8人(含队长),4~6人出赛,取最佳4人计算团队成绩。

2.球员

球员的注意事项包括以下几个方面:

(1)未经报名注册的球员不得参加比赛。

(2)团队赛球员宜穿着同款式运动服装参加比赛,个人赛球员以穿着运动休闲服装为原则。比赛时球员不可穿高跟鞋或不适宜运动的服装。

(3)球员应携带身份证明文件,以备资格查验。

3.比赛通则

比赛通则包括以下几个方面:

(1)木球比赛应依照大会竞赛规程和木球规则进行。

(2)每位球员必须赛完第1~12个(或规定)球道后,依照比赛总杆数多少判定胜负。

(3)球员如未赛完一球道或中止比赛,均不予核计该球员比赛成绩。

4.胜负结果

每位球员必须有每一球道的比赛杆数,以及赛完12个球道的总杆数记录,否则不予核算成绩。胜负结果的判定规则如下:

(1)杆数赛。①依据每位球员赛完每一场12个球道的总杆数判定胜负,低杆者为胜。若总杆数相同,以杆数低的球道多者为胜,以此类推;或由大会指定球道加赛直至分出胜负为止。②团体胜负判定以该团队最佳4人总杆数总和低者为胜。若总杆数相同,以各该队个人总杆数低者为胜,以此类推。

(2)球道赛。每一场球赛中获胜球道多者为胜,若相同时,由大会指定球道加赛直至分出胜负为止。

5.比赛进行时规则

比赛开始规则包括以下几个方面:

(1)当裁判员宣布比赛开始,球员应依照编配或抽签顺序开始发球比赛。

(2)当裁判员宣布比赛开始后,参赛者如迟到5min或拒绝参赛,取消比赛资格。

(3)当球员进入发球区发球时,其他球员应退至发球区后方,以保障安全。

(4)发球时应将球放置于发球区内,并向球门方向发球。

比赛中规则包括以下几个方面:

(1)比赛中,比赛球穿过球门金属棒,并位于球杯后方、球体不得接触球杯,即为完成一球比赛。

(2)比赛中,球体落在界线外地面上,即为界外球。

(3)发生界外球时,应将球拾回放置在以出界点为中心、两个球瓶长度为半径的球道上。

(4)比赛球如果掉落或进入坑洞、树丛、水塘等障碍内无法打击时,应将球移出置于以障碍物入界点为中心、按界外球处理或无限向后延伸的球道上的新球位,但须加计1杆。

(5)球员挥杆时,其他球员应退至击打者的球道两侧或后方3m以外的安全距离。

(6)球门前方或后方、球道上的球均可直接攻门。

(7)比赛中如遇不可抗拒的事故,由大会宣布是否继续进行比赛。

(8)完成一球道比赛后,才能继续进行次一球道比赛,以此类推至全部球道赛完为止。

(9)次一球道的发球顺序,可依照编配号码顺序轮流发球。

(10)比赛中球员如需更换球具,必须在赛完一球道后(如球具损坏时不受此限),经裁判员检查合格后才可更换球具。

(11)球员击球时,如在击中球的同时球杆断裂,则仍视为完成一次击球,不可要求重新打击。

(12)比赛中,球被不同球道的球碰击,新停球点为其球位;如球被碰击出界,按界外球处理,但不罚计1杆。

(13)球员身体任何一部分或球具不得触及自己或他人的比赛球。

(14)攻门或击球时,手握球杆不得握触球瓶。

(15)打击时,球杆不得由双腿胯下击球或攻门。

(16)每一球道距离球门 5m,如设有标示线,线外直接攻门而完成过门时,该球道杆数减 1 杆。

(17)中、长球道中如设有 30m 超越线时,球员发球若未超越此线者加计 1 杆;若 30m 内出界时,再做界外球处理。如超越此线后球再出界时,以界外球处理。

6.发球犯规及罚则

发球犯规及罚规包括以下几个方面:

(1)球员就位后,裁判员做出打击手势,球员应在 10s 内完成击球动作,违者予以警告,再犯规时罚计 1 杆。

(2)发球时,球员应将球置于发球线上或发球区地面上,从静止状态下开始击球,违者罚计 1 杆,重新发球,计第二杆。

(3)发球后,球未能离开发球区应计 1 杆,再重新发球,计第二杆。

7.击球犯规及罚则

击球犯规及罚规包括以下几个方面:

(1)每次击球时,应从双脚站立、双手握球杆置于球体后方的静态下开始挥杆打击。不可在行走中击球,违者罚加计 1 杆,并从新球位击下一杆。

(2)出击球时,对于挥空杆或击球前的预备挥杆练习(不得碰触球体)均不予计杆,但不得多次练习而拖延比赛,违者予以警告,再犯规时罚计 1 杆。

(3)轮到打击顺序时,球员不得有拖延行为,应在 10s 内完成击球,违者予以警告,再犯规时罚计 1 杆。

(4)球员击球时,前方球道上禁止有人穿越、走动。如球员犯规,该犯规球员罚计 1 杆。

(5)球员击球时,其他球员不得喊叫或有不当言行而影响打击,违者罚计 1 杆。

(6)击球时,因挥杆而碰触球体或使球体移动,即算一次击球,计 1 杆。

(7)击球时须以球杆头碰击球体,违者罚计 1 杆,并从新球位击下一杆。

(8)禁止以球杆做持球推送动作,违者罚加计 1 杆,并从新球位击下一杆。

(9)滚动中的球不可连击,违者罚加计 1 杆,并从新球位击下一杆。

8.比赛时犯规及罚则

比赛时犯规及罚规包括以下几个方面:

(1)球道上的比赛球,距离球门远者先击球或经裁判员指示击球。不可任意击球,违者罚加计 1 杆,并从新球位击下一杆。

(2)球道上的比赛球,因击球而球体落在球道界线外地面上时,算作界外球,每次界外球，均须罚加计 1 杆。

(3)比赛时，球如需拾起，必须经裁判员同意后执行，并在球体点放置记号。违者罚计 1 杆。

(4)比赛球如碰撞到作为界线的障碍物再弹回在球道上不算作出界；如碰撞界线外的障碍物，算作出界，并按界外球处理。

(5)在各种弯曲式球道上比赛时，球位必须处于球道上，不可以截弯取直方式击球飞越界外区，违者算作界外球。

(6)球道上的比赛球，因击球而碰撞时，被他人击中的球未出界以新球位为准，如球过门，即算作完成该球道比赛，如球出界以界外球处理，但不罚计 1 杆；如打击者的球因碰撞而出界，以界外球处理，罚加计 1 杆；如打击者的球因碰撞后仍留在球道上，以新静止点为准。

(7)比赛进行中，球员如违反运动员精神，予以警告并要求改善，同时罚计 1 杆；再犯时，则取消比赛资格。

(8)比赛球员身体任何一部分或其所持球具碰触自己或他人所打的比赛球时，罚计 1 杆，以球的停止点为新球位。

(9)比赛球员未依规定挥杆打击或由双腿胯下击球，违者罚加计 1 杆，并从新球位击下一杆(过门不算)。

9.球门区犯规及罚则

球门区犯规及罚则包括以下几个方面：

(1)球门区内的比赛球，裁判员可视状况决定球员击球顺序，原则上以距离球门近者先打，违者罚加计 1 杆，并从新球位击下一杆。若击球过门不算。

(2)球员不可故意破坏球门，违者予以警告，并罚计 1 杆，再犯者取消比赛资格。

思考题

7-1 简述足球运动的基本技术。

7-2 篮球防守主要分为哪几种？

7-3 排球技术包括哪些？

7-4 乒乓球的发球技术有几种方法？如何进行练习？

7-5 羽毛球双打比赛中的战术有哪些？

7-6 简述网球的握拍方式。

7-7 简述木球的比赛规则。

第八章 武术运动

学习目标

(1)掌握二十四式太极拳的基本动作。

(2)掌握木兰拳的基本动作。

(3)掌握八段锦的分步功法。

(4)掌握跆拳道的基本步行和步法。

(5)掌握拳击的基本技术。

(6)掌握女子防身术的一般技术和组合技术。

情境导入

动作如行云流水,身形如若水蛟龙。有诗云:大道太极显神功,腾挪闪展俱轻灵。八面支撑守法度,四方戏水舞游龙。天人合一万事空,松静自然养终生。星垂天幕无穷阔,月涌波光入禅境。健壮的老人往场地中间一站,整个地方仿佛都多了一股威严的气势,他似乎在摸着一个无形的球,仿佛与这风融为一体,变得轻柔温软,但又让人感觉里面潜藏着无限的力量,随时都有可能冲出来,轰出一声巨响。他把双手往上提,整个人的精气神仿佛也因此升华,嘴角微微扬起,有些得意,却没有扬得太高。老人的一只脚在地面划出一道清逸出尘的弧线,虽然看似很轻,但若是有人被踢到,必然要摔个大跟头。

第一节 二十四式简化太极拳

一、太极拳的起源

太极拳,早期曾称为“长拳”“棉拳”“十三势”“软手”。“太极”一词源自《周易·系辞》,含有至高、至极、绝对、唯一的意思。太极是武术运动的精髓,蕴含着中国传统文化和传统哲学思想。

天地之间,世界之上,万物与机缘无时无刻不在变化。太极拳就是要把种种变化在拳中演练出来。动静开合,刚柔快慢,上下左右,顺逆缠绕,忽隐忽现,虚虚实实,绵绵不断,周身一家,一动无有不动,显时气势充沛,隐时烟消云散,以意带力,到点融化于全身,做到劲断意不断，然后再轻轻启动，挥洒自如。一意一念、一举一动，随心所欲，都在自我控制之中，以达到养生防身的效果，这就是太极拳。同时，太极拳运动也是对立统一的矛盾运动，在太极拳中存在着刚柔、虚实、动静、快慢、开合、屈伸等诸对既对立统一，亦可相互转化的矛盾。

关于太极拳的起源，众说纷纭。目前据中国武术史学家唐豪先生考证，太极拳为明末清初河南省温县陈家沟陈王廷所创。大约在17世纪90年代，山西人王宗岳写了一篇《太极拳论》。“太极者，无极而生。动静之机，阴阳之母也。动之则分，静之则合。无过不及，随曲就伸。人刚我柔谓之走，我顺人背谓之黏。动急则急应，动缓则缓随。虽变化万端，而理为一贯。由着熟而渐悟懂劲，由懂劲而阶及神明。”把太极哲理与陈氏太极拳结合起来，从而确立了太极拳的理论基础。

国家体委于1956年组织部分专家，在传统太极拳的基础上，遵循由繁入简、循序渐进、易学易记的原则，去其繁难和重复动作，选取了二十四式编成简化太极拳。全套共四段，练完一套只需5min左右。简化太极拳动作柔和均匀，姿势中正平稳，老幼皆宜，易学易练，易于推广，人人都可以学习修炼，实为一种强身健体的养生之道。

二、24式太极拳动作要点与图解

（一）预备势与起势（见图8-1）

（1）身体自然站立，两脚并拢，两手垂于大腿外侧，头项正直，口闭齿扣，胸腹放松，眼平视前方。

（2）左脚开立：左脚向左分开，两脚平行与肩同宽。

（3）两臂前举：手心向下。

（4）屈腿按掌：按至腹前。

动作要点：起脚时先提脚跟，高不过脚踝，落脚时前脚掌先着地，要做到点起点落、轻起轻落；上举两臂时不可耸肩，不要出现指尖朝下的“折腕”。屈膝时松腰敛臀，上体保持正直，两掌下按时沉肩垂肘。

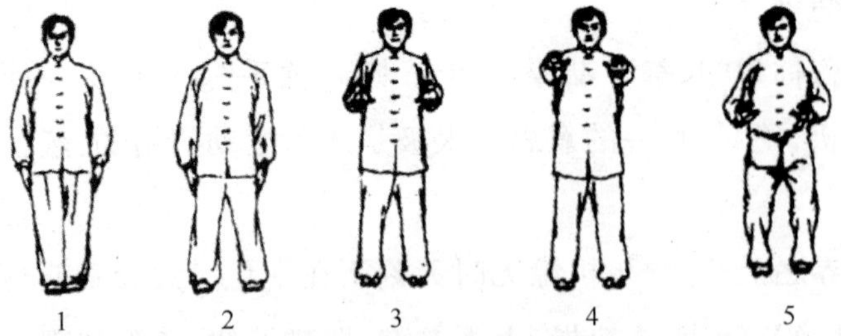

图8-1　预备势与起势

(二)左右野马分鬃(见图 8-2)

动作要点:弓步时,不可将重心过早前移,造成前掌沉猛落地,后脚应有蹬展动作;分手与弓步要协调同步;转体撇脚时,先屈后腿,腰后坐,同时两臂自旋。

图 8-2 左右野马分鬃

(三)白鹤亮翅(见图 8-3)

(1)跟步抱球。

(2)虚步分手。

动作要点:抱球与跟步要同时,转身时身体侧转不超过 45°,左脚前移与分手同时完成。

图 8-3 白鹤亮翅

(四)左右搂膝拗步(见图 8-4)

(1)左搂膝拗步:收脚托掌,弓步搂推。

(2)右搂膝拗步:收脚托掌,弓步搂推。唯左右相反。

动作要点:两手画弧时要以腰带动,推掌时要沉肩垂肘,坐腕舒掌;搂推协调,转身蹬地推掌。

1 2 3 4 5 6 7 8

9 10 11 12 13 14 15

图 8-4 左右搂膝拗步

(五)手挥琵琶(见图 8-5)

(1)跟步展臂。

(2)虚步合手。

动作要点:两手摆掌时有上挑并向里合之意,合臂时腰下沉,两臂前伸,腋下虚空。

1 2 3

图 8-5 手挥琵琶

(六)左右倒卷肱(见图 8-6)

(1)右倒卷肱:退步卷肱,虚步推掌。

(2)左倒卷肱:退步卷肱,虚步推掌。唯左右相反。

动作要点:转身时用腰带手后撇,走斜弧形线路;提膝屈肘和左掌翻手要同步完成;推掌走弧形且坐腕、展掌、舒指。

(七)左揽雀尾(见图 8-7)

(1)抱球收脚。

(2)弓步绷臂。

(3)转体摆臂。

(4)转体后捋。

(5)弓步前挤。

(6)后做引手。

(7)弓步前按。

动作要点:由左势向右势转化时,左脚尽量内扣;右手随身体右转平行向右画弧,右手不可随着向右摆动;重心移动变化时上体保持正直,随腰转动。

图 8-6 左右倒卷肱

图 8-7 左揽雀尾

(八)右揽雀尾转体分手(见图 8-8)

(1)抱球收脚。

(2)弓步绷臂。

(3)转体摆臂。

(4)转体后捋。

(5)弓步前挤。

(6)后做引手。

(7)弓步前按。

动作要点:由左势向右势转化时,左脚尽量内扣;右手随身体右转平行向右画弧,右手不可随着向右摆动;重心移动变化时,上体保持正直,随腰转动。

图 8-8　右揽雀尾转体分手

(九)单鞭(见图 8-9)

(1)转体运臂。

(2)勾手收脚。

(3)弓步推掌。

动作要点:重心移动平稳,两腿要虚实分明;做勾手时右臂不要过直,推掌时随上体移动,弓腿,翻掌前推。

图 8-9　单鞭

(十)云手(见图 8-10)

(1)转体松勾,左云收步,右云开步。

(2)左云收步:动作同前左云收步。

(3)右云开步:动作同前右云开步。

(4)左云收步:动作同前左云收步。

动作要点:以腰为轴,转腰带手交叉划圈;上下肢要协调一致,不可脱节。身体平移,不可起伏。

图 8-10 云手

(十一)单鞭(见图 8-11)

(1)转体勾手。

(2)弓步推掌。

(3)同前单鞭。

动作要点:以腰为轴,转腰带手;上下肢要协调一致,不可脱节。

图 8-11 单鞭

(十二)高探马(见图 8-12)

(1)跟步翻手。

(2)虚步推掌。

动作要点:跟步时上体正直,不可起伏;推手与成虚步同时进行。

图 8-12 高探马

（十三）右蹬脚（见图 8-13）

（1）穿手上步。

（2）分手弓步。

（3）抱手收脚。

（4）分手蹬脚。

动作要点：两手交叉距离胸部 20cm，身体左转 45°；蹬脚低腰，两手高不过头；分手撑掌与蹬脚同时完成。

图 8-13　右蹬脚

（十四）双峰贯耳（见图 8-14）

（1）屈膝并手。

（2）弓步贯掌。

动作要点：弓步的方向与右蹬脚的方向一致。弓步贯拳时肘关节下垂，上体保持正直。

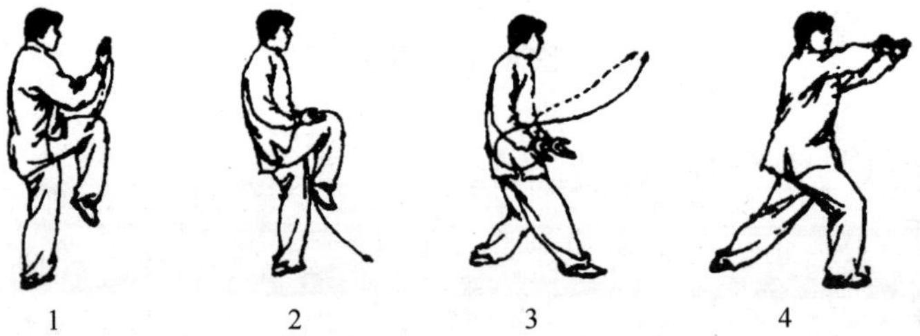

图 8-14　双峰贯耳

（十五）转身左蹬脚（见图 8-15）

（1）转体分手。

（2）抱手收脚。

（3）分手蹬脚。

动作要点：转身时就充分坐腿扣脚，上体保持正直，不可低头弯腰；左蹬脚与右蹬脚的方向要对称。

1 2 3 4 5 6

图 8-15 转身左蹬脚

(十六)左下势独立(见图 8-16)

(1)收脚勾手。

(2)仆步穿掌。

(3)弓腿起身。

(4)独立挑掌。

动作要点:仆步穿掌时上体不可前倾;由仆步转换独立步时,一定要充分做好两脚的外撇和内扣;独立挑掌时前手肘与膝相对。

1 2 3 4 5 6 7

图 8-16 左下势独立

(十七)右下势独立(见图 8-17)

(1)落脚勾手。

(2)仆步穿掌。

(3)弓步起身。

(4)独立挑掌。

动作要点:右脚前掌应落在左脚右前方 20cm 处;仆步穿掌时,应把右脚提起后再伸出。

1 2 3 4 5 6 7

图 8-17 右下势独立

(十八)左右穿梭(见图8-18)

(1)右穿梭:落脚抱球,弓步架推。

(2)左穿梭:落脚抱球,弓步架推,唯左右相反。

动作要点:做弓步架推时手脚方向一致,两掌要滚动上架与前推。

图8-18 左右穿梭

(十九)海底针(见图8-19)

(1)跟步提手。

(2)虚步插掌。

动作要点:右手随转体在体侧划一立圆提于右耳侧,插掌时不可因前俯而弯腰驼背,上下肢动作必须协调同步。

(二十)闪通臂(见图8-20)

(1)提手收脚。

(2)弓步推掌。

动作要点:两手先上提,后分开,右手上撑向后引拉,前手、前腿上下相对。

图8-19 海底针

图8-20 闪通臂

(二十一)转身搬拦捶(见图8-21)

(1)转体扣脚。

(2)坐腿握拳。

(3)踩脚搬拳。

(4)转体收拳。

(5)上步拦掌。

(6)弓步打拳。

动作要点:身体右转时左脚尽力内扣;垫步时勿抬脚过高,迈出时脚尖外撇。

1 2 3 4 5 6 7 8 9

图 8-21 转身搬拦捶

(二十二)如封似闭(见图 8-22)

(1)穿手翻掌。

(2)后做收掌。

(3)弓步按掌。

动作要点:后坐收掌时避免上体后仰;弓步按掌时,两掌由下向上并向前推按。

1 2 3 4 5 6

图 8-22 如封似闭

(二十三)十字手(见图 8-23)

(1)转体扣脚。

(2)弓腿分手。

(3)交叉搭手。

(4)手脚合抱。

动作要点:转体扣脚与弓步分手要连贯衔接,两手画弧下落时不可弯腰低头。

1 2 3 4

图 8-23 十字手

(二十四)收势(见图 8-24)

(1)翻掌分手。

(2)并脚还原。

动作要点:翻掌分手时左手在上,周身放松,气沉丹田;垂臂落手与起身动作相一致。

1　　2　　3　　4

图 8-24　收势

三、易犯错误与纠正方法

(一)精神不专

初学者走架普遍偏快,并有心神不宁、心猿意马等现象。

纠正方法:端正学习态度,每次练拳之前做好准备活动,行拳走势时要特别注意“先在心,后在身”,用意识支配动作、引导动作。

(二)放松不够

太极拳是柔性的拳术,而初学者习惯于使用直力。

纠正方法:练拳应先做到全身放松,动作稳定、沉着、轻灵而熟练。

(三)立身不正

初学者容易造成头项不正、点头哈腰、两肩歪斜摇摆、上身前俯后仰。

纠正方法:头部向上顶起,下颌微微内收。裆部向下沉落,自腰部以下至尾椎骨要自然正直。自头顶百会穴至裆下会阴穴、犹如一条无形的直线串联着。

(四)架势忽高忽低

初学者由于下肢力量不足,身体重心高低起伏。

纠正方法:初学时架势可以高一点,也可以低一点,但在“起势”时需确定高低程度,以后整套动作要大体上保持同样高度。

(五)速度快慢不均

对动作的熟练程度不高,动作结构掌握程度较差。

纠正方法:初学时动作宜慢不宜快,待熟练后,不论以何种速度,都要从头到尾保持均匀流畅。

第二节 木兰拳

木兰拳是融中国武术之刚健和现代健美操之柔和为一体的健身拳术，是经过现任上海市木兰拳协会会长应美凤老师近 20 年的潜心研究，将太极拳基本功、气功要领、武术技击基本功、体操基本功及舞台艺术造型有机地结合在一起，创编规范出的一套崭新的武术拳种，被国家体委中国武术院正式认可为中国武术的第 130 种新拳种。从中国木兰拳发展的前期阶段所定的 12 个基本套路开始，到如今已形成了由四大系列共 38 个完整套路组成的一个具有独特艺术魅力和内容丰富多彩的科学健身体系。

一、木兰拳概述

（一）风格特点

木兰拳以气功锻炼的吐纳之道和阴阳二气合理运动为理论依据，动静结合，在动的过程中让思维随着优雅的音乐意守拳路而自然入静，从而使人的这个高度精密复杂的系统得到科学、合理的调整，达到防病、治病、延年益寿的目的，尤其对腰腿、关节、心脏的保健及失眠等疾病的疗效和预防有积极作用。实践证明，它还对减肥以及对中老年妇女的体形健美有显著功效。

木兰拳虽已归属于武术范畴，但它与太极拳截然不同。它大起大落、刚柔相济，以音乐为灵魂，具有强烈的音韵和身韵特征，更接近于舞蹈。离开了音乐，演练木兰拳就失去了灵魂，没有了味道。所以木兰拳决不能像太极拳那么四平八稳匀速行进，也不能以“轻柔美”飘浮在上。木兰拳作为一项武舞相融、刚柔相继、造型优美、乐曲动听的群众性的健身活动，已在海内外广泛流传，深受广大群众喜爱，尤其受到女士们的青睐。

木兰拳全套分为六路，即一路（徒手）、二路（徒手）、三路（单扇）、四路（单剑）、五路（双扇）、六路（双剑）。

木兰拳的特点：造型优美、动作舒展大方、继承传统、时代感强。

（二）招式动作

中国木兰拳系列包括徒手拳、单扇、双扇、单剑、双剑、单圈、双圈、双匕首、武扇、拂尘、花棍等 12 个主题歌活动操等附加套路。木兰拳以“美”著称，它博取民间各流派之长，熔刚健有力的武术功架和优美潇洒的民族舞姿及戏剧、气功健身原理于一身，既能强身祛病，又能自如观赏。它节奏快慢多变、张弛有效，演练时强调“精、气、神”，注重以神领形，以形传神。

木兰拳拳势优美、简便易学，很能适应现代人们健身健美的需求，作为一种科学的健身方法，对人体很多方面的疾病都有着良好的防治效果。

二、基本技术

套路拳谱示例如下：

第一路　木兰报春（徒手拳）（见图 8-25）

（1）东方欲晓；（2）木兰报春；

（3）百鸟争鸣；（4）仙女下凡；

（5）彩云飘荡；（6）巧坐金莲；

（7）乘风破浪；（8）仙鹤独立；

（9）飞龙迎风；（10）斜身照影；

（11）西施浣纱；（12）丹凤朝阳；

（13）蝴蝶穿花；（14）嫦娥奔月；

（15）鹞子翻身；（16）白鹤亮翅；

（17）蛟龙入海；（18）旭日东升；

（19）大鹏展翅；（20）燕子追云；

（21）鸳鸯戏水；（22）推窗望月；

（23）天女散花；（24）鸿雁归巢。

图 8-25　木兰报春

第二路　木兰从军（单剑）（见图 8-26）

（1）仙人指路；（2）力劈华山；

（3）玉女穿梭；（4）木兰从军；

（5）气传金柝；（6）光照铁衣；

（7）宝刀出鞘；（8）金枪独挑；

(9)飞轮渡海;(10)童子抱瓶;

(11)乌龙绞柱;(12)犀牛别宫;

(13)兵勇望风;(14)朝阳张弓;

(15)将军百战;(16)万里赴戎;

(17)紫燕侧翼;(18)回身反击;

(19)雄鸡啄蝶;(20)木兰刺剑;

(21)跃马疆场;(22)两军对阵;

(23)鸣锣收兵;(24)鸿雁归巢。

图 8-26 木兰从军

第三路 木兰出征(单剑)

(1)将军执令;(2)飒爽英姿;

(3)木兰出阵;(4)跃马横枪;

(5)过关斩将;(6)威震山河;

(7)神龙搅海;(8)天水一色;

(9)大江翻浪;(10)风起云涌;

(11)山川映月;(12)古石沉江;

(13)险峰奇观;(14)猛虎嬉食;

(15)乌蟒缠树;(16)苍鹰搏击;

(17)银狐蹁跹;(18)猎人设伏;

(19)木兰挥剑;(20)四面出击;

(21)八面威风;(22)沙场奏捷;

(23)将军脱袍;(24)凯旋归营。

第四路 鹤舞云天(单扇)(见图 8-27)

(1)神龙昂首;(2)龙飞凤舞;

(3)燕子探海;(4)金龙穿心;
(5)推云播雨;(6)风卷残叶;
(7)神女挥扇;(8)挥舞彩扇;
(9)拨云见日;(10)彩云飘荡;
(11)犀牛别宫;(12)仙人指路;
(13)飞燕扑蝶;(14)雨打樱花;
(15)顺水推舟;(16)凤凰展翅;
(17)右倒卷珠帘;(18)左倒卷珠帘;
(19)美女献扇;(20)雪浪翻滚;
(21)敦煌飞壁;(22)仙童摘果;
(23)雨找樱花;(24)推窗望月;
(25)倒卷珠帘;(26)托云坐莲;
(27)白蛇吐信;(28)顽童探路;
(29)拨云见日;(30)斜身照影;
(31)书地断水;(32)金龙出海;
(33)平扫金光;(34)凤凰出巢;
(35)喜鹊登枝;(36)外劈华山;
(37)回头望月;(38)外劈华山。

图 8-27　鹤舞云天

第三节　八段锦

一、八段锦简介

八段锦功法是一套独立而完整的健身功法,起源于北宋,至今共 800 多年的历史。

古人把这套动作比喻为“锦”,意为五颜六色、美而华贵!体现其动作舒展优美,视其“祛病健身,效果极好;编排精致;动作完美”。现代的八段锦在内容与名称上均有所改变,因此功法分为八段,每段一个动作,故名为“八段锦”。该功法简单易学,作用却极其显著,适合于男女老少,可使瘦者健壮,肥者减肥。八段锦的体势有坐势和站势两种,坐势练法恬静,运动量较小;站势运动量较大,适于各种年龄、各种身体状况的人锻炼。本节介绍站势八段锦。

二、八段锦分步功法

八段锦是深受人们喜爱的丝织品,这里用来形容由八节动作组成的一套功法,是古代的医疗保健体操之一。其在民间流传甚为广泛,特点是术式简单、运动量适中,少受环境场地限制,男女老幼皆可锻炼。不但能柔筋健骨、养气壮力,而且可行气活血,协调五脏六腑功能,改善神经体液调节功能,增强机体免疫力,达到强身健体的目的。八段锦包括八种运动形式,连贯成套,要求呼吸均匀、意守丹田、刚柔相济。

(一)两手托天理三焦

自然站立,两足平行同肩宽,呼吸均匀,双目平视,舌抵上腭,气贯丹田。两手自小腹前向前伸臂,手心向下,向前外画弧顺势转手向上,双手十字交叉于腹前;手指交叉翻掌,掌心向上尽力托举,随之抬头,目视片刻,松开交叉的双手,自两侧向下画弧,慢慢落于小腹前,反复训练(见图 8-28)。

双手托天可舒展筋骨,使经脉畅达,有利于三焦气机运转,促进肺部呼吸及胸腔血液循环。

图 8-28 两手托天理三焦

（二）左右开弓似射雕

全身放松，自然直立，左足向左横跨一步，成马步；两足下蹬，两臂在胸前做拉弓状，向左拉至极点；同时右手向右伸出为剑手，手指作剑诀，转头向右，通过食指，凝视前方。

将两腿伸直，顺势两手下画弧，收回于胸前，再向上画弧，经两侧缓缓下落，还原。左右调换，反复做多遍（见图 8-29）。左右开弓有扩胸、屈腿、动臂等动作，有宽胸理气之作用，同时可使肌肉坚实有力。

图 8-29　左右开弓似射雕

（三）调理脾胃单举手

自然站立，两臂屈肘于胸前，掌心向上，指尖相对。左手翻掌向上，用力伸直，同时右手翻掌向下，用力下按，然后双手交替连续多次（见图 8-30）。

单举手可活动肩、腕、掌，也可活动内脏，有增强胃肠蠕动，促进消化之功效。

图 8-30　调理脾胃单举手

（四）五劳七伤向后瞧

站桩自然站立，两手自然下垂；头缓缓向右转，设想看到右足心，并以意引气至右足然后缓缓转头，眼看左方，反复操作数次（见图 8-31）。

此动作可消除疲劳，醒神明目，使颈部活动灵活，用于颈椎病、后天斜颈的防治。

图 8-31　五劳七伤向后瞧

（五）摇头摆尾去心火

自然站立，两腿屈膝成马步。双手反按膝上部，以腰为轴，左臂将躯干转至左前方，头与左膝成一垂线，右臂绷直，同时臂向右摆，然后反方向摆动（见图 8-32）。

此动作可使全身四肢关节、五脏六腑得到锻炼，提高各器官功能，适用于腰椎退行性病变、肌筋膜炎、腰肌劳损等病的康复治疗。

图 8-32　摇头摆尾去心火

(六)两手攀足固肾腰

自然站立,两手分开与肩同宽上举,两腿绷直,上体缓缓前屈,双手下按,顺膀胱经下至足尖,逐渐以掌触及足背然后上体直立,双手撑腰,缓缓后仰,反复多遍(见图 8-33)。

此法可活动腰膝,适用于腰肌劳损、肌筋膜炎、腰椎退行性病变等。

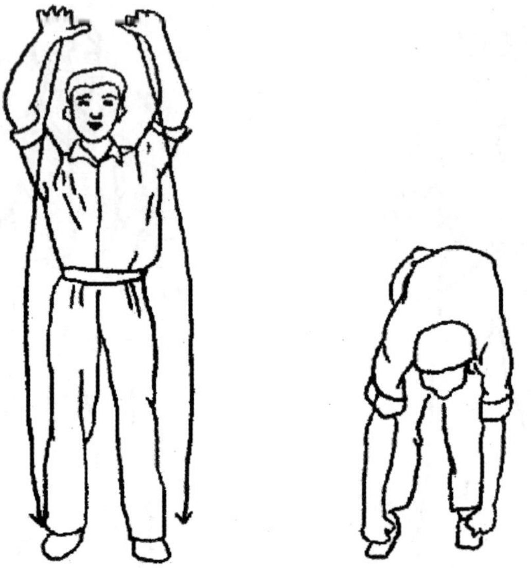

图 8-33　两手攀足固肾腰

(七)攒拳怒目增气力

自然站立,双膝微屈,左足跨出变马步,两手提至腰间半握拳。右拳用力紧握,拳心向下,向前击出,凝视前方,瞪目虎视。收拳再出左手,反复数次(见图 8-34)。

此法可促进气血运行,活动关节,适用于胸背、腰功能锻炼。

图 8-34　攒拳怒目增气力

(八)背后七颠百病消

自然站立,两臂自然下垂,意守丹田。两足跟提起,足趾尖着地,配合吸气,头用力上顶,稍停后,随呼气足跟着地,全身放松,手掌下垂,如此反复多次(见图 8-35)。

此法有畅通气血、清醒头目之功,适用于颈、项、腰的功能锻炼与保健。

图 8-35　背后七颠百病消

三、八段锦练习要领

(一)松静自然

松静自然,是练功的基本要领,也是最根本的法则。松,是指精神与形体两方面的放松。精神的放松,主要是解除心理和生理上的紧张状态;形体上的放松,是指关节、肌肉及脏腑的放松。静,是指思想和情绪要平稳安宁,排除一切杂念。自然,是指形体、呼吸、意念都要顺其自然。

(二)准确灵活

准确,主要是指练功时的姿势与方法要正确,合乎规格。在学习初始阶段,基本身形的锻炼最为重要。在学习各式动作时,要对动作的路线、方位、角度、虚实、松紧分辨清楚,做到姿势工整、方法准确。灵活,是指习练时对动作幅度的大小、姿势的高低、用力的大小、习练的数量、意念的运用、呼吸的调整等,都要根据自身情况灵活掌握。

(三)练养相兼

练,是指形体运动、呼吸调整与心理调节有机结合的锻炼过程。养,是通过上述练习,身体出现的轻松舒适、呼吸柔和、意守绵绵的静养状态。练习者应做到"练中有养""养中有练"。特别要合理安排练习的时间、数量,把握好强度,处理好"意""气""形"三者的关系。

(四)循序渐进

在初学阶段,习练者首先要克服动作僵硬、手脚配合不协调、顾此失彼等问题。经过一段时间和数量的习练,姿势逐渐工整,方法逐步准确,动作的连贯性与控制能力得到提高,对动作要领的体会不断加深。待动作熟练后,习练者可采用练功时的常用方法——腹式呼吸,并持之以恒,循序渐进,合理安排好运动量,最后达到动作、呼吸、意念的有机结合。

第四节　跆拳道

一、跆拳道运动的起源与发展

跆拳道古称跆跟、花郎道、唐手道,是起源于古代朝鲜的民间武艺。后来这些技艺融合发展,逐渐形成了现代跆拳道运动的基础体系。跆拳道是一项运用手足技术,重在足技进行搏击格斗的朝鲜民族传统的体育运动项目。主要内容包括品势、搏击、功力检测三部分。跆拳道的"跆"字,意为用脚蹬;"拳"字,意为拳头击打和防御;"道",是一种艺术方法,亦泛指人生的正确道路,在这里寓指使用手脚的方法和原理。自从1980年国际奥委会正式承认世界跆拳道联合会及跆拳道比赛后,跆拳道在世界各国日益普及,受到广泛的欢迎和较高的评价。在2000年悉尼奥运会上,跆拳道成为正式比赛项目。

二、基本技术

(一)基本姿势和站位

1.准备势

两脚开立与肩同宽,身体自然直立,两脚尖略外展,两手握拳置于胸前(见图8-36)。

图8-36　准备势

2.基本站位

(1)开式站位

开式站位指和对方体前相对应的站位,即自己的身体前面相对对方的身体前面。包括左势对右势和右势对左势两种形式(见图 8-37)。

图 8-37 开式站位

(2)闭式站位

闭式站位指和对方的体前侧不相对应的站位,即自己的体前对应对方的体后。包括左势对左势和右势对右势两种站位形式。

(二)步型

1.马步

两脚开立,较肩宽,两脚尖平行或略内扣,挺胸直背,两腿屈膝半蹲,重心在两腿之间,收拳放于腰际,拳口朝上(见图 8-38)。

图 8-38 马步

2.弓步

弓步又称前屈立，前后脚分立，两脚相距一步半，前腿屈膝，后腿伸直，前腿膝关节与脚尖垂直，重心大部分在前脚上，左脚在前称左弓步，右脚在前称右弓步（见图8-39）。

图8-39 弓步（左弓步）

3.三七步

三七步又称后屈立，前后脚分立，两脚相距约一步，后脚尖外展90°，后腿屈膝如同骑马状，前腿膝关节略屈，重心在后脚上。

4.前行步

前行步又称高前屈立，如走路姿势。两脚之间距离小于弓步，上体略前倾，前腿膝关节略屈，重心大部分落在前脚上。左脚在前称左前探步，右脚在前称右前探步。

5.虚步

虚步与后弓步相似，前脚掌点地，脚跟提起，重心落在后脚（见图8-40）。

图8-40 虚步

(三)步法

1.前进步

前进步主要包括前滑步和前跃步,是主动进攻时常常采用的步法,也常运用于假动作过程中的战术配合。由标准实战姿势开始,两脚成斜马步,两手握拳置于胸前。前进时,后脚蹬地,前脚先向前方滑出一步,后脚迅速跟上一步,称为前滑步;后脚蹬地,前脚向前跳跃称为前跃步。在做跃步和滑步时候,重心不要起伏过大,尽量保持身体重心的平稳移动。

2.后退步

后退步包括后跃步和后滑步。由标准实战姿势开始,前脚掌用力蹬地,两脚向后跃起退后一步,称为后跃步。若前脚掌蹬地后,后脚后移一步,前脚随即向后移动一步,两脚以及身体仍保持原来姿势,叫作后滑步。应用此步法可以拉开与对手的距离,避开对方的进攻或准备反击。

3.后撤步

由标准姿势开始,以后脚前脚掌为轴,前脚抬起向后经后脚内侧向后撤一步,形成和原来相反的实战姿势。后撤步可根据实战需要左右变化,调整与对方的相对距离,准备进行攻击或反击。

4.侧移步

由标准姿势开始,两脚前脚掌同时向左(右)侧蹬地,使身体向右(左)侧移动,离开原来的位置。向左移称为左移步,向右移称为右移步。侧移步的作用是避开对方有力攻击,移动到对方的侧面,准备进行反击。

5.跳换步

由标准姿势开始,两脚同时蹬地使身体腾空,空中两脚前后交换,同时转体,落地时身体姿势成另一侧的准备姿势。跳换步的腾空不宜高,略离地即可;换步时要拧腰转髋,迅速敏捷,其目的是干扰对方的攻防思路,选择适宜自己进攻的方位和转换自己身体的得分部位使对方不能得分,同时争取反击的空间和时间,马上转入进攻。

6.弧形步

由标准姿势开始,前脚的前脚掌原地蹬碾地面,后脚同时向左(右)蹬地后右(左)跨移一脚,成为与原来准备姿势不同方向的准备姿势。向左跨为左弧形步(或左环绕步),向右跨步为右弧形步(右环绕步)。

7.上步

上步是为了调整与对方的距离,为准备进攻和反击做准备。左势站立,以左脚前脚掌为轴，右腿上前一步，成为右势标准姿势（见图 8-41）。

图 8-41　上步

8.垫步

垫步主要有两种，即前垫步和后垫步。垫步的动作要求快捷、连贯，迅速接近或远离对手。

（1）前垫步。由标准姿势开始，右脚蹬离地面向左脚的脚跟方向移动一步，左脚随即迅速前移一步，保持实战姿势，主要运用于主动进攻时接近对方。

（2）后垫步。由标准姿势开始，左脚掌蹬离地面向后快速移动一步落于右脚前，右脚随即迅速后移一步，保持实战姿势不变。后垫步主要运用于防守和防守反击。

9.组合步

指各种步法之间的不同组合。实际上，跆拳道技术在实战运用的过程中，无不通过各种步法的运用和变化而得到实施，而且使用的步法都是有意或无意地组合起来综合运用的。运用步法的目的是为了调整距离，使自已的动作更加快速灵活，进而达到进退自如、控制节奏、有效攻击和有效防守的目的。步法的组合应根据实际情况的变化而改变，把攻击和反击的技术与步法紧密结合起来，做到在移动中进攻，在移动中防守，在移动中反击，使步法的运用和拳法、腿法融为一体，成为进攻、防守、反击的有机连接技术，从而达到取得实战胜利的目的。

（四）基本腿法

跆拳道以其变幻莫测、优美潇洒的腿法著称于世，被世人称为踢的艺术，这是跆拳道区别于其他格斗术的一个重要特点。跆拳道的腿法讲究变化多样和灵活多变，对人体的柔韧性、大脑反应的灵敏性、身体运动的稳定性都有很高的要求，是对人体机能和体能的综合考验。

1.前踢

由标准姿势开始，右脚蹬地髋关节向左旋转，双手握拳置于体侧；同时，右腿以髋关节为轴屈膝上提；当大腿抬至水平或稍高时，髋关节向前送，向前顶，小腿以膝关节为轴快速向前上方踢出，力达脚尖，整条腿踹直；踢击后迅速放松，右腿沿原路线弹回，将右脚放置在左脚前面仍成标准姿势（见图 8-42）。

图 8-42　前踢

练习方法：

采用分解教法，先练提后腿，同时向前松髋；再练弹出小腿；完整练习前踢动作并能熟练使用。

2.侧踢

由标准姿势开始，右脚蹬地右腿以髋关节为轴屈膝提起，两手握拳置于体侧；随即左脚以前脚掌为轴外旋 180°，髋关节向左旋转，右腿以膝关节为轴向前蹬伸，右脚快速向右前上方直线踢出，力点在脚跟。发力后沿起腿路线收腿、放松，重心落下（原处或向前均可），再次回到标准姿势（见图 8-43）。

图 8-43　侧踢

练习方法：

先练习提腿转髋动作，再练习平蹬腿动作，完整练习侧踢动作。

3.劈腿

由标准姿势开始，右脚蹬地，重心前移至左脚；同时，右腿以髋关节为轴屈膝上提，两手握拳置于胸前；随即充分送髋，上提膝关节至胸部，右小腿以膝关节为轴向上伸直，将右腿伸直举于体前，右脚过头；然后放松向下以右脚后跟（或脚掌）为力点劈击，一直到地面，成标准姿势（见图 8-44）。

图 8-44　劈腿

练习方法：

开始练习时可扶物先练提腿、提膝和上举腿动作；练习下劈腿的动作；先扶物，动作熟练后，再进行徒手练习；完整练习劈腿动作。

4.推踢

由标准姿势开始，右脚蹬地，右脚以髋关节为轴提膝前蹬，用右脚脚掌向前蹬推脚掌，推力向正前方（见图 8-45）。

图 8-45　推踢

5.横踢

动作方法：

由标准姿势开始，右脚蹬地，重心前移至左脚，右脚屈膝上提，两拳置于胸前；左脚前脚掌碾地内旋，髋关节左转，左膝内扣；随即左脚掌继续内旋至 180°，右腿膝关节向前抬至水平状态，小腿快速向左前横向踢出；击打目标后迅速放松收回小腿，右腿落回原地成标准姿势（见图 8-46）。

图 8-46　横踢

练习方法：

先练前踢，待熟练后再练横踢；提后腿（提膝），同时转髋，弹出小腿；熟练后可练习横踢击打头部（高横踢）。

6.后踢

动作方法：

由标准姿势开始，转身后腿后撤背对对方。重心后移至左脚，右脚蹬地后屈膝提起，右脚贴近左大腿，两手握拳置于胸前；随即左脚蹬地伸直，右脚自左大腿内侧向后方直线踢出，力达脚跟；踢击后右脚按原路线快速收回，成标准姿势（见图 8-47）。

图 8-47 后踢

练习方法：

开始练习时可手扶支撑物，体会后蹬的感觉；练习转身同时提关节的动作；平伸后蹬；进行完整的后踢动作练习，可采用踢打同定靶练习；练习反击后踢。

7.后旋踢

动作方法：

由标准姿势开始，两脚以两脚掌为轴均内旋约 180°，身体随之右转约 90°，两拳置于胸前；上体右转，与双腿拧成一定角度，右脚蹬地将蹬地的力量与上体拧转的力量合在一起，将右腿向后上以髋关节为轴直腿摆起，右腿继续向右后旋摆鞭打，同时上体右转，带动右腿弧形摆至身体右侧，右腿屈膝回收落地（见图 8-48）。

图 8-48 后旋踢

练习方法：

支撑脚前脚掌着地转动，转身同时向后蹬伸腿；右腿向后摆动；先练习身体原地转动360°，右腿开始摆动时不要求高度，以后再逐渐升至摆动高度；进行完整的后旋踢动作练习。

第五节　拳击

一、拳击概述

拳击是戴拳击手套进行格斗的运动项目。它既有业余的（也称奥运拳击），也有职业性质的比赛。比赛的目标是要比对方获得更多的分以战胜对方或者将对方打倒而结束比赛；与此同时比赛者要力图避开对方的打击。

拳击被称为“勇敢者的运动”。早在古希腊和罗马时代就有许多有关拳击的记载。在古代奥运会中，拳击运动就已经是比赛项目之一。到第三届在圣路易斯举行的现代夏季奥运会，男子拳击正式列入比赛项目。

从历史角度划分，拳击可分为古代拳击和现代拳击两种；从运动竞技角度划分，拳击可分为运动竞技型拳击和非运动竞技型拳击。运动竞技型拳击又可分为职业式和业余式两种，奥运会和亚运会的拳击比赛都是属于业余式比赛。

（一）古代拳击

拳击运动源远流长，它起源于人类产生之初。为了生存和竞争，人类发明了它。所以最初它是保护人们生命财产的一种主要手段。拳击和射箭都是人类古时的生存技巧，原始人用以强健体魄进而可以于恶劣的环境之下生存。在弓箭未面世前，人类要以拳头和腿脚来进行自卫，这是拳击的雏形。拳击最早见于历史记载是在公元前 4 世纪的埃及。

大约在公元前 17 世纪，拳击运动经过地中海的克里克岛传播到了古希腊。考古学家在一个公元前 5 世纪爱琴海海岸遗址里面发掘出来的一对瓷瓶上，发现两人相互攻防的拳击图案。在希腊神话中，雅典王子赛希阿斯（公元前 1000 年）就通晓拳术。在古希腊，这项运动被称为角力拳击，据说拳击手套里面装有铁蒺藜，激烈的搏斗常常以失败者殒命而告终。在美索不达米亚平原的考古发掘中，也发现了 1700 年以前拳击活动的遗迹。

自从古罗马皇帝西奥多雷斯下令禁止拳击后，拳坛几乎寂静了 4 个多世纪。主要原因一方面是由于古罗马拳击的方式粗野；另一方面则是因为欧洲各地时兴骑马斗剑，马上技术的发展抑制了拳击的发展。骑士体育这种体育方式是属于统治阶级和贵族阶层的,参与者必须是信奉基督教的教徒。然而拳击作为一种自卫技术、娱乐活动,仍然在民间不断地流行着,只是由于受到皇帝颁布的法令影响不能公开举行比赛。

到了公元 8 世纪,古罗马帝国被人为地拆分为东罗马帝国和西罗马帝国。随着西罗马帝国的崩溃,欧洲在中世纪日耳曼民族的影响下,法庭制定了一种新制度:“斗审”。所谓的“斗审”就是在审判中遇到疑难案件时,命令进行诉讼的双方进行决斗,最终决斗胜利的一方将可以向法庭提出一些诉求,法庭将听取决斗胜利者的诉求并加以考虑。如果诉求合理,则法庭会将决斗胜利者的诉求作为判决的最终请求,因此作为决斗的胜利者会在法庭“斗审”时获得胜诉。这一制度规定:如果是贵族间的诉讼,就按贵族的习俗,产生诉讼的双方以骑马、穿护身的甲胄进行西洋剑击决斗等方式来决胜负;如果是平民间的诉讼,则以拳击来决胜负。从此,拳击在平民百姓中流传更为广泛(见图 8-49)。

图 8-49 拳击

公元 12 世纪,传教士圣倍纳丁因为看到当时有许多青年在斗剑中丧生的悲剧,便设法推行以拳击决斗来代替西洋剑击决斗。他因此废止了拳击的野蛮训练方法,提倡赤手拳击,希望青年在练习过拳击后会喜欢上这种决斗方式,进而使之成为以锻炼身体为目的的体育活动。为了推广这项运动,圣倍纳丁在意大利的西纳开设了一所拳击训练学校,并且亲自担任校长与拳击教练。在举办拳赛时担任拳赛主持,执行裁判工作。在赛程中如果遇到有可能发生危险的紧急关头,他会及时命令停止比赛以防止不必要的伤害事故发生。这种经过改良的拳击,逐渐在青年中流行起来。圣倍纳丁的一生始终热衷于拳击运动,使中断了几个世纪的拳击东山再起,成为拳击史上不可磨灭的里程碑。

到了 16 世纪,拳击运动越过了多巴海峡,传播到了英国。公元 17 世纪末,拳击在英国复兴起来。公元 18 世纪初在英国出现了有奖的拳击比赛。1917 年产生了被称为现代拳击始祖的第一位英国拳击冠军——詹姆斯 · 菲格(1695—1734),他把冠军保持了 11 年之久,因此获得了“无敌将军”的美称。当时菲格的拳击是没有防护的、徒手的“生死”

型格斗。后来他创立的世界上最早的拳击学校,成为英国拳击运动员的培养摇篮。菲格死后,他的得意门生约翰·布劳顿(1704—1789)继承了他的拳击事业。为了使拳击减少伤害事故,他组织了拳击俱乐部。为了使拳击更富有体育精神,他于1743年8月16日针对拳击比赛的混乱局面,制定了最早的拳击规则,也是世界上最早的职业拳击运动比赛规则——"布劳顿规则"。规则主要规定不准打击已倒地者和不准打击腰部以下任何部位。同时,布劳顿又在1747年设计了拳击手套,发明了第一种软皮手套以保护脸部皮肤。后来布劳顿还在伦敦建造了一所大型竞技场,作为专门教授拳击和组织拳赛的中心。布劳顿对近代拳击运动的开展做出了贡献,为拳击运动提出了新的方向,同时对拳击的健康发展起了重要作用,因此后人称他为"拳击之父"。

1792年,英国拳击冠军门道沙为了推广拳击运动,加入马戏团到英伦三岛各地做拳击表演,并积极宣传拳击运动。1789年他写成拳击史上第一本拳击指南并定名为"拳击艺术",此指南深受人们的欢迎,门道沙是位研究拳击的先驱者,也是开展拳击运动的功臣。

(二)现代拳击

现代拳击运动于18世纪起源于英国,当时比赛不戴拳套,亦无规则和时间限制,直至其中一方丧失继续比赛的能力为止。1838年在布劳顿最初制定的规则基础上,英国制定颁布了新的《伦敦拳击锦标赛规则》;此规则最后在1839年被用在了拳击比赛中。1853年对这一规则进行了修改,禁止拳手在比赛时用足踢蹬、头撞、牙咬等低级动作,并规定拳击台四周用绳围起。1867年,英国伦敦业余竞技俱乐部成员、记者约翰·古拉哈姆·千巴斯又进一步完善修订了新的拳击规则,英国昆士伯利的侯爵约翰·肖鲁图·道格拉斯担任了这个新规则的保证人,并把它命名为"昆士伯利拳击规则"。英国拳击爱好者的努力,为推动和促进现代拳击比赛的发展做出了不可磨灭的贡献。1880年英国业余拳击协会正式在伦敦成立,从此拳击开始传到世界各地。1881年举行了第一次英国锦标赛。1946年国际业余拳击联合会成立。2008年世界业余拳击联合会改称为世界拳击联盟。

中国现代拳击始于20世纪20年代后期,最初被国人称为"西洋拳"。随后有人翻译了一本《西洋拳术》。30年代,旧中国南京国民党政府的中央国术(武术)馆、国立国术体育专科学校将拳击列为主课之一。我国香港特区拳击总会于1955年成立,是国际业余拳击协会(AIBA)及世界拳击协会(7BC)成员之一。一直以来中国香港选手在女子及大学生国际赛事中均多次获得奖牌。目前,国际业余拳击协会的成员共有190多个国家和地区。

二、基本技术

(一)技巧战术

拳击运动的技术包括攻击、躲闪、放松、移动、扭斗和反击。

攻击技术包括左右直拳、左右上勾拳、左右平勾拳、左右摆拳、左右斜上勾拳、刺拳。

拳击运动只能运用拳头来制服敌人,不能使用腿脚肘膝。

在拳击比赛中,场上情况千变万化,因此战术的运用在拳击比赛中起着非常重要的作用。胜负结果取决于双方技术、战术、心理、身体素质等因素,这四者是紧密联系相互渗透的,战术的运用就是一名拳击运动员综合能力的体现,在技术、身体素质和心理品质差不多的情况下,战术打法运用的质量将对比赛胜负起决定性作用。

(二)训练方法

1.步伐

拳击与中国传统武术一样非常重视步伐的训练与使用,因为大部分搏击和体育运动中力量的起始点都是从下盘发动的,例如拳王阿里著名的蝴蝶步,不仅美观而且实用性非常强。拳击中的步伐主要以保持重心的滑步为主:前、后滑步,左、右滑步为基础,每种步伐都对应不同的拳法。例如前、后滑步对应前、后直拳,左、右滑步对应左、右摆拳,这只是非常基础的训练,当你的步伐足够娴熟的时候,任何步伐所发动的力量都可以上升到腰部,然后以腰部为轴变化出各种极具杀伤力的拳法,所以想学习拳击必须先练步伐。

要领:例如前滑步,要先提起重心,同时抬起左脚,然后把重心平行向前移动,然后左脚落,右脚跟随前拖,记住左脚不要抬得太高,左脚脚尖不能上翘,右脚前拖不能太重,轻柔的往前一带就可以了。

2.刺拳(前手)

刺拳:前手直线打击拳法,既可以作为进攻的开始,也可以配合其他拳法连续进攻。

要领:出拳快速而突然,腰部与胯部转动较小,蹬地力量不大,因此重心前移较小,出拳后,臂并没有完全伸直。

3.交叉拳(后手)

交叉拳是后手直线重击。一般在有充分把握时才能使用。

要领:由基本姿势以右脚掌蹬地开始发力,右腿发出的力量使右侧髋关节前送,带动腰部迅速向前转动,同时右肩前送。右拳以直线向前发出,攻击对方头部。髋和腰部的扭动以及右肩的前送,能够增加右直拳的力量和攻击距离。

4.上击拳(后手)

上击拳既可发短拳也可发长拳。发长拳时手臂几乎伸直,上、前臂夹角大于90°,发短拳时上、前臂夹角小于90°。当对手两手高举成防头部的姿势时,或当对手击打头部而落空时,可发上击拳击打对手的上体(胃、腹或肋部)。

5.勾拳(前手)

转体弧线击打拳法,攻击目标为头部或躯干侧面。

当代主流拳法只有4种规范击打方式,即前手的刺拳、勾拳,后手的交叉拳、上击拳,前后手各有一种直线拳法、一种弧线拳法。国内的所谓直拳、摆拳、勾拳的分类既不准确也不标准,会造成对技术理解的混乱,认真学习练好4种拳法,做到技术标准细腻,达到"快准狠"的要求即可。

第六节　女子防身术

女子防身术是女生在受到不法侵害或可能要受到不法侵害时,为摆脱或反击歹徒而进行防身自卫的一种防卫能力。自卫防身是将拳击、武术、摔跤、柔道、跆拳道、空手道、擒拿格斗等武术技击方法予以整合,以制服对方、保护自己为目的的专门技术。防身术中的奇妙招法,实质上是中华武术的精华"集锦"。它把武术中各种适合实践应用的招法分离出来,经过摘编、加工、提炼、创造、完善,使其成为一种散招,并具备简单、实用、易记、易学的特点。

一、基本技术动作

(一)侧身自卫(格斗势)

侧身是女子自卫与遭遇其他不测时必须注意的。只有侧身,才可能尽量少地暴露易遭攻击的部位。两腿一前一后,屈膝、脚掌着地;两手握拳一前一后。

(二)灵用手拳

灵活运用手和拳头。拳法包括直拳、摆拳、勾拳,同时也可灵活变换,例如,手可变成虎爪、撮勾、单指、金剪指、双指、金铲指、倒夹等,可用来戳击对方眼睛、咽喉、腋下等要害部位。手是最灵活的,在攻防格斗中,手的威力又最大,拳也是人主要的攻击武器。

(三)肘部攻击

肘法属于近距离击打的技法,是泰拳中的重要组成部分,肘部击打力量较之其他手法重狠,比较适合女性用于自卫。

1.顶肘

肘部平抬,屈臂,肘尖向前,发力时蹬腿、送髋,同时另一手大臂向另一侧也产生一股伸张力。蹬腿、送髋、大臂猛伸张,三股力用好了,顶肘动作就完美了。顶肘是以肘尖攻击，女性自卫时用以顶击对方腋下，效果最好。顶肘发力距离短，又无旋转助力，练习时难度大些。

2.砸肘

手臂上抬，肘尖朝前上，砸击时身体迅速下沉，肘由上往下砸击。身体下沉与手臂砸击两股力合而为一。砸肘多用于对方抱腰、腿时砸击其后脑、腰部。

3.挑肘

前臂回收弯曲，肘尖由下向前上挑击。发力时蹬腿、旋转身体要领同直拳、勾拳。挑臂动作同勾拳，挑肘可用于击打对方胸腹部。

（四）膝腿攻击

膝的力量极大，用力量极大的膝攻击男性毫无承受打击能力的要害部位裆部。以膝攻击裆部距离短，保证攻击可以在瞬间完成；以膝攻击裆部角度小，攻击准备和攻击过程都可以很隐蔽。腿也是比较适合用来攻裆的，女性自卫一般多用正弹腿攻击裆部。

1.提膝

提膝动作源于泰拳，又称顶膝，要领是膝腿上抬，动作要猛，并以双手拉住对方帮助发力。提膝是女性用以攻击的利器。提膝时可用手帮助发力。

2.弹踢腿

该腿法出自跆拳道基本腿法动作，一腿支撑，一腿提膝，同时膝关节由屈到伸，向正前方弹踢出腿；脚背绷直，力达脚背。弹踢时要脆快有力。

（五）掌抓面眼

被歹徒按压时，如手未被按压，可张开手掌，以掌根猛击歹徒鼻梁。轻者鼻血长流，重则可致昏厥。这一掌在武术中叫迎面掌。迎面掌到位后，张开的五指以指甲贴其面抓下，武术中这一招叫“迎面贴金”，又叫“洗脸炮”。轻则抓破眼睑，泪流不止，眼睛睁不开；重则伤及眼球。这一招虽不致命，但使用方便，乘歹徒一时丧失施暴能力，自卫者可及时逃脱。

以一指或二指叉眼的方法在武术中叫“单放”“双放”或“二龙戏珠”。在被歹徒按压时，因为距离极近，歹徒又不防范，使用单指叉眼、双指叉眼的技法是非常有效的。事实上，只要能叉中歹徒眼睛，并不拘泥于用单指还是双指，用五指亦可，用双手双指亦可。前提是要视使用的熟练程度和当时两手自如情况而定。

（六）前额击面

头部虽然最多要害薄弱部位，但头部也有坚实的区域，这就是前额。有人做过试验，人的前额能承受 1000kg 的压力。头部攻击，主要用于撞击对手面部和胸部，一般而言，撞击面部效果较好。撞击面部要瞄准鼻梁处三角区,千万不能撞在对方前额上,形成互伤。

二、组合防身技术

(一)踢裆砍脖

适用于正面主动进攻,在格斗势基础上,起后腿做弹踢腿动作,踢击对方裆部,同时用掌刀砍击对方颈侧部。

(二)踢裆锁喉

适用于正面主动进攻,在格斗势基础上,起后腿做弹踢腿动作,踢击对方裆部,同时用直拳打击对方颈中部喉咙位置。

(三)下潜抱单腿抱摔

用于对方正面侵犯自己时,瞬间下蹲双手抱住对方前腿膝盖位置,运用半转身反向后侧步将对方摔倒在地。

(四)下潜抱双腿抱摔

用于对方正面侵犯自己时,瞬间下蹲双手抱住对方脚跟后部,用力向上做后跳步提拉动作,将对方掀翻。

(五)踩脚击裆

适用于对方从身后偷袭,可在对方从身后搂抱自己的时候,身体向侧方移动,抬脚用脚跟部位用力踩踏对方靠近自己身体的脚面,同时用靠近对方裆部的手用力拍击对方的裆部,趁机逃脱。

(六)掰腕提膝

当对方想要伸手摸自己脸的时候,把握时机,当对方手伸到自己脸颊旁的时候用左手紧握对方手腕,同时右手抓住对方手掌由下至上成逆时针转动,同时提膝击打对方裆部,由于此刻两人距离较近,提膝有利于准确有效地打击对方。

思考题

8-1 介绍简化太极拳(24 式)动作要点。

8-2 八段锦的练习要领是什么?

8-3 简述木兰拳的起源与发展。

8-4 简述跆拳道的起源。

8-5 简述拳击的训练方法。

8-6 女子防身术组合防身技术包含哪些技术?

第九章 健塑运动

学习目标

(1)掌握健美操的概念与分类及中国健美操运动。

(2)了解瑜伽的起源;掌握瑜伽锻炼的注意事项及基本呼吸法。

(3)了解形体训练的定义、特点及练习方法;掌握形体训练的基本动作和组合动作。

情境导入

小丽所在的社团在学校体育节上进行了健美操表演,她很愿意和小伙伴们继续在社团活动中学习一些高难度动作。由于小丽的身材比较娇小、动作灵活,在做组合动作时同伴们常会将她高高托举做一些技术动作,但是小丽总是克服不了自己的恐惧心理,完成动作的质量不高,小丽和她的伙伴们都很着急,不知该怎么办。

第一节 健美操

一、健美操运动的概念

健美操是融体操、音乐、舞蹈、美于一体,通过徒手、手持轻器械和用专门器械的操化练习达到健身、健美和健心目的的一种新兴娱乐和观赏型体育项目。

健美操起源于传统的有氧健身运动,是有氧运动的一种。它通常采用徒手或手持轻器械进行练习,是在氧供应充足的情况下,以人体有氧系统提供能量的一种运动形式,其运动特征是持续一定时间的、中低强度的全身性运动,主要锻炼练习者的心肺功能,是有氧耐力素质的基础。

二、健美操的分类

健美操竞赛项目包括男子单人、女子单人、混合双人、三人(男三、女三、混合三人)、混合六人(男三、女三)、啦啦操等。比赛按性质分锦标赛和冠军赛两类。

一般将健美操运动分为健身健美操和竞技健美操。竞技健美操根据竞技健美操规则的要求进行编制、训练、比赛;健身健美操是普及性的,没有统一要求。

(一)竞技健美操

竞技健美操是在音乐伴奏下,通过难度动作的完美完成,展示运动员连续表演复杂和高强度动作能力的一项运动。成套动作必须通过所有动作、音乐和表现的完美融合体现创造性。

竞技健美操起源于传统的有氧健身操。单人比赛时间限制在1min30s,上下浮动5s。混双、三人、六人时间限制在1min45s,上下浮动5s。单人比赛场地为7m×7m(混双、三人、六人操场地为10m×10m)。比赛服装也有专门的规定,一般为紧身的专业健美操服装,比赛有专门的竞赛规则,对每一具体细节都做出详细的说明。

(二)健身健美操

健身健美操的目的在于增进健康,可为社会不同年龄层次的人所采用。它根据练习对象的需求进行创编,动作简单易学,节奏稍慢,时间长短不等,可编排5min~1h。例如,美国著名健美操明星简·方达所编的初级健美操,一套有27min。在日本,一般的健美操约1h左右。目前我国健身健美操运动开展非常广泛,各种成套健美操动作的练习时间、场地、人数、内容、动作名称、节奏快慢等没有统一的标准,可以根据练习者的需要进行编排。

根据当今世界和我国健美操发展的趋势,健美操不断地引入表演,按不同的目的和任务,又将健美操分为健身健美操、竞技健美操和表演健美操;健美操除上述分类外,按一定的特征,还可划为以下几类:

(1)根据练习的主要目的和任务,可分为大众健美操和竞技健美操。

(2)根据练习形式,可分为徒手健美操、持轻器械健美操和利用专门健美器械进行练习的健美操。

(3)根据练习者的性别特征,可分为女子健美操和男子健美操。

(4)根据练习者不同年龄阶段的特征,可分为幼儿健美操、儿童健美操、少年健美操、青年健美操、中年健美操和老年健美操。

(5)根据人体解剖结构特征,按身体部位常可分为颈部健美操、肩部健美操、臂部健美操、胸部健美操、腰腹健美操、髋部健美操、腿部健美操和足踩健美操。

(6)根据动作的内容特征,可分为形体健美操、姿态健美操、跑跳健美操和垫面健美操等。

三、健美操基本动作

(一)基本技术动作

1.手的基本动作

健美操中的手形有很多种,由芭蕾舞、现代舞、迪斯科、武术中吸收和发展而来。手形是手臂动作的延伸和表现，运用得好，会使健美操动作更加丰富多彩、生动活泼，更具有感染力。

（1）并拢式。五指伸直，相互并拢。大拇指微屈，指关节贴于食指旁（见图 9-1）。

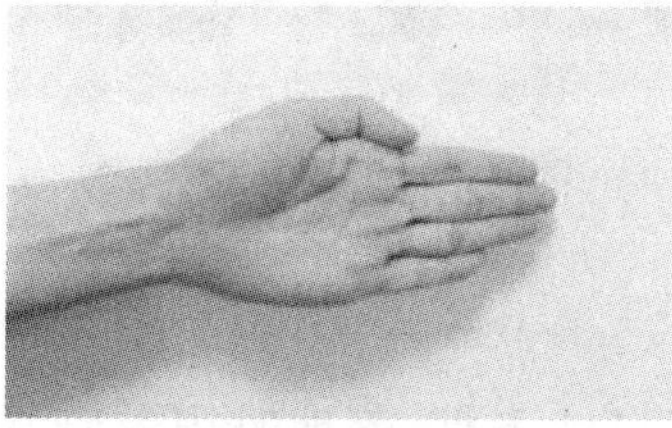

图 9-1　并拢式

（2）分开式。五指用力伸直，充分张开（见图 9-2）。

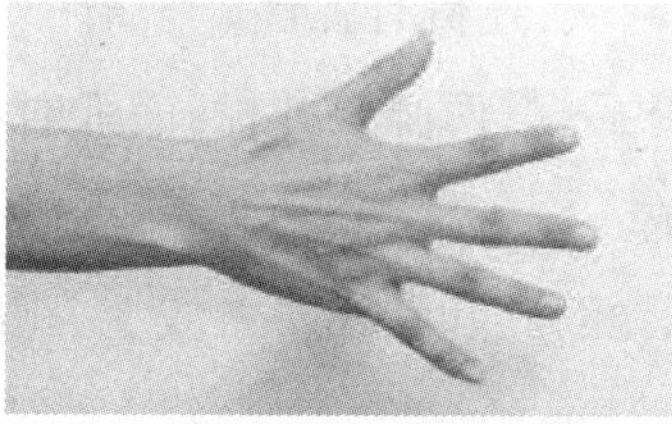

图 9-2　分开式

（3）芭蕾手式。五指微屈，后三指并拢，稍内收，拇指内扣（见图 9-3）。

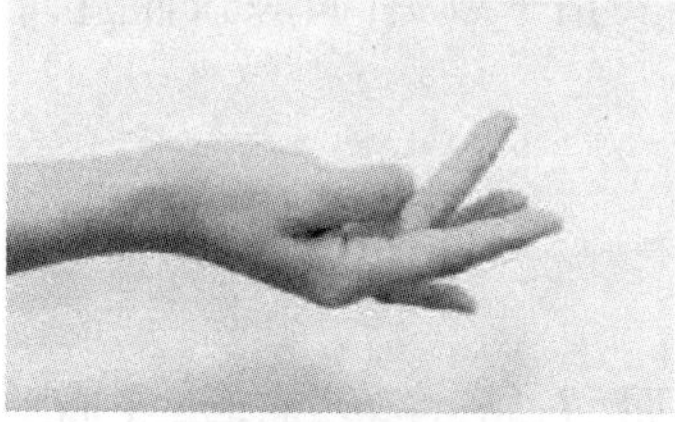

图 9-3　芭蕾手式

（4）拳式。握拳，拇指在外，指关节弯曲，紧贴于食指和中指（见图 9-4）。

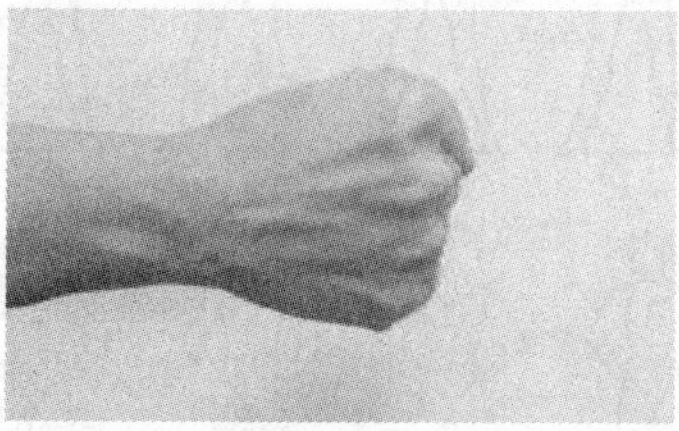

图 9-4　拳式

（5）西班牙舞手式。五指用力，小指、无名指、中指自掌指关节处依次屈指，拇指稍内扣（见图 9-5）。

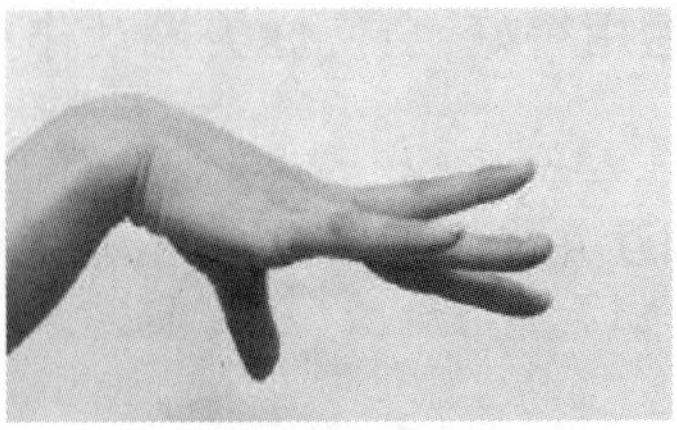

图 9-5　西班牙舞手式

2.脚的基本动作

(1)踏步。大腿抬平,小腿自然下垂,落地时用前脚掌过渡到全脚掌,两臂前后自然摆动,身体保持自然。

(2)开合跳。跳起双脚分开落地,髋部、脚尖外开,膝关节在同方向弯曲;蹬地还原时,脚跟并拢,膝缓冲。动作要起伏,连贯有弹性。

(3)前踢腿跳。动力腿屈膝后摆,两膝要并拢,前弹时不要过分用力,膝关节、髋关节运动伸展要有控制,然后换腿做。

(4)后踢腿跳。一腿屈膝后摆,胯和膝在一条线上,跑跳过程中,膝踝关节充分缓冲,手臂可自然摆动。

(5)吸腿跳。膝抬起,大腿平行地面,小腿垂直于地面,脚面绷直,落地时由脚尖过渡到脚跟。两腿交替进行。跳起时,脚离地,身体保持自然。

(6)踢腿跳。一腿前踢,腿要抬平或更高,膝盖伸直,收腹立腰;落地还原到位。两腿交替进行。

(二)健美操徒手基本动作

1.头颈动作

头颈动作有前屈、后屈、左屈、右屈、左转、右转、左右侧绕、绕环(见图 9-6)。

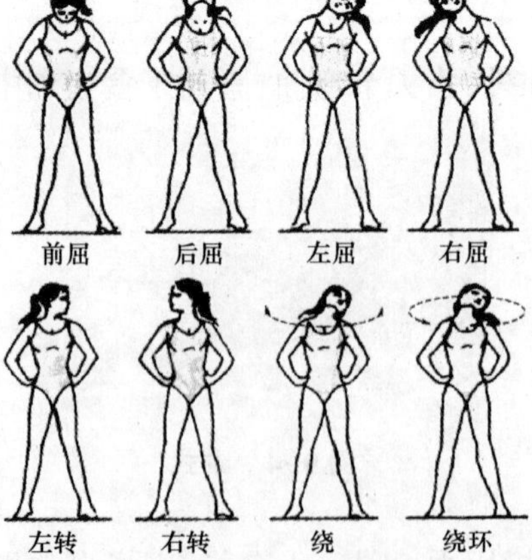

图 9-6　头、颈部动作

形式：屈、转、平移、绕及绕环。

方向：向前、向后、向左、向右、绕及绕环。

要求：做时节奏一定要慢，上肢保持正直。

2.肩部动作

肩部动作的主要形式如下：

单肩——提、沉、首、展、绕。

双肩——绕环、振。

方向：向前后绕与绕环。

要求：提肩、沉肩时两肩在同一额状面尽量上下运动，收肩、展肩时幅度要大，肩部要平（见图9-7）。

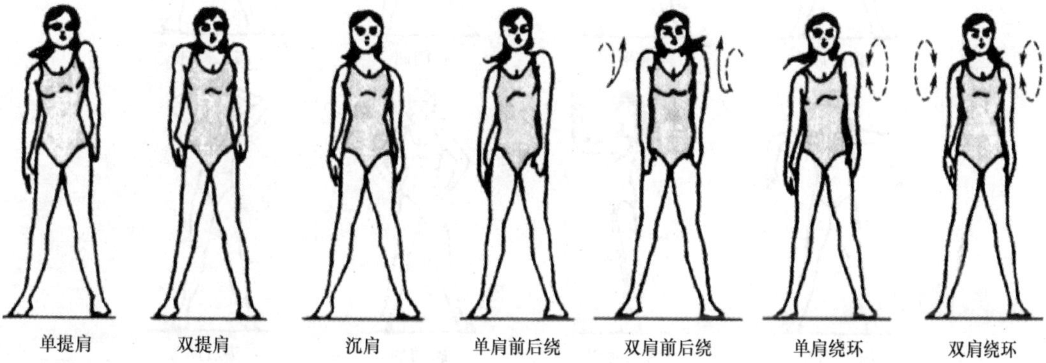

图9-7 肩部动作

3.上肢运动

手形动作有分掌、合掌、拳（见图9-8）。

手臂动作的主要形式如下：

举——直臂、屈臂、单臂、双臂。

屈伸——同时、依次。

摆动——同时、依次、交叉。

绕与绕环——同时单臂、双臂、大绕、中绕、小绕。

方向：前、后、左、右、上、下。

要求：做臂的举、屈伸时，肩下沉做臂的摆动、绕及绕环，肩拉开用力。

4.胸部动作

形式：含、展、振（见图9-9）。

要求：收腹、立腰。

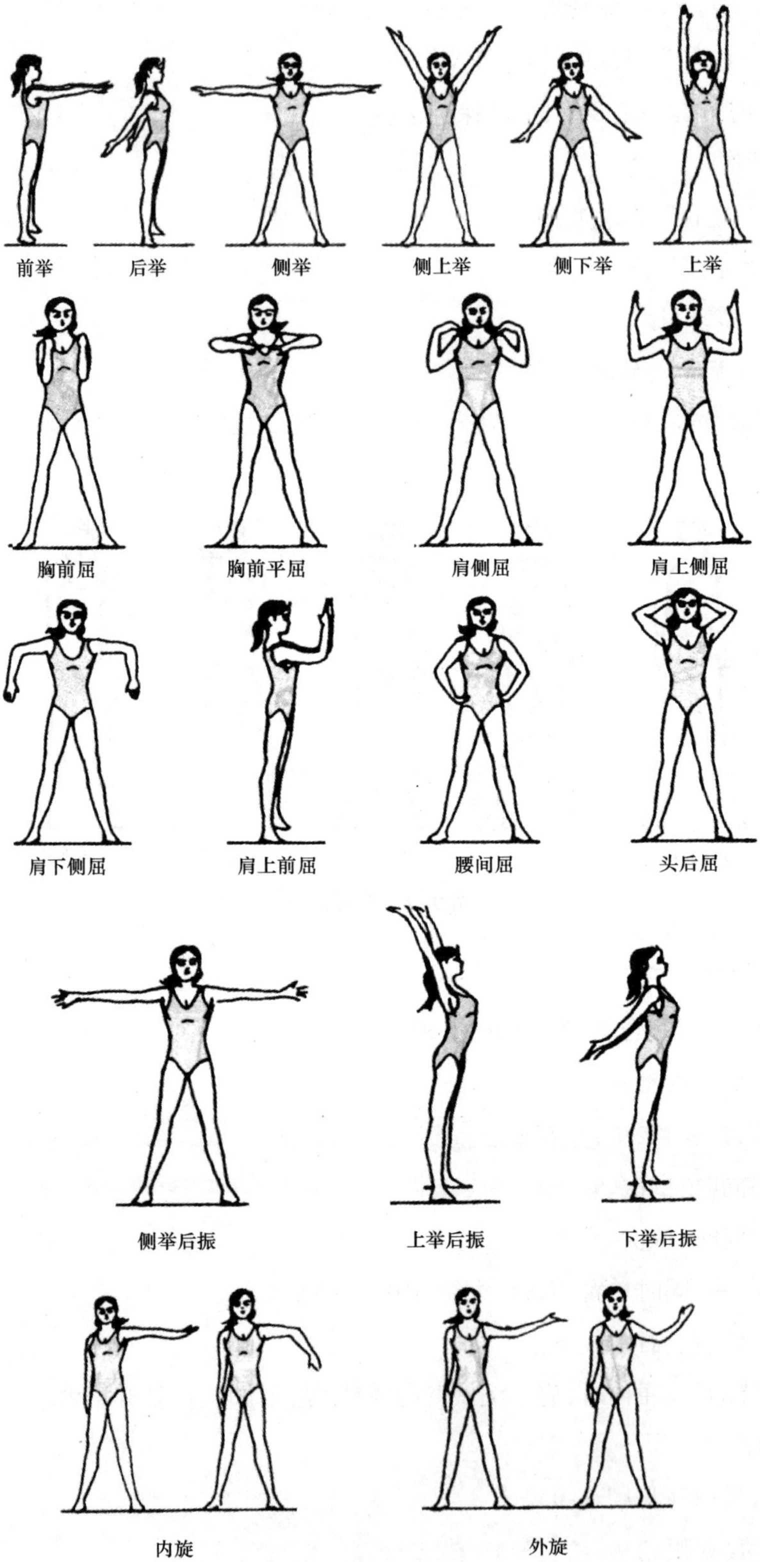
前举
后举
侧举
侧上举
侧下举
上举
胸前屈
胸前平屈
肩侧屈
肩上侧屈
肩下侧屈
肩上前屈
腰间屈
头后屈
侧举后振
上举后振
下举后振
内旋
外旋

图 9–8　上肢运动

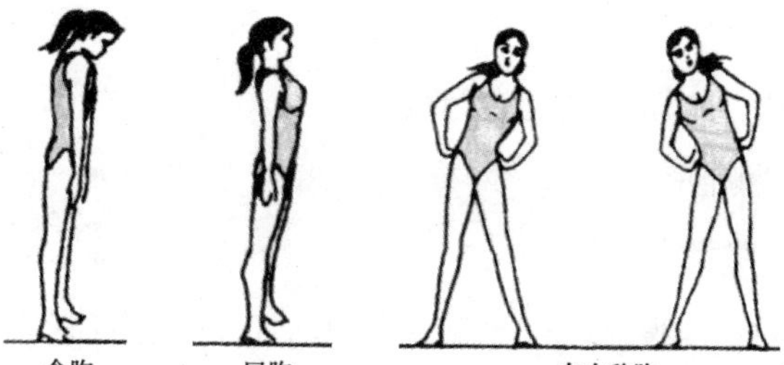

图 9-9 胸部动作

5.腰部动作

形式:展、转、绕与绕环(见图 9-10)。

方向:前、后、左、右。

要求:腰前屈、转时上体立直,绕腰与绕环时慢。

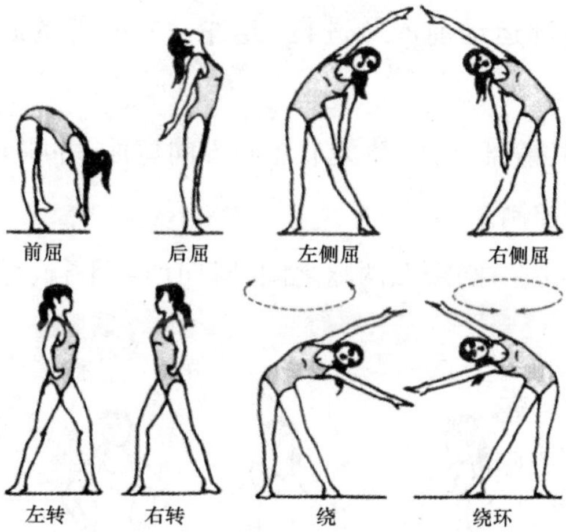

图 9-10 腰部动作

6.髋部动作

形式:顶、提、摆、绕与绕环(见图 9-11)。

方向:前、后、左、右。

要求:髋部练习时上体放松。

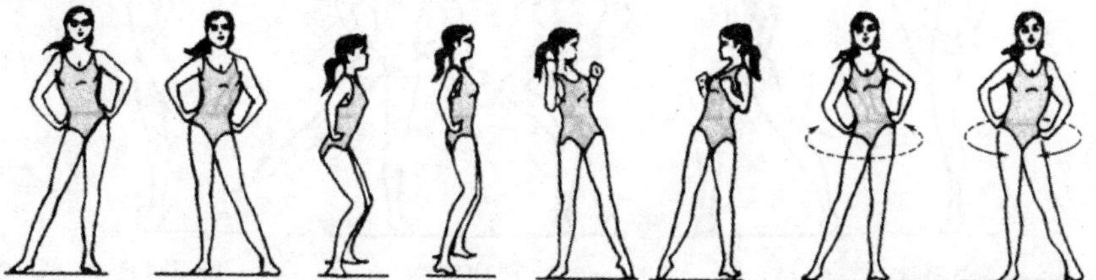

图 9-11 髋部动作

7.地上基本姿态

形式:坐——直角坐、分腿坐、跪坐、盘腿坐。

卧——仰卧、俯卧、侧卧。

撑——仰撑、俯撑、跪撑。

要求:做各种动作时,收腹、立腰、挺胸。做撑动作时,腰背紧张。

8.七种基本脚步动作

(1)踏步。传统的低强度步伐,要求脚尖、脚跟落地圆滑。

(2)后踢腿跳。相对于踏步是高强度动作,要求髋和膝在一条线上,脚在后。

(3)弹踢腿跳。低的膝关节和髋关节运动,伸展要有控制(不生硬)。

(4)吸腿跳。上体(头至臂)正直吸腿,膝关节最低90°。脚尖必须伸直,正确的落地技术是由脚尖过渡到脚跟。

(5)踢腿跳。只在髋部运动前或侧进行,允许一些向外的旋转,支撑腿可以轻微弯曲,踢起腿必须伸直。

(6)开合跳。分腿时,髋部外开,膝关节在同方向弯曲,并腿时,脚可平行落地或外开并腿动作落地,但必须有控制。

(7)弓步跳。上体(重心)必须在两腿之间,脚向前和平行,弓步膝关节在主力腿的脚上(见图9-12)。

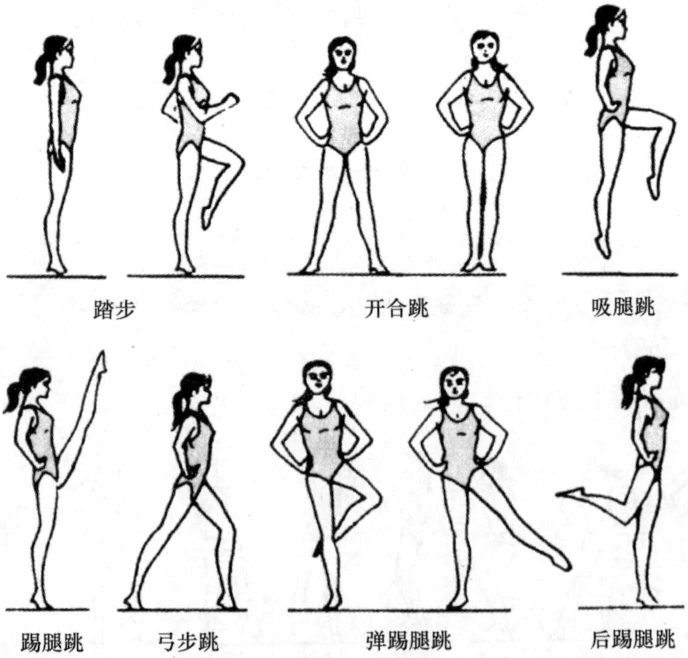

图9-12　弓步跳

第二节 瑜伽

一、瑜伽的起源

瑜伽起源于印度，距今有5000多年的历史，被人们称为“世界的瑰宝”。瑜伽发源于印度北部的喜马拉雅山麓地带，古印度瑜伽修行者在大自然中修炼身心时，无意中发现各种动物与植物天生具有治疗、放松、睡眠或保持清醒的方法，患病时能不经任何治疗而自然痊愈。于是古印度瑜伽修行者根据动物的姿势观察、模仿并亲自体验，创立出一系列有益身心的锻炼系统，也就是体位法，这些姿势历经了5000多年的锤炼。瑜伽教给人们的治愈法，让世世代代的人从中获益。

在数千年前的印度，高僧们为追求进入天人合一的最高境界，经常僻居原始森林，静坐冥想。在长时间单纯生活之后，高僧们从观察生物中体悟了不少大自然法则，再从生物的生存法则验证到人的身上，逐步地去感应身体内部的微妙变化，于是开始懂得了和自己的身体对话，从而知道探索自己的身体，开始进行健康的维护和调理，以及对疾病创痛的医治。几千年的钻研归纳下来，逐步衍化出一套理论完整、确切实用的养身健身体系，这就是瑜伽。考古学家曾在印度河流域发掘到一件保存完好的陶器，上面描画着瑜伽人物做冥想时的形态，这件陶器距今至少已有5000年的历史了，可见瑜伽的历史可以追溯到更久远的年代。

二、瑜伽练习的主要内容

瑜伽练习主要由呼吸法、体位法和冥想三部分组成。

（一）呼吸法

呼吸是生命的特征之一。呼吸节律的变化，表明我们的情绪、行为和健康也在发生着变化。瑜伽的呼吸训练，能让人掌握正确、科学的深呼吸方法，即瑜伽完全呼吸。它能使身体变得稳定、放松，能更好地舒展筋骨，并且能最大限度地将氧气吸纳到肺部，对身体的健康非常有益处。深呼吸还能安抚人的情绪，使心灵获得平衡。所以瑜伽的精髓是由呼吸来控制身体的放松、稳定、平衡，以达到身心合一的境界，从而调动起我们内在生命的智慧和力量。

（二）体位法

瑜伽体位法，梵文意为保持在很舒适的姿势中。远古的时候，瑜伽修行者在大自然中仔细观察动物的习性，模仿动物的典型姿态，创造出了瑜伽体位法。所以许多姿势都被冠以动物名称，像猫式、鱼式、狮子式、眼镜蛇式等，意在要获取动物身上神秘的力量——自然康复能力,以使人的精神和肉体保持健康状态。瑜伽体位法又称瑜伽姿势,是一种健身功法或练习,其专门功用是帮助人保持身体健康,并经常处于有利于内心和平、善于创造、富于成果以及冥想深思的精神状态;瑜伽体位法的每个伸展动作都是配合呼吸来完成的。它柔和地按摩人体的各个器官,活化僵硬的关节部位,通畅经络,矫正不良体态,调整自主神经系统和内分泌系统,减少赘肉脂肪,使体形更为紧凑、健美。

(三)瑜伽冥想

冥想就是在排除了一切杂念后,沉思、净虑的过程。冥想帮我们放松大脑、释放压力和紧张情绪,使我们身心产生平衡和安宁,使心灵更容易产生反思、直觉、灵感和创造意识,可以更深层地消除我们的紧张、焦虑和愤怒,是我们获得内心快乐的途径;而且冥想还能改善血液循环,调节身体荷尔蒙水平。当我们意识集中、身体充分放松时,体内元气和能量就能得到充分的恢复和凝聚。

另外,瑜伽练习还有瑜伽洁净功法、瑜伽松弛功、瑜伽自觉功等。瑜伽洁净功法:瑜伽洁净功法是一种增强集中注意力的功法,也是用以清除人体中的杂质和毒素的功法;瑜伽松弛功:瑜伽松弛功是一种最好的休息放松功法,对我们的身体疲劳和精神疲劳都有很好的放松效果;瑜伽自觉功:瑜伽自觉功能培养我们对身心的一种超脱态度,帮助我们做到几乎是以一个超脱的旁观者,来体会自己身心的状态。

三、常用的瑜伽练习姿势

瑜伽姿势练习的专门功用是帮助人保持身体健康,并经常处于有利于内心和平、善于创造、富于想象以及冥想深思的精神状态。瑜伽姿势和大多数体育练习不同,它不涉及快速或用力的运动,也不引起粗重的呼吸;相反,瑜伽姿势是做得很缓慢,步骤很分明。练习者在做每一项瑜伽练习时,都是放松而又警醒的。他把注意力集中在这项练习在其体内所产生的感觉上。下面介绍一些比较常用的瑜伽练习姿势。

(一)猫伸展式

做法:双手、双膝和小腿着地,两大腿、两手臂与地面垂直。吸气,抬头向上看,腰部下沉翘起臀部。呼气,放松颈部,低头,含胸,收缩腹肌,拱起后背。

效果:放松肩、颈部,收缩腹肌,减轻痛经,改善月经不调、子宫下垂。

(二)眼镜蛇式

做法:俯卧,双手撑于胸两侧。吸气,双臂伸直,撑起上身,头向后仰,眼看上方;呼气,依次慢慢放下上身、头部。

效果:舒缓、消除背部、颈部紧张,促进血液循环,增强消化功能,有助于纠正月经失调。

（三）开肩式

做法：金刚坐，调整呼吸。吸气，五指体后交叉，双臂伸直；呼气，上身缓缓前倾至头顶着地，双臂尽量带动肩关节伸展向上、向前。保持 30s，自然地呼吸。还原后，松手放松，甩动。

效果：伸展臂部肌肉，美化手臂线条，灵活肩关节，预防肩周炎。

（四）仰卧婴儿式

做法：仰卧，调整呼吸。吸气，曲右腿，双手抱膝；呼气，双手用力压腿，贴近胸部、腹部。先吸气，然后呼气，同时抬起头部，让下巴贴膝；过渡到鼻尖贴膝；保持几秒钟；单腿交替做完后，抱双膝做。

效果：伸展颈部后侧，加强颈部肌肉，补养、加强腹部，排除腹部脏气和浊气，减缓便秘症状。

（五）骆驼式

做法：两腿分开跪立。吸气，身体慢慢后仰呼气，双手扶脚跟，放松颈部，头向后仰，髋部前送，脊柱向前推，尽量让大腿同地面垂直。保持数秒，自然呼吸。还原，放松。

效果：扩展胸部，预防乳房下垂，矫正伛肩驼背，柔软肩关节，伸展身体前侧。

（六）树式

做法：并立，调整呼吸。曲右腿，右手抓右脚踝，让右脚贴于左大腿内侧。站稳后，双手合十于胸前，吸气。呼气，双臂缓缓向上伸直，放松肩部，挺直脊柱，收紧腹部，意守丹田穴，目光平视前方，均匀自然地呼吸，停留 30~60s。双手下降至胸前，腿松开，还原。换腿做。

效果：美化提升胸部曲线，扩展胸部，增进深呼吸，对肺部有益。强化腿部力量，增强平衡感和专注力。

（七）虎式

做法：跪撑，双手、双膝着地，调整呼吸。吸气，头和左腿缓慢向上抬起；呼气，低头，拱起后背，紧缩腹部，左腿落下曲起，下巴尽量够左膝，保持数秒。反复几次后换腿做。

效果：活化脊柱，补养脊神经，减少臀、腿部赘肉，美化臀形。纠正子宫下垂，是产后妇女的最佳姿势。

（八）舞蹈式

做法：并立，调整呼吸。吸气，曲左腿向后抬，左手抓住脚，右臂向上伸直；呼气，左手拉起左腿向上伸展，右臂前伸维持平衡。保持一会儿，自然呼吸。呼气，还原，换腿做。

效果：提高臀位线，收紧腰、腹、臀部肌肉，强化腿部力量和平衡能力。

四、瑜伽呼吸法

呼吸是人最重要的生命特征之一。呼吸，人人都会。但人们平时呼吸往往过于浅表，不够深长，只利用了我们肺部的1/3。如果一个人总是很浅表地呼吸，那么他的身体和血液就会缺氧，以致引起头痛、疲倦、大脑反应迟钝。

瑜伽呼吸是靠腹肌、肋间和横膈膜的运动来进行的完全腹式呼吸，这种呼吸均匀、缓慢又深长，可以向身体的各个器官提供更多的氧气。为了使我们的心肺保持良好的功能，我们必须学习瑜伽呼吸法。

瑜伽的基本呼吸有4种：腹式呼吸、胸式呼吸、完全呼吸和单鼻孔清理经络呼吸。这几种呼吸都是用鼻孔呼吸。

（一）腹式呼吸

做法：仰卧，把手放在腹部上，两鼻孔慢慢吸气，放松腹部，感觉空气被吸向腹部，手能感觉到腹部越抬越高，实际上这时横膈膜下降，将空气压入肺部底层；吐气时，慢慢收缩腹部肌肉，横膈膜上升，将空气排出肺部。

（二）胸式呼吸

做法：仰卧或盘腿坐，背挺直，双手置于肋骨处。两鼻孔慢慢吸气，同时双手感觉肋骨向外扩张并向上提升，再缓缓地吐气，体会肋肌下移并向内并拢。

（三）完全呼吸

做法：盘腿坐正，一手放在腹部，一手放在肋骨处，缓缓地吸气，感觉腹部慢慢鼓起。先让空气充满肺部的下半部，再让空气充满肺部的上半部，现在空气充满了肺部的每一个角落，你已经吸气吸到双肺的最大容量。再缓缓地呼气，先放松胸上部，再放松胸下部和腹部，最后收缩腹肌把气完全呼尽。

（四）单鼻孔清理经络呼吸

做法：盘腿坐正，左手扶膝，右手中指、食指抵眉心，大拇指和无名指分别放在鼻子两侧。大拇指按紧右鼻孔，只用左鼻孔深长地、缓慢地进行5次瑜伽完全呼吸。此时应当闭上眼睛，仔细体会气在身体里的运行，均匀、轻柔地吐纳气息。做完后，大拇指松开，无名指按紧左鼻孔，用右鼻孔缓缓地进行5次瑜伽完全呼吸。反复做5~10个回合。

注意：吸气、呼气的时间要相等。气息出入鼻孔不要有声音。患有鼻炎、感冒时切勿做此呼吸练习。

第三节　形体训练

一、形体概述

形体是指人在先天遗传变异和后天获得的基础上所表现出的身体形态上的相对稳定的特征，是包括人的表情、姿态和体型在内的人的外在形象的总和。先天遗传对形体起着决定性的作用，后天的训练起着改善的作用。女子的形体要求线条清晰、体态匀称、刚柔结合，具有曲线美、匀称美、协调美和弹性美。

（一）形体训练的定义

形体训练是以人体运动科学理论为基础，通过徒手或利用各种器械，运用专门动作的方式和方法，以改变人的形体的原始状态、提高灵活性、增强可塑性为目的的形体素质基本练习；同时，它也是以提高人的形体表现力为目的的形体技巧训练。形体训练通过各种身体练习增进健康、增强体质、塑造体型、训练仪态、陶冶情操，是一个有目的、有计划、有组织的教育过程。健美的含义有二：(1)健康；(2)符合人体美的标准。形体训练是实现健美的重要途径。

大学体育形体课是近年来教学改革的结果，是体育课实行必修选项课的产物，但仍属于大学体育课的范畴。根据形体训练的定义，形体课是在有限的课时内，在遵循人体运动科学理论的同时，以艺术体操、舞蹈和健美操为练习内容，在音乐的伴奏下按照一定的节奏进行练习的过程。改变人的形体的原始状态、提高灵活性和形体表现力是教学的最终目标。

（二）构成形体健美的要素

1.健康

健康是形体美的基础。

2.体型

体型是形体健美的基础特征。体型指人体的外形特征与体格类型，即人类身体结构的类型。体型的类型主要由人体的脂肪蓄积、肌肉发育程度、遗传的影响和环境、性别差异等决定。

3.姿态

优美的姿态为形体健美增色。

4.气质

气质美是形体健美的核心。

（三）形体训练的基本内容

1.形体素质训练

（1）内容。形体素质可概括为力量、柔韧性、控制能力、人体的协调性、灵活性和耐力，其中最重要的是力量和柔韧性。

（2）目的。形体素质影响形体的控制力和表现力。

2.身体基本形态训练

（1）内容。身体基本形态训练包括在音乐伴奏下大量的徒手练习、地面练习、把杆练习。

（2）目的。身体基本形态训练可以培养练习者正确的体态及完成动作的协调性和准确性，进一步改变身体形态原始状态，逐步形成正确的站姿、坐姿、走姿和优雅的举止，提高形体动作的灵活性和表达能力。

3.形体综合练习

（1）内容。形体综合练习主要是以节奏的形体动作为主要练习手段，包括基本舞步、舞蹈组合、韵律操、健美操、体育舞蹈等多种项目。

（2）目的。形体综合练习可以提高练习者有氧代谢能力，促进身体全面均衡的发展；提高练习者的节奏感、音乐表现能力和形体表达能力；增强练习者的兴趣，陶冶情操，培养高雅的气质和风度，提高美的感受及欣赏能力；丰富练习者的想象力和创造力，保持健美的形体，促进优美体态的形成。

（四）形体训练的特点

形体训练的特点有以下几个方面：

（1）形体训练是以培养良好形象的身体练习为主要特征的一门科学。

（2）形体训练具有强烈的艺术性。

（3）形体训练的内容是各项以身体表现为主的舞蹈和运动项目的基础训练，也是培养现代礼仪的主要手段。

（五）基本术语

术语是指说明该项动作、技术的专项用语。正确地运用术语，能够使教学、训练工作顺利进行，有助于正确表达、理解和快速掌握动作技术，有助于积累和交流经验。

形体练习兼有芭蕾、舞蹈和体操的特性，因此，这些项目中的一些徒手动作的术语都适用形体练习。通过提炼和归纳，可以将以下动作术语作为形体练习的基本术语。

1.举

举是指手臂或腿以肩关节或髋关节为轴，由低向高抬起，停止在一定位置的动作（其活动范围不超过180°）。例如，左腿前举、两臂侧平举等。

2.摆动

摆动是指以身体某一关节为轴,以相连的自由肢体为半径所做的钟摆式弧形动作。

3.屈

屈是指通过关节的弯曲运动使身体某部位形成一定角度的动作。例如,屈膝、体前屈等。

4.伸

伸是指弯曲关节伸直的动作。例如,伸臂和伸髋。

5.绕

绕是指身体某一部位移动范围在180°以上360°以下的弧形动作。例如,两臂经前向上绕至后上举。

6.绕环

绕环是指身体某一部位移动范围在360°或360°以上的圆形动作。

7.弹动(性)

弹动(性)是指身体某一部位的关节有节奏地连续完成屈和伸的动作。例如,腿部弹动和腰部的弹动。

8.波浪

波浪是指身体某部位各关节按顺序做依次、柔和、连贯的屈伸动作。波浪动作分为手臂波浪和身体波浪。

9.平衡

平衡是指用单脚、单膝或臀部支撑在地上,身体保持某一静止的姿势。例如,俯平衡、跪平衡、侧平衡等。

10.转体

转体是指围绕身体纵轴转动的动作。转体动作的名称是由转体时的身体姿势决定的。例如,单腿站立转体、蹲转、坐转、平转等。

11.跳跃

跳跃是指用单脚或双脚蹬离地面使身体腾空的动作。跳跃动作的名称是由身体腾空时腿和躯干的姿势决定的。例如,向前大跨跳、挺身跳、向前屈膝交换腿跳等。

二、形体训练基本动作

(一)形体训练基本姿态

1.基本姿态训练

基本姿态是人最基本的姿态,包括立、坐、走等。通过站立、就座、行走等最基本形体姿态的训练,可使学生在举止中呈现出良好的气质和美好的仪表,形成富有个性、韵味的美感。

(1)站姿。优美的姿态是由正确的站姿发展出来的,采用正确的站姿,男子挺拔刚健,女子亭亭玉立。因此,站姿作为仪态美的起点和基础,应该得到真正的重视和有效的训练。

正确的站姿要求头、颈、躯干和脚在一条纵轴垂直线上,两脚直立并拢,双肩平而放松,两肩自然垂直,挺胸,收腹,收臀,立腰,立背,颈直,下颌微收,双目平视前方。

1)立姿控制练习(见图 9-13)。

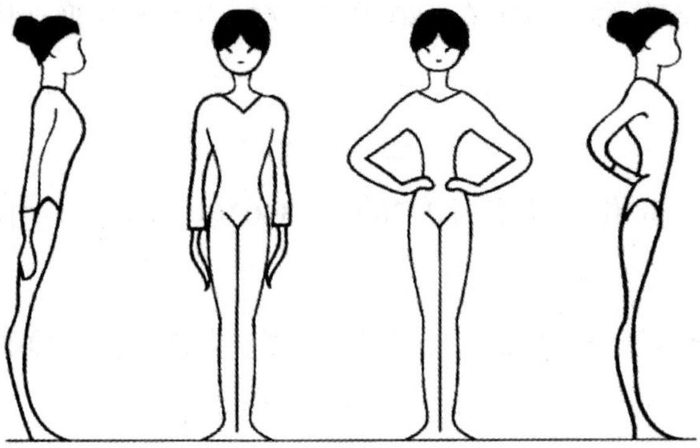

图 9-13　立姿控制练习

动作要点:①站立时,气要上提,肩要下沉,臀部肌肉收紧;②梗颈时,颈部要用力,颈椎略向后收,眼睛平视。

2)提踵站立控制练习(见图 9-14)。

图 9-14　提踵站立控制练习

动作要点:①双脚提踵要尽量提高;②重心要稳,身体不能晃动。

3)点地练习(见图 9-15)。

图 9-15 点地练习

动作要点:①保持站立的基本姿势,重心要稳;②点地时,脚尖要绷直。前后点地时,脚面要外翻;侧点地时,脚面向身侧。

4)移重心转体站立姿态控制练习(见图 9-16)。

图 9-16 移重心转体站立姿态控制练习

动作要点:保持上体直立,前后点地时脚面外翻,侧点地时脚面向身侧,脚尖绷直;要注意控制重心,使身体稳定。

(2)坐姿。女子要求两膝并拢;男子两膝可稍分开,略窄于肩宽。腰背要挺直,肩放松,挺胸,收腹,脊柱与臀部成一直线,略收下颌,目视前方。

1)端坐式坐姿(见图 9-17)。

图 9-17 端坐式坐姿

动作要点：上身挺直，双肩正平，双手自然放在两腿或扶手上；双膝并拢，小腿垂直落于地面。

2）双腿斜放式坐姿（见图9-18）。

图9-18　双腿斜放式坐姿

动作要点：两小腿向侧45°为宜；脚尖不可翘起。

3）双脚交叉式坐姿（见图9-19）。

图9-19　双脚交叉式坐姿

动作要点：两脚于脚踝处交叉，两脚前端外侧着地；两膝间可有一些距离，但展开不要过大。

4）伸屈式坐姿（见图9-20）。

动作要点：左腿伸出，脚尖绷直，右脚前掌着地；左右大腿要紧靠。

图9-20　伸屈式坐姿

2.走姿

行走的姿态能产生很强的感染力,采用正确的行姿:男子自然稳健、风度翩翩;女子轻盈自如、优美大方。

正确的走姿要求:以标准站姿为基础,行走时头与躯干成直线,目视前方;步位正确、重心平稳,步幅基本一致,双臂自然摆动。

(1)走姿分解动作练习(见图9-21)。

图9-21 走姿分解动作练习

1)预备姿势:收腹挺胸,开肩梗颈,沉肩紧臀;女生双脚成"V"形,男生双脚平行,成开立式,两脚间距离不超过肩宽;双手自然叉腰,保持站立的基本形态,目视前方,面带微笑。

2)动作要点:要根据速度控制形态;要注意练习中重心的左右前移,蹬地要有力。

(2)行走连续动作练习(见图9-22)。

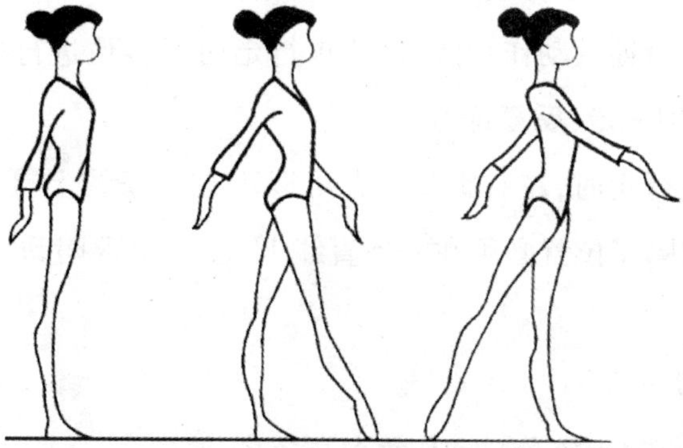

图9-22 行走连续动作练习

1)预备姿势:同上文"走姿分解动作练习预备姿势"。

2)动作过程:迈左脚,右脚蹬地,重心前移至左脚;迈右脚,左脚蹬地,重心前移至右脚。反复此动作。

3）动作要点：始终保持上体端直、收腹挺胸和开肩梗颈的姿势；注意重心不断前移和身体姿态的不断变化，形成和谐的美感。

（3）步度控制练习。

1）预备姿势：同上文“走姿分解动作练习预备姿势”。

2）动作过程：与行走连续动作相同。只是行走时对步度进行控制，男生每步 40cm 左右，女生每步 30cm 左右。一拍一步，反复练习。

3）动作要点：①严格控制步度，形成标准的走姿；②始终保持上体端直，收腹挺胸，目光平视，面带微笑。

（4）步位控制练习（见图 9-23）。

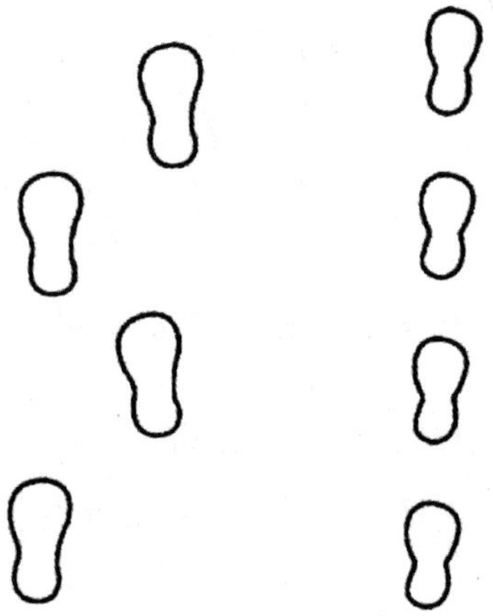

图 9-23　步位控制练习

1）预备姿势：同上文“走姿分解动作练习预备姿势”。

2）动作过程：与步行连续动作相同，但要求行走时对步位进行控制，男生走“两点”，女生走“一条线”。一拍一走，反复练习。

3）动作要点：男生行走时，左右脚步位置可以不在一条线上，但左右不能分得太开，以自然为准；女生左右脚步位置必须在一条直线上；注意手臂摆动，以及双脚移动和步位控制之间的协调。

（5）步速控制练习。

1）预备姿势：同上文“走姿分解动作练习预备姿势”。

2）动作过程：与步行连续动作相同，但要求对步速进行控制。男生每分钟约走 110 步，女生每分钟约走 120 步，配合口令或音乐反复练习。

3）动作要点：男生每分钟约走 110 步、女生每分钟约走 120 步只是参考数据，可根据自身条件适当调整；男生要走得潇洒，女生要透出柔美。

(二)形体训练基本步伐

1.柔软步(见图 9-24)

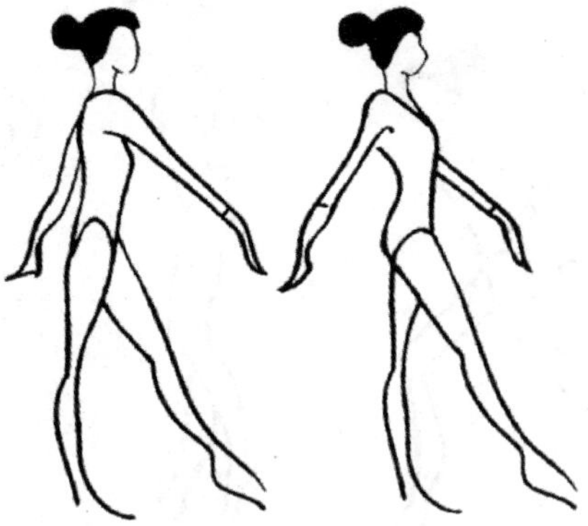

图 9-24 柔软步

自然站立,左腿膝和脚面绷直向前伸出,脚面向外,由脚尖过渡到全脚掌落地,身体重心随之前移,接着换右腿向前伸出落地,两腿依次交替进行,两臂自然前后摆动。

(1)动作要点:摆动腿先向前伸出,由脚尖过渡到全脚掌落地,重心前移,收腹立腰,眼平视。

(2)注意:动作自然、柔和。

2.足尖步(见图 9-25)

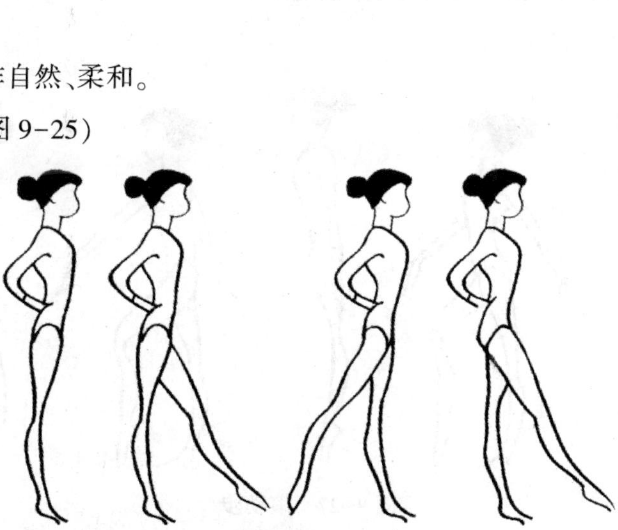

图 9-25 足尖步

两脚并立提踵,两手叉腰。左腿膝和脚面绷直向前伸出(脚尖稍向外),由脚尖过渡到前脚掌落地支撑,重心前移,两腿交替进行。

(1)动作要点:身体正直,收腹立腰,步幅均匀,不宜过大,支撑腿脚踝充分向上立。

(2)注意:动作自然协调,提踵高,重心平稳。

3.弹簧步(以左脚为例)(见图 9-26)

两脚并立提踵,两手叉腰。1 拍左脚向前一步,同时稍屈膝半蹲,重心移至左腿。2 拍左腿伸直提踵，同时右腿向前下伸，膝与脚面绷直。3~4 拍动作同 1~2 拍，换右脚做。

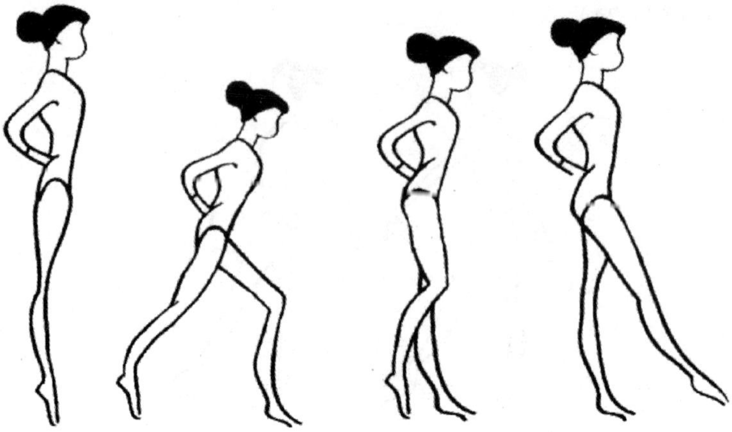

图 9-26　弹簧步

（1）动作要点：出脚时由脚尖过渡到全脚掌柔和落地，有控制地依次弯曲踝、膝关节，接着依次充分伸直膝、踝，重心向上成提踵立，上体正直，收腹立腰，步幅不宜过大。

（2）注意：动作柔和、连贯、有弹性、步幅适中。

4.滚动步（见图 9-27）

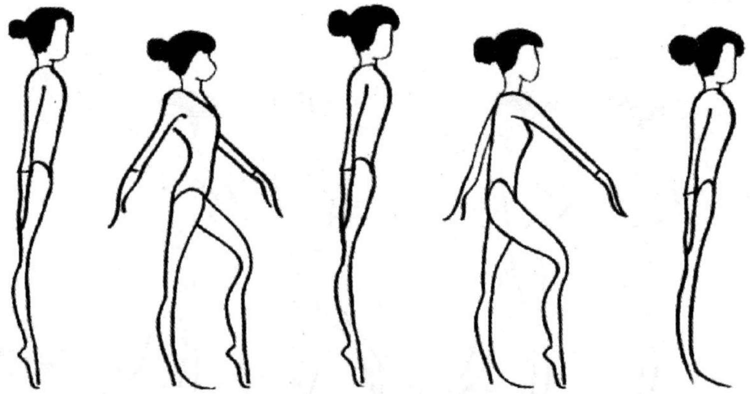

图 9-27　滚动步

两脚并立提踵，两臂自然下垂。1 拍左脚柔和地由脚尖过渡到全脚掌落地，重心移至左腿，右腿向前屈膝脚面绷直出一小步，脚尖点地，同时两臂自然前后摆动（左前右后）。2 拍经双脚提踵立，重心右移，右脚全脚掌落地，左脚屈膝向前出步，脚尖点地，同时两臂动作同 1 拍（右前左后）。

（1）动作要点：经两脚提踵立过程交替移重心，同时上体保持正直，收腹立腰，髋部上提。

（2）注意：膝向前，小腿和脚背与地面垂直，动作连贯、柔和、有弹性。

5.加洛波步(并步跳)(见图 9-28)

以左脚向前并步跳为例。自然站立,1 拍左脚向前一步,重心随之前移,左腿稍屈膝成小弓步,接着左脚蹬地跳起,同时右脚向左脚靠拢,两脚脚跟前后重叠放置,最后恢复自然站立。2 拍左脚继续做。

图 9-28 加洛波步

(1)动作要点:前进的腿经屈膝蹬地跳起,后腿向前腿并拢,空中两腿夹紧,膝和脚面绷直,收腹立腰。

(2)注意:动作连贯,有腾空,身体正直。

6.踏跳步(以左脚为例)(见图 9-29)

图 9-29 踏跳步

自然站立。1 拍左脚向前一步。2 拍左脚蹬地跳起,同时右腿直膝后举,脚面绷直稍向外。3~4 拍动作同 1~2 拍,换右脚做,方向相反。

(1)动作要点:跳时重心向上,上体正直,收腹立腰,后举的腿与蹬地腿起跳要同时。

(2)注意:动作节奏准确、姿态伸长、轻松自然。

7.变换步

(1)普通变换步(以左脚为例)(见图 9-30)

图 9-30 普通变换步

自然站立,两手叉腰。1 拍上半拍,左脚向前柔软步。1 拍下半拍,右脚与左脚并立。2 拍左脚向前柔软步,重心前移,右脚伸直后点地。3~4 拍动作同 1~2 拍,换右脚做。

1)动作要点:做时收腹立腰,上体正直,髋要正,后腿伸直点地,膝与脚面外旋。

2)注意:动作连贯、协调、舒展。

(2)后举腿变换步(见图 9-31)

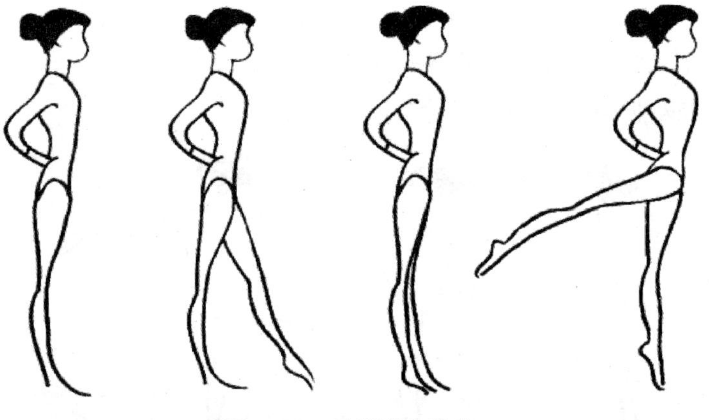

图 9-31 后举腿变换步

动作同普通变换步,但第 4 拍时,右腿伸直后举。髋正,膝和脚面绷直稍向外,掌握后可练习支撑腿提踵立。

1)动作要点:做动作时收腹立腰,保持上体正直,髋要正,后腿伸直举起。

2)注意:动作舒展、连贯、协调。

(3)变换步跳(以左脚为例)

自然站立,两手叉腰。动作基本同后举腿变换步,但第 1 拍时左脚向前并步跳,第 2 拍时左脚上步蹬地跳起,空中右腿成后举腿舞姿。3~4 拍动作同 1~2 拍,换右脚做(见图 9-32)。

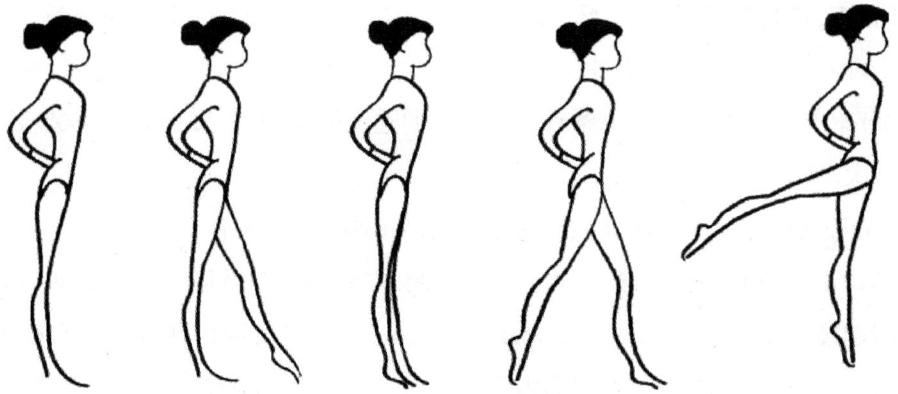

图 9-32　变换步跳

1）动作要点：支撑腿经稍屈膝有力蹬地向上跳起，使身体重心上升，收腹立腰，抬头挺胸；后举腿伸直。

2）注意：空中姿态准确，动作协调、伸展、连贯。

8.跑跳步（以左脚为例）

自然站立，两手叉腰。右脚原地轻跳，同时左腿屈膝抬起，脚面绷直，脚尖向下。1 拍左脚落地，随即原地轻跳，同时右腿屈膝抬起。2 拍动作同 1 拍，换右脚做。

（1）动作要点：前屈腿向下落地要快，小跳短促，同时屈膝腿不宜过高，并用前脚掌自然落地和跳起。

（2）注意：跳与落节奏准确、轻松、活泼、协调。

（三）转体动作

在形体练习动作中，有各种单脚转体、双脚旋转和以身体其他部位为支撑的旋转。

1.单脚转体

（1）侧吸腿转体。由右脚前点地，两臂左侧举开始，经屈膝向右腿移重心，蹬直起踵立，以右脚支撑向右转体 360°或 720°，左腿屈膝侧下举，同时右臂向右摆经侧举至两臂下举。

（2）单腿屈膝前举转体。由左腿在前点站立，两臂右侧举开始，经屈膝向左腿移重心的同时左臂侧摆至侧举，右腿由后屈膝向前摆动，左腿蹬地起踵立的同时两臂上举至前额前上端，保持屈膝前举姿态向左转体 360°或更多。

（3）单腿屈膝后举转体。由左腿在前点地立，两臂右侧举开始，经屈膝向左腿移重心的同时两臂向左水平摆至左臂侧举，右臂上举，左腿蹬地踵立，右腿屈膝后举，保持姿态以左脚支撑向左转体 360°或更多。

2.双脚旋转

以两脚的前脚掌为支点，向右（左）转动 180°、270°或 360°。转体时提起踵，两脚夹紧，上体正直，挺胸夹背，紧腹收臀，使肩、髋保持在一个平面上绕身体的纵轴旋转。

3.移动中转体

(1)平转。平转是两脚在一条直线上移动的连续转体动作，每步旋转180°，连续转体360°为一次平转。

(2)侧吸腿平转。这是两脚在移动中连续做单脚转体的动作。

动作做法：左脚站立，右脚前点地，目视右侧，左臂侧举，右臂前举；右腿向右划弧，向右侧上步起踵站立，右臂摆至侧举，左腿屈膝侧举，脚尖触右膝内侧，膝关节向外。以右脚为支点向右转体270°，同时左臂向内靠近右臂，举至稍低于肩的位置；右脚继续向右转体90°，左脚在右脚后落地并稍屈膝，右腿前下举，左臂侧举，右臂前举。

侧吸腿平转技术要点如下：

1)双脚平转时身体平直像一扇门，两脚夹紧，两脚以小步在一条直线上移动，每步转体180°。

2)侧吸腿平转时重心在单脚上，转体结束时换另一脚支撑，转体时保持开胯姿态。

3)平转时前半周目视转体正前方一固定目标，后半周快速转头(平甩)，超前转向目标。

4)练习连续2~3次平转的动作。

4.翻身

翻身是身体绕复合轴转动的动作，其动作形式很多。这里主要介绍踏步翻身。

(1)动作做法。

预备：右脚在后的踏步立，稍屈膝，上体前倾，两臂预先向左摆动。

目视前下方一固定标记，上体固定在向前斜的垂面上，两臂在垂面上依次向右快速摆臂(抡臂)；同时，以前脚掌为轴蹬腿转髋，挺腹，挺胸，身体各部分依次转动。上体随手臂摆的力量保持弯曲状态，经左侧屈、后屈、右侧屈、前屈翻转一周(见图9-33)。

图9-33　翻身

(2)技术要点。

转动时,胸以上部位保持在接近水平(与地面平行)的位置上翻转。

两臂在垂面上依次抡动成一直线,带动上体翻转。

翻身前半部两腿由屈到伸,后半部分由伸到屈。

(四)平衡

平衡动作是指身体某部分支撑于地上,控制身体重心,表现出某种动作姿态造型的静止动作。平衡动作很多,下面列举3种。

1.跪撑平衡

跪撑平衡以右腿支撑为例,右腿屈膝跪撑,左腿向后上方用力伸直,抬头,挺胸,塌腰,静止不动(见图9-34)。

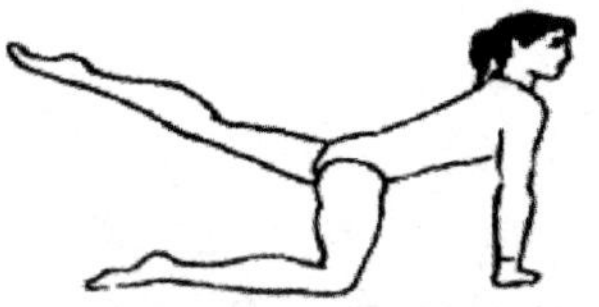

图9-34 跪撑平衡

跪撑平衡的要点:左腿充分伸直,并向后上方摆起,支撑时手臂伸直。

2.屈膝前举腿平衡

屈膝前举腿平衡以左腿支撑为例,左腿站立,右腿屈膝前举,膝关节高于髋部,大小腿成钝角,膝盖脚面外展,两手臂五位,静止不动(见图9-35)。

图9-35 屈膝前举腿平衡

屈膝前举腿平衡的要点:左腿充分伸直,重心在左脚,收腹立腰,上体正直。

3.俯平衡

俯平衡以左腿支撑为例,左腿站立,右腿伸直向后上方举起,同时上体前俯,抬头,挺胸,一臂前举,一臂后上举(见图9-36)。

俯平衡的要点:腰、背、腹肌协调用力,使身体重心的垂直投影线落在支撑面内。

图 9-36　俯平衡

（五）波浪动作

波浪动作以柔软、活泼、圆润的内在弹性感以及外部的多曲线形成了优美的形态及丰富的表现力。

1.手臂波浪

（1）动作做法

肩、肘、腕、手指各关节依次弯曲，并随之依次伸展，形成波浪形动作，手臂波浪幅度可大可小。

（2）技术要点

由靠近躯干的部位开始起动。整个手臂必须放松地将动力传递到手指尖。波峰随弯曲的关节而移动。在同一时间，某一关节弯曲，而另一关节正在伸展。

在手臂波浪中，肘关节除屈伸动作之外，还要随波峰的移动而上下（或左右）移动。

2.躯干波浪

躯干波浪展现了人体中间部位的表现力，是对躯干弯曲伸展动作的美化，充分体现了身体曲线的自然美。

（1）躯干向前波浪。跪立，由上体依次后屈开始，用力向前上方挺髋、挺胸，向后抬头，经上体后屈依次还原成正直，波峰在体前向上移动（见图 9-37）。

图 9-37　躯干向前波浪

（2）躯干向后波浪。跪立，由上体依次后屈开始，髋、腰、胸、颈依次向前弯曲，波峰在体后向上移动（见图 9-38）。

图 9-38 躯干向后波浪

（3）躯干向侧波浪。跪立，髋、腰、胸、颈各关节依次向侧弯曲，并随之依次向侧上方挺出，波峰在体侧推移。

躯干各关节的屈伸是依次、连贯的周期性推移动作，各环节依次向波浪方向画圆。在波浪进行中，头、胸、髋形成反向弯曲和位移。反向运动的幅度大，波浪幅度也大。

3.全身波浪

整个身体参与波浪的动作为全身波浪。

（1）向前波浪。由身体前屈开始起动，踝、膝、髋、腹、胸、下颏依次向前上方转动，经上体后屈姿势，随之依次伸直还原成直立，波峰在体前由下向上推移（见图 9-39）。

图 9-39 向前波浪

（2）向后波浪。由身体后屈开始起动，屈髋、收腹、含胸、低头至上体依次前屈，波峰在体后由下向上推移（见图 9-40）。

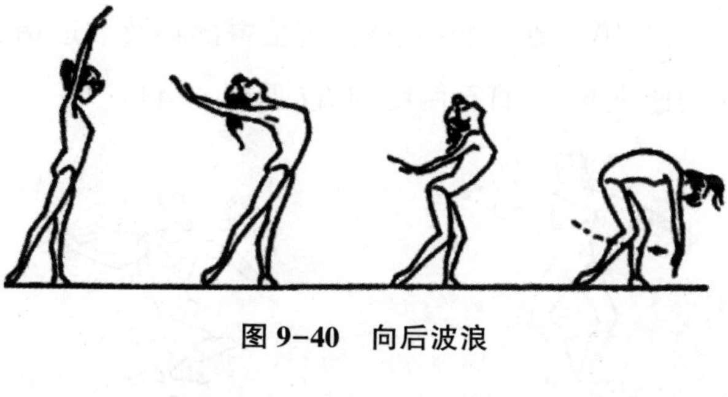

图 9-40 向后波浪

（3）向侧波浪。由上体左侧屈开始起动，右腿屈膝，经两腿屈膝向左顶髋，两腿依次蹬直，向左挺胸、抬头至上体右侧屈，波峰在左侧向上推移（见图 9-41）。

图 9-41　向侧波浪

（六）把杆练习

1.擦地

擦地以三位擦地、右脚为例，预备时双手（或单手）扶把，三位站立；右脚向侧擦出至脚尖点地，再擦地收回三位（见图 9-42）。

图 9-42　擦地

擦地的要点：（1）擦地时支撑腿外开，伸直，立腰顶髋，重心在支撑腿上，身体正直；（2）向前、侧擦出时脚跟主动前顶，向后擦出时脚尖主动后伸，至点地位置时踝关节和脚面充分绷直。

2.蹲

（1）半蹲。半蹲预备时两脚站立成一位（二位、五位），屈膝下蹲至膝关节角度大于 90°；再用同样缓慢的速度起立至两腿伸直（见图 9-43）。

（2）全蹲。全蹲是在半蹲基础上继续下蹲，直至臀部触及被迫抬起的脚跟，膝关节弯曲小于 90°；再用同样的速度起立，直至两腿伸直（见图 9-44）。

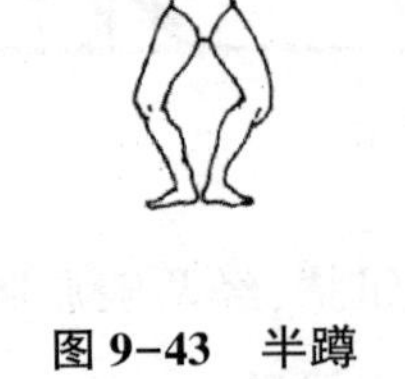

图 9-43　半蹲

图 9-44　全蹲

蹲的要点:(1)蹲、起时保持脚位正确,膝盖、脚尖外开向侧,上体正直,重心始终在垂直部位;(2)速度缓慢、均衡,动作连贯、柔和,下蹲时被动屈膝,起立时主动伸腿。

3.画圈

画圈以右腿为例,预备时左手扶把,右手七位,右脚前五位站立,直腿画圈时右脚向前擦地伸出至前点地;侧画至后点地,再向侧、向前画圈,经擦地收回五位;屈腿画圈时主力腿半蹲,同时右臂由七位至三位,最后一拍还原至一位(见图 9-45)。

图 9-45 画圈

画圈的要点:(1)上体保持正直,做动作时身体不能晃动,重心在支撑腿上;(2)立腰开胯,两膝外展,画圈幅度大。

4.压腿

(1)前压腿。前压腿预备时面对把杆站立,左腿绷直旋外放在把杆上,手臂上举成三位手。1~2 拍立腰向前屈髋,以腹、胸、下颚依次贴左腿,手臂伸向脚尖前方,3~4 拍还原成预备势(见图 9-46)。

图 9-46 前压腿

(2)侧压腿。侧压腿预备时左侧对把杆,左腿伸直放于把杆上,脚面向上,两臂侧举成七位手。1~2 拍右臂向上成三位手,上体拉长向左侧屈,左肩对左腿,3~4 拍立腰还原(见图 9-47)。

图 9-47 侧压腿

(3)后压腿。后压腿预备时右侧对把杆,左腿后举,将脚背置于把杆上,两腿伸直,上体正直,手臂上举成三位手,挺胸抬头,1~2拍上体后屈,同时支撑腿屈膝下蹲,3~4拍还原成预备势(见图9-48)。

图9-48 后压腿

后压腿的要点:压腿时两腿绷直(后压腿支撑腿弯曲)外开,肩、胸、髋对正。

5.踢腿

(1)小踢腿。小踢腿以右腿为例,预备时单(双)手扶把,右脚前五位站立,右腿绷直并擦地快速有力向前(侧、后)踢出至25°位置急停;右脚尖下落点地,经擦地收回五位(见图9-49)。

小踢腿的要点:(1)踢出和收回时先要经过擦地过程;(2)身体不能晃动,腿部保持伸直。

(2)大踢腿。大踢腿预备时左侧对把杆,左手扶把,起踵立,右腿直膝擦地用力向前(侧、后)上方踢起135°以上,右腿轻落至点地,右脚擦地收回(见图9-50)。

大踢腿的要点:基本同小踢腿,但是踢腿幅度要大于90°。

图9-49 小踢腿

图9-50 大踢腿

6.压肩

压肩时两脚开立,面对把杆上体前倾,两手臂伸直放在把杆上,上体用力向前压,将肩关节拉开,压至最大限度时,腰部振动一次,如此反复(见图 9-51)。

图 9-51 压肩

压肩的要点:压肩时必须抬头、挺胸、塌腰、两臂伸直。

7.下拉肩

下拉肩时背对把杆站立,距把杆约 30cm,两手体后握把杆;1 拍手拉把杆,上体向前倾;2 拍控制不动,3~4 拍重复 1~2 拍动作(见图 9-52)。

下拉肩的要点:练习时下肢不动,上体前倾,抬头挺胸,充分拉开肩关节。

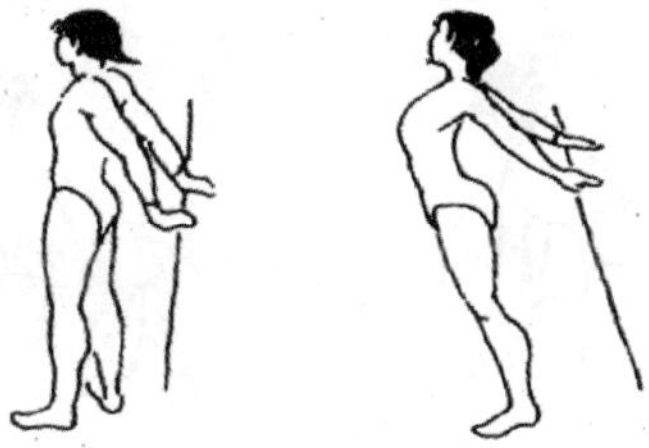

图 9-52 下拉肩

(七)垫上练习

1.跪坐压脚背

跪坐压脚背预备时跪立,两腿两脚靠拢夹紧,脚面绷直贴于地面上,收腹,立腰,两手放在大腿两侧,接着臀部慢慢下坐至踝关节,同时用力压脚背(见图 9-53)。此动作也可两膝打开做。

图 9-53 跪坐压脚背

跪坐压脚背的要点:脚面绷直,收腹,上、下压踝时动作柔和,有控制。

2.跪坐半劈腿压腿

跪坐半劈腿压腿预备时左腿后伸，右腿大小腿折叠跪坐，上体正直，两手分别置于体侧，指尖扶地；两手臂带动上体后振，接着身体向前回呈低头含胸姿势，两手臂摆至体前（见图 9–54）。

跪坐半劈腿压腿的要点：上体后振时保持抬头、挺胸、立腰、立背，后腿伸直。

图 9–54　跪坐半劈腿压腿

3.开胯练习

开胯练习时两腿屈膝，脚心相对，俯撑于地面；提臀，收腹，拱背，含胸低头，然后压胯，塌腰，挺腹，抬头（见图 9–55）。

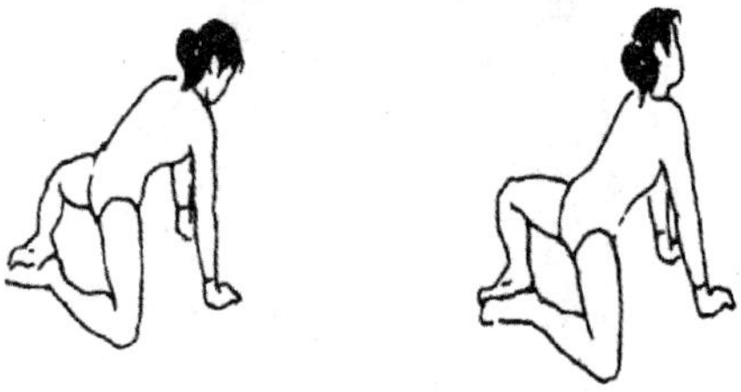

图 9–55　开胯练习

开胯练习的要点：做动作时，一直保持直臂支撑，向下压胯压膝时，臀部下沉，两脚心紧贴，大腿开度尽量大。

4.坐姿伸背

坐姿伸背时挺胸，收腹，直背坐立于地，两手分别放在两侧地上，屈右膝，右脚平踩在左腿旁地上；右手微屈置于体后，尽量靠近身体，左手放在右膝外侧；右膝慢慢向上体靠拢，头和上半身向右扭转至极限，换方向做（见图 9–56）。

图 9–56　坐姿伸背

坐姿伸背的要点:做动作时头部和脊椎保持一直线,头略抬。

5.向侧吊胸腰练习

向侧吊胸腰练习时上体正直,双臂呈三位手,并腿跪立;左腿向侧直膝点地,右腿跪立,向侧下腰,左手臂向侧伸展,换方向做(见图 9-57)。

向侧吊胸腰练习的要点:做动作时,髋部要正,不能前倾后仰;手臂伸展时要尽量伸向远方。

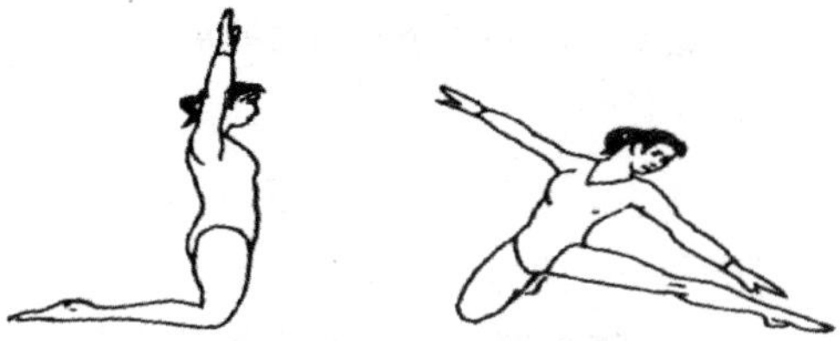

图 9-57 向侧吊胸腰练习

三、形体训练组合动作

基本姿态组合的预备姿势:正对前方,自然站立,两臂自然下垂,目视左前方。

(一)第一个八拍

第一个八拍如图 9-58 所示。

图 9-58 第一个八拍

1~2 拍右腿站立,左脚向前擦出,脚尖点地,两臂成二位,头略左传,目视左前方。

3~4 拍左腿向侧后画弧至脚尖点地,同时右腿屈膝成右弓步,两手臂向两侧打开至左臂上举(掌心斜向后),右臂平举,头右转,目视右前方。

5~6 拍左腿向前摆至直腿脚尖前点地,右腿不动,重心后移,两手臂经侧向后向前绕至上举(掌心向下),带动身体做一次波浪。头略抬,眼视左前方。

7~8 拍两腿直立提踵,向后小碎步至右腿在前,两手臂向左斜上前做小波浪一次,头左转,目视左前方。

(二)第二个八拍

第二个八拍动作同第一个八拍,方向相反,且第 8 拍的后半拍时呈立正姿势,两臂下摆置于体侧，如图 9-59 所示。

立正

图 9-59　第二个八拍的第 8 拍

（三）第三个八拍

第三个八拍如图 9-60 所示。

1~2 拍左腿向右前方一步，屈膝半蹲，右腿在后屈膝点地，两臂向内摆至屈臂体前交叉（掌心向后），头左转，目视左前方。

3~4 拍左腿向左侧点地一次，右腿跟着点地一次成分腿直立，两臂向两侧打开至侧平举。

5~6 拍左腿屈膝外展脚掌置于右小腿旁，右腿提踵直立，左手置于腹前，右手上举，下旁腰，头左转。

7~8 拍左腿向前迈步成左弓步，左手后下举，右手前上举。

1～2　3～4　5～6　7～8

图 9-60　第三个八拍

（四）第四个八拍

第四个八拍动作同第三个八拍，方向相反。

（五）第五个八拍

第五个八拍如图 9-61 所示。

1~2 拍右脚向左前上步，同时向前踢左腿，右臂前摆，左臂后摆。

3~4 拍左腿落下屈膝支撑，右腿后踢，左臂斜前摆，右臂斜后摆。

5~6 拍右脚向右后一步，同时右臂经体前向外绕环，左脚并右脚半蹲，两臂下垂。

7~8 拍左脚侧出，身体向左做侧波浪一次，两臂侧下举。

1~2　3~4　5~6　7~8

图 9-61　第五个八拍

(六)第六个八拍

第六个八拍动作同第五个八拍,方向相反。

(七)第七个八拍

第七个八拍如图 9-62 所示。

1~2　3~4　5~8

图 9-62　第七个八拍

1~2 拍右腿向左腿收至两腿并立起踵,两臂经侧摆至上举,两掌心相对,头左转。

3~4 拍左腿向左侧出一步,脚尖点地,两手臂小臂向内交叉绕环至左臂侧下举,右臂侧上举,向侧下旁腰。

5~8 拍左腿向前迈步成左弓步,右手臂向后、向前,左手臂向前、向后绕至左臂前上举,右臂后下举,抬头挺胸。

(八)第八个八拍

第八个八拍动作同第七个八拍,方向相反。

(九)第九个八拍

第九个八拍如图 9-63 所示。

1~2　3~8

图 9-63　第九个八拍

1~2 拍左腿向右腿收至屈膝半蹲,左手搭右肩。

3~8 拍两腿原地直膝小碎步向左转体 90°,右手臂缓缓打开至斜上举(掌心向外),左手臂呈侧下举(掌心向下)。

(十)第十个八拍

第十个八拍动作同第九个八拍,方向相反。

(十一)第十一个八拍

第十一个八拍如图 9-64 所示。

1~8 拍右脚向左前上步,重心前移至右脚站立,左脚后点,同时左臂经体侧向前摆至前举,右臂置于体侧。

图 9-64 第十一个八拍

思考题

9-1 简述健美操的分类。

9-2 简述瑜伽常用的练习姿势。

9-3 瑜伽的基本呼吸法有哪几种?

9-4 形体训练的基本内容有哪些?

第十章 舞蹈运动

学习目标

(1)掌握排舞的概述及功能作用。

(2)掌握体育舞蹈的起源与种类。

(3)掌握曳步舞、街舞、尊巴的动作特点。

情境导入

苏莎,是一位著名的印度舞蹈家,可惜,天妒红颜,就在她事业的巅峰时期,却不幸遭遇了车祸,右腿被迫截肢。对于一个以舞蹈为生命的人来说,失去了一条腿,无疑也就失去了整个事业、全部生命。但苏莎的信条是:永远不向命运妥协。几个月后,苏莎幸运地邂逅了一位医生,这位医生用在硫化橡胶中填充海绵的方法对假肢技术进行了改进。他为苏莎量身定做了一只新型假肢。安上假肢后,苏莎重返舞台的愿望也日益变得强烈和迫切。苏莎明白,首先自己要坚信梦想一定能实现。于是,为了重返舞蹈世界,她开始艰苦地尝试。她忍着剧痛,重新学习平衡、弯曲、伸展、行走、转身、旋转,这些都是她曾经很熟悉的基本功。经过长时间的锻炼,她终于能够翩翩起舞,重登舞台。

第一节 排舞

排舞历经30多年的发展风靡全球,全世界的排舞协会、俱乐部、工作室多如牛毛,全球排舞爱好者数以亿计,在每个国家你都能找到知音。随着时代的发展、全球化的普及、全世界各国家艺术家的加入,使排舞融合了国际上多种流行时尚舞蹈元素,越来越现代。这种不断的创新和变化,使排舞获得了持续发展的艺术生命。

排舞丰富多彩、风格多样。除了有高端舞蹈技术的比赛,排舞在国外广泛用于狂欢节、文化节、嘉年华以及大型活动展示等节庆活动。整齐的队列、绚丽多彩的服装服饰、集体的欢歌共舞,充分营造出一种欢快热烈的节日氛围。

一、国内排舞概述

排舞是一项通过丰富的舞步变化和段落循环将舞蹈、音乐、体育、艺术有机结合,用以诠释风格各异的舞蹈形式和音乐元素，从而娱乐身心的健身运动。排舞非常适合日常健身、工间操、课间操、全民健身展示及开展比赛等活动。排舞在丰富大众文体生活、增强团队精神、促进生产力、创建和谐社会等方面具有特殊的作用和意义。

（一）全健排舞的诞生

2006 年全健排舞推广精英团队成立，计划将排舞作为独立项目系统化引入中国。通过去国外考察学习以及邀请国际排舞专家来华授课，团队领导人意识到，单纯引进是不够的，必须根据中国国情学习改编、创新吸收，突出中国社会文化特色，才便于向全国大众推广。为了更好地掌握排舞的编排规律，使外来的艺术形式与中国传统文化相融合，全健排舞团队深入挖掘排舞的社会文化内涵，同时赋予其娱乐健身的功效，取名叫“全健排舞”，寓意“全民健康”“全民娱乐健康舞蹈”“全民参与”的意思，简称“排舞”。

（二）全健排舞典型示范作用

全健排舞首次亮相全国大型活动是在 2008 年 8 月 8 日北京奥运会开幕当天的早晨，天安门广场举行了“祝福北京祝福奥运”千人排舞大展演。全健排舞一炮打响，获得了社会大众的广泛关注以及国内外媒体的宣传报道。从此拉开了全国推广全健排舞的大幕。

自 2008 年中华全国总工会、中国职工文体协会在全国产业职工中率先推广全健排舞以来，得到各地总工会的大力支持。全健排舞阳光健康、时尚新潮，掀起了职工学习排舞的热潮，年轻职工的热情参与更使全健排舞充满了年轻的活力。

全健排舞在全国产业职工中推广取得的成功，对其他系统人群形成了典型的示范作用。全国院校师生、社区百姓以及部分群文系统的老师都融入了全健排舞的推广大潮。各地排舞发展呈星火燎原之势，排舞比赛、表演、展示的群众性活动更是此起彼伏。

二、排舞的功能作用

舒缓身心压力、增强心肺功能、塑造优美形体、增强身体协调、结交更多朋友、彰显团队精神。

（一）健体价值

排舞具有锻炼的价值。排舞具有体育锻炼的价值，经常进行排舞练习，心血管和呼吸系统都能得到良好的锻炼，可以改善心肺功能，加速新陈代谢过程，促进消化，消除大脑疲劳和精神紧张，从而达到增强体质、增进健康、延缓衰退、提高人体的活动能力等良好的健身作用。

（二）健心价值

从心理学的角度来分析，人的注意力是心理活动对一定对象的指向和集中，也就是说注意力是受指向制约的，在翩翩起舞的过程中，其注意力必然都集中在欣赏优雅的舞曲音乐，并沿着节奏将内心情感抒发在舞姿上，由于注意的转移，就能使身体其他部分的机能得到调整和充分休息，所以参加排舞这项运动能消除紧张的情绪和缓解压力，练习者在优美动听的音乐、美妙的舞姿中，可以消除疲劳、陶冶心灵，感受到愉快的情绪，从而达到最佳的心理状态。

（三）健脑价值

记忆，就是过去的经验在人脑中的反映。它包括识记、保持、再现和回忆四个基本过程。其形式有形象记忆、概念记忆、逻辑记忆、情绪记忆、运动记忆等。在排舞的练习过程中不仅要运用形象记忆、概念记忆，而且还要运用情绪记忆和运动记忆，而随着年龄的不断增长，记忆力会以很慢的速度减退，这是自然规律，也是正常现象。通过排舞练习以及对大脑神经的不断刺激，可以减缓记忆力减退的生理现象，达到良好的健脑效果。

（四）健美价值

排舞的练习是在优美动听的音乐旋律中，用心灵共舞，把细腻的情感注入舞姿中，并以高超的舞蹈技艺形神一致地表现出各种动与静的姿态，塑造出各种美妙的意境组合，体现出美的姿态、美的造型，创设出体育与艺术、健与力高度结合的意境，给人们艺术熏陶和美的享受。因此，排舞练习对形态、姿态、健康等方面都有较高的要求，经常参加排舞练习是一项很好的形体训练，可以提高人体的协调能力，强健身体的各个部位的肌肉群，以及增加骨骼的骨密度，具有十分积极的健美作用。

（五）终身锻炼价值

排舞运动，适合各个年龄层次，学练的门槛较低，“凡是会走路的人都会跳排舞”这句话说明了即使没有舞蹈基础，也能进行排舞练习，在 3000 个舞曲中，包含了多种舞蹈和音乐风格，每一个舞曲都有精心设计的动作规范。针对不同性别、年龄层次的人群都有较为适合的运动量和强度。青年人比较喜欢热情奔放、激情洋溢的舞曲和舞蹈类型，就可以选择拉丁舞、爵士舞、街舞、舞厅舞等舞蹈风格；中老年人则可以选择舒缓、柔情的华尔兹、恰恰等舞蹈风格。

总之，排舞是将健身性、娱乐性、观赏性、趣味性和群众性等融为一体的运动形式，并与现代生活方式密切相关，这项运动在世界上已被列在几大最具健身性项目的首位。

第二节　体育舞蹈

一、体育舞蹈的起源与发展

体育舞蹈的发展经历了原始舞蹈→公众舞→民间舞→宫廷舞→社交舞→国际标准

交谊舞→现代国际标准舞等的发展历程。体育舞蹈的前身就是近来所说的社交舞，也称交际舞或交谊舞。

社交舞，亦称舞厅舞或舞会舞，起源于西方。早在十四十五世纪，意大利就出现了社交舞，16世纪末传入法国。法国大革命以后，社交舞流传至欧美各国，成为一种普遍的社交方式。1924年英国皇家教师学会和国际舞蹈教师协会汇集各国著名教师和专家将各种舞最优秀的舞姿、舞步、技法进行了规范，统一了标准，成为当时的国际标准舞。

第二次世界大战后，英国皇家教师学会和国际舞蹈教师协会又整理了拉丁舞蹈，并纳入国际舞范畴。至此，国际标准交谊舞成为包括现代舞系列和拉丁舞系列两大类共10个舞种的舞蹈。国际标准舞的典雅风格和优美舞姿引起了社会各阶层的极大兴趣，掀起了世界性的国标舞热潮。国际标准舞的普及又推动了竞赛的开展。1947年柏林举行了首届世界交际舞锦标赛。1960年，拉丁舞正式列入世界锦标赛比赛项目。为使国际标准舞10个舞种的风格特点得到更为鲜明的体现，1964年，国际标准舞又增加了新的表演和比赛项目——团体舞。这3种崭新的交际舞——现代舞、拉丁舞、团体舞，被称为“现代国际标准舞”。

进入20世纪80年代后，国际标准舞的规则越来越严格，标准越来越统一，其竞技性也越来越强，因此很多国家将它纳入体育的竞技范畴，人们又给予了它一个新的名称：体育舞蹈。1995年4月，国际奥委会正式将体育舞蹈列为奥运会“观察项目”。2000年悉尼奥运会上体育舞蹈被列为闭幕式表演项目之一。

体育舞蹈是在20世纪初期，首先以交际舞的形式传入我国的，当时只在上海、北京、天津、南京、广州等大城市开展。新中国成立后，交际舞发展很快。20世纪80年代以后，体育舞蹈在中国迅速发展。1986年，中国国际标准舞学会成立，举办了第一届全国国际标准舞会演，之后每年举办一届。1989年，中国国际标准舞总会成立，20世纪90年代后该组织改名为中国国际标准舞协会。作为大众性体育活动，体育舞蹈以它自身的魅力和锻炼的效果逐渐被人们广泛认识和接受。1991年5月成立的中国体育舞蹈运动协会，制定了竞赛规划（草案），培训了大批体育舞蹈骨干并考核了大批体育舞蹈教师和裁判。

国务院发布实施的《全民健身计划纲要》将体育舞蹈列为推广项目之一。在“终身体育”及“健康第一”的思想指引下，作为形体美与音乐美的结合，体育舞蹈符合各层级学生对美的追求和陶冶情操、锻炼身体的身心发展需求，体育舞蹈已走进课堂，成为体育教育和业余活动的一道风景线。

二、体育舞蹈的种类

体育舞蹈按舞蹈风格和技术结构可分为现代舞（摩登舞）和拉丁舞两大类。

(一)现代舞

1.华尔兹

华尔兹也称圆舞,有“舞中之后”的美誉。其动作风格庄重典雅、舒展大方、华丽多姿、飘逸优美。音乐节奏为3/4拍,舞曲速度为每分钟30~32小节,舞步为1拍1步,每音乐小节跳3步。前进并合步(追步)、前进锁步、后退锁步等步伐中每小节跳4步。

2.探戈

探戈起源于非洲中西部的民间舞蹈“探戈诺”舞,有“舞中之王”的美誉。其动作风格刚劲挺拔、热烈狂放、变化无穷,沉稳中见激越,奔放中显顿挫。音乐节奏为2/4拍,舞曲速度为每分钟28~34小节。

3.狐步舞

狐步舞起源于美国舞蹈,20世纪初从美国逐渐流行于世界。动作风格流动感强,轻盈恬适、舒展流畅、平稳大方、悠闲从容。伴奏音乐节奏为4/4拍,舞曲速度为每分钟28~36小节。

4.快步舞

快步舞1923年起源于美国。狐步舞流传后,逐渐分为慢、快两种,慢狐步舞就是当今的狐步舞,快狐步舞演变成为快步舞。快步舞的风格特点是轻快活泼、灵活多变、动作敏捷、活跃动人、技巧性高、节奏性强、活动量大,给人一种愉快、轻盈、优雅、甜美的感觉。

音乐节拍:4/4拍,舞曲速度每分钟50小节。第1拍为重拍,舞步分快步和慢步。快步为1拍;慢步为2拍。

5.维也纳华尔兹

维也纳华尔兹流行于奥地利的首都维也纳。因它比一般华尔兹的速度快,故又称“快三步”。维也纳华尔兹的特点是轻快、活泼、流利、奔放。舞动时以连续旋转为主,给人以轻盈、流畅、热烈、愉快之感。音乐节拍为3/4拍,舞曲速度为每分钟50~60小节。

(二)拉丁舞

1.伦巴

伦巴起源于古巴,最初是表现男女爱情的哑剧舞蹈。动作风格浪漫奔放、性感、曼妙婀娜,被称为拉丁美洲音乐和舞蹈的精神与灵魂。其伴奏音乐是4/4拍,舞曲速度为每分钟27~29小节。舞步从第4拍起跳,由1个慢步和2个快步组成。

2.桑巴

桑巴源自非洲的黑人舞蹈,是一种集体性的交谊舞蹈,原指一种激昂的肚皮舞。男舞者钟情于脚下各种灵巧的动作,两脚飞速移动或旋转;女舞者则以上身的抖动及腹部与臀部的扭动为主。其动作风格狂放不羁，动作幅度很大，节奏强烈，给人以激情似火的感觉。伴奏音乐是2/4拍或4/4拍，舞曲速度为每分钟48~56小节(见图10-1)。

图10-1　桑巴

3.恰恰恰

恰恰恰起源于非洲，是模仿企鹅动作创编的舞蹈，借以表达青年男女之间追逐嬉戏的情景，传入拉丁美洲后，在古巴获得了很大发展。其动作风格风趣诙谐、热烈俏美、步法利落、花哨紧凑。伴奏音乐是4/4拍，每拍跳5步，舞曲速度为每分钟29~32小节。

4.斗牛舞

斗牛舞起源于法国，即帕索多布累，也称西班牙两步舞，是模仿西班牙斗牛士的动作而创编的舞蹈，主要表现斗牛士的强壮和豪迈气概。其动作风格舞姿豪放、澎湃激昂、雄壮强悍、敏捷顿挫。伴奏音乐是2/4拍，舞曲速度为每分钟60~62小节，1拍1步，8拍为1个循环。

5.牛仔舞

牛仔舞起源于美国，是由一种叫吉特巴的舞蹈发展而来。牛仔舞手脚的关节放松、自由地舞蹈，身体自然晃动，脚步轻松地踏着，舞步敏捷、跳跃，舞姿轻松、热情、欢快。音乐节拍4/4拍，舞曲速度为每分钟40~46小节。

三、体育舞蹈的价值

(一)健身价值

体育舞蹈运动是一项新兴的体育项目，是体育与舞蹈的结合，具有运动与艺术的双重性。美国体育家古里克曾说，跳舞能消除过剩的脂肪，代之以健壮的肌肉组织，使软化和缺乏活力的肌肉重新变得充满活力和具有弹性。在德国,有人对业余体育舞蹈运动员和 800m 跑运动员做过比较,发现体育舞蹈运动员在跳过一个 15min 的快步舞后,心率与 800m 跑的运动员并无区别。

(二)健心价值

积极参加体育运动,不仅能强健身体,同时还可以调节和促进心理健康的观念已成为现代体育观的标志。从体育舞蹈的起源与发展看,体育舞蹈从最初的通过肢体抒发情感,发展到成为人们交流思想、抒发情感、消除隔阂、相互沟通的交谊舞形式。在优美的舞姿和轻快的乐曲陪伴下,人们的自我封闭意识在这里得到解脱,舞场中的融洽、和谐、高雅的气氛亦能增强人们的沟通和交往的意识。在增进了舞伴、舞友之间的友谊,丰富了社会生活,提高了参加者的人际交往能力的同时,体育舞蹈对培养个人的乐观、积极、健康心理具有积极的促进作用。有研究表明,体育舞蹈是一项非常有益于身心健康,特别是心理健康的体育运动。

(三)观赏价值

体育舞蹈不仅能锻炼身体、陶冶情操、增进友谊,而且其独特的艺术表演价值,在带给人们视觉享受和激情冲击力的同时,也极大地提高了人们的艺术修养和审美情趣。

体育舞蹈者挺拔的体态,健康、教养、礼貌、自尊的高雅风度,给人以愉快、振奋、富有青春活力的感觉;面带微笑,气度不凡的行为举止,都给人以美的享受与回味。英国著名哲学家弗朗西斯·培根说:“秀雅风度动作的美才是美的精华。”在表演或比赛场上选手们不论是动作还是神态,无不表现出高雅的气质和优雅的风度。

体育舞蹈比赛对选手服饰的规定性强化了它的观赏性。尤其在现代舞中,体现欧洲风情男士深沉高雅的燕尾服、白领结的着装,整齐的发型时时处处体现着绅士的风度,显示着庄重高贵的气度,以及形体线条的优美度;女士极具时代潮流的着装在优雅、迷人、旋转的舞动中呈现出的莲花般的景观,更能给人以立体多彩的形象感,其将动作美、服饰美、艺术美推到了最高境界。

(四)社会价值

体育舞蹈是一种社交舞,舞场中的融洽、和谐、高雅的气氛能增强人们的沟通和交往意识;增进舞伴、舞友之间的友谊;提高参加者的人际交往能力,建立和谐、轻松、愉悦的人际交往氛围;对建立和谐的人际关系、和谐的社会团体以及和谐的社会有一定的积极作用。体育舞蹈也是一种国际流行的社交舞,它是沟通不同国家、不同民族情感的一种世界“形体语言”,也是任何语言无法代替的艺术,它具有广泛的社交性,对促进世界各国人们之间的交往也具有积极作用。

第三节　流行舞蹈

一、曳步舞

曳步舞(俗称鬼步舞),又称墨尔本 Melbourne Shuffle(Dance),起源于澳大利亚墨尔本。它属于一种力量型舞蹈,是一种拖着脚走的舞步,动作快速有力,音乐强悍有震撼力(主要是电子舞曲,多为 trance,hardstyle,house,hardcore),舞蹈充满动感活力,极具现场渲染力。

曳步舞有很多种风格,各风格的性质不一样,曳步舞的主要风格有硬派、MAS、AUS、BASS、MARK、自由风等(因国籍与地域不同,很多相同风格的叫法略有不同)。

(一)舞蹈风格

任何曳步舞风格的跳法、演变都可以归类为基础动作中抬腿高度和滑行距离的变化。基础熟练者,可以自由改变 running man 方式,并且加入独特的元素和动作,来塑造自己的风格。只要努力,每个人都可以跳出自己的 style。模仿也是一个好办法,通过模仿,熟练别人曳步舞的特点,之后再将其改变并加入自己的特点,也能跳出不一样的曳步舞。

(二)学习要点

曳步舞的舞步,是通过两个核心动作的快速切换完成的一种即兴表演,因此在刚开始学习曳步舞的时候,需要练习两个基础舞步:running man(奔跑)和 T-step(侧滑)。

学习曳步舞的关键是学习它的基础舞步,学会了基础舞步,把它们衔接起来,就可以了。曳步舞的基础舞步有几十种,把其中的任意几种衔接起来,就可以构成一个舞蹈。

曳步舞的学习,最关键的就是练习。刚开始学习会觉得很难掌握,一个动作一个动作慢慢地练习,一点点熟练,一点点加快节奏,假以时日,熟能生巧,就可以达到一个理想的效果。

曳步舞曲的节奏较快,开始学习的时候,不要跟着音乐练习,熟悉了动作之后,再跟着音乐练习。开始跟着音乐练习的时候,可以把音乐节奏调慢。

(三)基本舞步

1.基础奔跑

这是曳步舞最基本的舞步之一,使用最多,它也是其他基本舞步之间起过渡作用的舞步,需要多多练习,掌握要领。

起势,两脚并拢。

(1)抬起左腿的同时,右脚向后移;

(2)左脚落地的同时,右脚再次向后移;

(3)抬起右腿的同时,左脚向后移;

(4)右脚落地的同时,左脚再次向后移。

动作要领:抬腿时,大腿与地面接近平行,小腿自然下垂,不要用力,与大腿接近垂直。抬腿与后移动作要同时完成。脚落地时垂直落下,不迈向前。脚后移时,第一次后移幅度大,第二次后移幅度小。

2.快速奔跑

快速奔跑与基础奔跑的动作要领是一致的,只是第二次后移变得非常模糊,点到为止,与抬腿动作变得非常连贯,略做后移之后迅速抬腿。

3.足跟奔跑

足跟奔跑与基础奔跑的动作要领也是基本一致的,只是略有区别。

二、街舞

街舞是体育与街头艺术表演相结合的舞蹈,它以身体动作舞蹈为基本内容,配合街舞风格的音乐,单人或集体配合,是既有娱乐健身作用,又有表演性的体育运动。它将体育、艺术、音乐等融为一体,被现代青少年誉为"健"与"美"的典范,是世界通用的"情感语言"。

街舞舞种可分为霹雳舞(breaking)、机械舞(poppin)、锁舞(locking)、嘻哈舞(hip-hop)、爵士舞(jazz)、雷鬼舞(reggae)等。

(一)街舞的起源

街舞诞生于20世纪60年代末,是美国黑人城市贫民的舞蹈。到了20世纪70年代,它被归纳为嘻哈文化(hip-hop culture)的一部分,具有较强的表演性和竞争性。街舞动作随意,把舞者的想象力发挥到极致。街舞属中低强度的有氧运动,有瘦身功效。韩国人把街舞当成国家三大经典舞蹈之一。

(二)街舞的动作特点

1.动作张弛有度

街舞最大的特点是身体的律动感(up and down),主要是靠身体各个大关节(膝、踝、胯、胸、颈)收缩和伸展的交替运动,使动作看起来弹性十足。身体其他部位的弹动也要靠相关肌肉的控制及交替收缩来实现,使动作律动感很强且松弛自然,对身体关节起到保护作用,避免运动损伤。经过反复练习,掌握肌肉用力与放松的结合,在动作随意、松弛的同时,强调动作的爆发力,体会街舞张弛相济的动作感觉。

2.动作快慢有序

Hip-Hop 的音乐有大量的切分音,动作节奏的快慢变化要与音乐的节奏相符,通过动作快速与控制充分展现身体的律动感。因此,在强调动作流畅性的同时,利用音乐的特点做少量空拍的停顿,在视觉上形成强烈的对比反差效果,动作因此具有层次感而增加了街舞随意、自然的舞蹈感觉。

(三)街舞的文化特点

1.竞争性

街舞是诞生于美国黑人贫民区的民间舞蹈,它所诞生的环境充满了竞争和对抗。一个贫穷、受歧视、为生活所迫的黑人青年为了生存,他的舞蹈所争取的必然是与众不同和出类拔萃。因此,竞争性是街舞与生俱来的特性之一。直到现在,街舞比赛也是以斗舞的形式展开,大家通过创新的动作来赢得比赛。比赛的优胜者很快就会声名远播,成为青少年的崇拜对象。

2.自由表达

黑人舞蹈具有天生自由的传统,他们没有一定之规,随时随地任何动作都可以舞蹈。黑人对自我身体的解放,使他们积攒了丰富的肢体语言,他们创造出一个庞大的舞蹈体系——街舞。所以,自由表达是街舞的另一个特性。斗舞是街舞者比舞的形式,在斗舞中,大家通过创新的动作来赢得比赛。对于舞者来说,思想越自由,创造力越丰富,创造力越丰富就越能赢得比赛,竞争与自由的特性在这里达到了统一。街舞少年以街舞来张扬个性,表达自我,展示青春的活力和激情。勇于接受挑战,创造人所不能,这是街舞的精神内涵。

3.时尚着装

街舞服饰表现时尚,“超酷”的 T 恤、牛仔、肥大的袋袋裤、头巾、毛绒拉帽、精心打造的发式,以及又长又粗的项链等“超炫”配饰,都在舞者的身上成为合理又新颖的搭配,在每一个细节上都具有潮流元素的时尚符号,衣如其人,体现出街舞特有的 Hip-Hop 衣饰风格。

三、尊巴

尊巴(Zumba)是一种健康时尚的健身项目,它将音乐与动感易学的动作及间歇有氧运动融合在了一起。尊巴是由舞蹈演变而来的一种健身方式,它融合了桑巴、恰恰、萨尔萨、雷鬼、弗拉门戈和探戈等多种南美舞蹈形式。“尊巴”一词最早源于哥伦比亚俚语,意为“快速运动”。一节 60min 的尊巴健身课分成节奏强度不同的几个阶段,即便没有任何舞蹈基础的人,也可以得到放松和乐趣。

(一)尊巴舞的诞生

二十几年前的一天,哥伦比亚著名健身教练贝托·佩雷斯走进健身房正准备上课,他忽然意识到自己忘记带健身专用音乐。情急之下,佩雷斯抓起几盒车上的磁带,里面的曲子都是非常传统的拉丁音乐和舞曲。课上,佩雷斯硬着头皮即兴发挥,按照音乐节拍设计动作,没想到这次救场使得尊巴风格一蹴而就,并一发不可收拾,成为佩雷斯所在健身房最受欢迎的运动项目。

尊巴运动诞生后不久即于1999年登陆美国佛罗里达州迈阿密,并很快在全美掀起热潮。据美联社2000年1月31日报道,尽管美国已有很多健身俱乐部开设尊巴健身课,但第一家专门的尊巴健身中心直到2000年1月15日才成立,创建人是琼斯夫妇。

如今,尊巴健身公司已在美国及拉美国家拥有大量追随者,他们正在致力于将此项目推广到世界各地。

(二)尊巴舞的特点

1.强度适中

作为一种有氧运动,一节尊巴课程的时间长度为60min左右,同许多有氧操一样,尊巴课程的强度安排遵循了弱—强—弱放松这样一个规律,所不同的是尊巴课程通过步伐变化来变化运动节奏,即用一种慢节奏的舞蹈步伐进行热身,热身结束后变换成另一种特色鲜明的、节奏更快的舞蹈步伐,通过逐渐上升强度的方法使心率不断加快。所以,在保证训练质量、训练强度的前提下,尊巴这种训练方式无疑更为安全。根据国外资料显示,一节60min的尊巴课程最高可以消耗健身者450kcal热量。所以,尊巴的训练强度完全可以满足健身者的需要。

2.安全性高

尊巴属于低冲击类有氧运动,而且难度不是很大。健身者在做传统有氧操时不容易练到的部位,在尊巴训练中都可以轻松练到。南美舞蹈的腰部(尤其是腰部两侧)扭动动作比较丰富,进行尊巴训练的人可以容易获得腰部肌肉强化机会,这对于常坐办公室的白领是个好事。尊巴对颈部和肩部的运动放松效果也不错,这种运动放松在节奏指挥下进行,没有任何额外负荷,健身者只需做好热身,在扭动颈椎、晃动肩部的同时,即使动作幅度稍大也不用担心扭伤或挫伤。

3.娱乐性和趣味性强

尊巴从根本上打破了基础健身操的局限性,大胆从音乐风格下手,吸取了健身操和拉丁舞蹈的运动精华元素,使健身者可以很快达到兴奋点,而不会很快产生疲劳厌烦感。一堂尊巴课下来,健身者不仅仅是在随着口令移动,更重要的是健身者可以根据自己的特点和自己对拉丁舞蹈的理解来诠释自己的步伐，这种个性化的创造可以使健身者更全身心地投入，更好地放松。

思考题

10-1 简述排舞运动的起源、发展及其作用。

10-2 试简述体育舞蹈的发展趋势。

10-3 体育舞蹈按竞赛项目可分为哪几类？

10-4 简述流行舞蹈的分类及风格。

第十一章 户外运动

学习目标

(1)了解定向越野运动的起源、分类;掌握基本定向越野定向技术。

(2)了解拓展训练的起源与特点;掌握拓展训练的项目。

(3)了解极限飞盘运动来源;掌握极限飞盘运动的学习要点。

情境导入

你未起床,乌苏里江的清晨正在迎接阳光;你在午休,西南小镇的天空滑翔伞展翅掠过城市上空;你在泡吧时,高原上的夜空散漫了五彩斑斓,但是朋友你别着急,在你为自己未来踏踏实实地努力时,那些你感觉从来不会看到的景色,那些你觉得终生不会遇到的人,那些你觉得一辈子不会去感受的户外运动,正一步步向你走来,跟着我,一直跟着我,我们一起去发现!

第一节 定向越野

一、定向越野简介

定向越野起源于瑞典,最初是一项军事体育活动。“定向”一词在 1886 年首次使用,意为在地图和指北针的帮助下“穿越未知地带”。1895 年,在瑞典的斯德哥尔摩和挪威奥斯陆的军营区举办的定向比赛,标志着定向运动作为一种体育比赛项目的诞生。1932 年,举行了第一次世界定向运动比赛;1948 年,挪威人绘制了世界上第一张用于定向比赛的地图;1961 年 5 月,为适应定向越野在全世界范围内的普及和发展,热衷于定向越野的人们聚集在丹麦首都哥本哈根,成立了国际定向运动联合会,简称国际定联,确定其成为正式的比赛项目,制定了一系列比赛规则和技术规范。

二、定向越野运动的分类

定向越野运动按运动形式的不同可分为徒步定向、山地车定向、轮椅定向、滑雪定向 4 种。

（一）徒步定向

徒步定向运动按场地的不同，可以分为野外定向、公园定向、校园定向、大院（机关）定向、军营定向等。按活动时间的不同，可以分为白天定向、夜间定向、多日定向等。徒步定向标志如图 11-1 所示。

（二）山地车定向

山地车定向越野中，高超的山地车技巧是应付陡坡的必备条件。出于环保考虑，运动员不能离开规定的线路。山地车定向从 2002 年起每隔两年举行一次世界锦标赛。山地车定向标志如图 11-2 所示。

图 11-1　徒步定向标志

图 11-2　山地车定向标志

（三）轮椅定向

轮椅定向是专为伤残人士特别设计的定向运动形式。它既可以让乘坐轮椅的人们加入定向越野运动的行列中，又可以供新手进行定向越野运动基本技术的训练。首届轮椅定向世界杯赛于 1999 年举行。轮椅定向标志如图 11-3 所示。

（四）滑雪定向

滑雪定向在东欧国家十分流行，其选手需要使用滑雪装备（非机动的）。供比赛用的滑道使用摩托雪橇开辟。许多世界高山运动员、越野运动员和速度滑雪选手同时又是滑雪定向的高手。滑雪定向标志如图 11-4 所示。

图 11-3　轮椅定向标志

图 11-4　滑雪定向标志

三、定向越野运动器材

（一）号码布

号码布一般不超过24cm×20cm，号码数字的高不小于12cm，字迹要清晰，字体要端正。正规的比赛还要求将号码布佩戴于前胸及后背两处。

（二）检查卡片

检查卡片主要用于判定参加者的成绩，用厚纸片制成，将每个检查点的点签图案印在空格中，到达终点时交裁判人员验证。

（三）地图

地图是定向越野最重要的器材，其质量好坏影响成绩和比赛的公正。国际定联专门为国际比赛制定了《国际定向运动图制图规范》。

（四）检查点标志

检查点用于检验参加者是否按规定跑完全程，检查点标志由3面标志旗连接组成，每面正方形小旗沿对角线分开，左上为白色，右下为红色，旗的尺寸为30cm×30cm，可以用硬纸夹、胶合板、布等材料制成。标志旗通常要标上代号，以便选手根据旗上代号判断是否找到了正确的检查点。

（五）点签点

点签点是与检查点配合而起作用的，它提供给参加者一个到达位置的凭据。点签的样式很多，最常见的还是印章式和纸式。

（六）指北针

指北针用于辨别和保持方向，国际比赛多用透明式。

四、基本技能

（一）辨别方向

1.使用指北针辨别方向

（1）辨别方向。当指北针的磁针静止后，其N端所指的方向为北方。

（2）标定地图。先使指北针定向箭头朝地图上方，使箭头两侧的平行线与越野图上的磁北线重合或平行，然后转动地图，使磁针北端对正磁北方向。

（3）确定站点。选择地图上和现场都有的两个明显地形点，并用指北针分别测出至该两地形点的磁方位角；将所测磁方位角用图解的方法标注在地图上。图解磁方位角时，要先转动指北针的分度盘，让指标分别对应所测的方位角值；再将指北针的直长边分别切于图上被照准的两个地形点符号并转动指北针；待磁针与定向箭头重合后，分别沿直长边描方向线。两方向线的交点就是站立点在图上的位置。

2.引用地物判别方向

(1)房屋一般门朝南开,在我国北方尤其如此。

(2)庙宇通常也向南设门,尤其庙宇群的主要殿堂。

(3)树木通常朝南的一侧枝叶茂盛、色泽鲜艳、树皮光滑;北侧则相反。

(4)凸出地物,如墙、地梗、石块的北侧基部较潮湿,可能生长苔类植物。

(5)凹入地物,如河流、水塘、坑的北侧边缘(岸、边)与凸出地物相同。

(二)越野地图

1.越野图的比例尺(略)

2.符号分类

(1)依比例尺表示的符号。实地面积较大的地物,如城镇、森林、湖泊、江河等,其符号图形的外部轮廓是按比例尺缩绘的,可供运动途中确定方向和站立点。

(2)半依比例尺表示的符号。实地的线状地物,如道路、沟渠、电线、围墙等,这类地物符号的长度是按比例尺缩绘的,而宽度则不是,也可供确定运动方向和站立点用。

(3)不依比例尺表示的符号。实际面积小但对运动有影响和有方位意义的独立地物,如窖、独立坟、独立树等,在越野图上,长与宽都不能依比例尺表示,只能用规定的符号表示。

(4)定向越野图采用不同颜色表示不同的地形,清晰易读。一般是蓝色表示水系,棕色表示地面起伏,绿色表示植被,其他内容用黑色。

小知识

迷失方向的时候不要慌张,要保持冷静,明确目前能看到的标志性地标,并将地图与之对照,也可以回忆地图上准确定位的最后位置,根据情况另选迂回路线。

第二节　拓展训练

一、拓展训练的起源

拓展训练创始人库尔特·汉恩(Kurt Hahn)对船员幸存者进行了大量的研究,针对幸存者赖以生存下来的品质与特点,研究设计出一些人工设施,利用自然条件模拟海难发生的情境训练船员,让船员做一些具有心理挑战的活动和项目,以训练他们的心理素质和掌握应对海上危机的生存技能,提高他们在身处险境时的生存能力。经历过这种拓展训练的船员，其遇险生还的概率明显高于没有经过训练的船员。1934 年 4 月，汉恩建立了一所他理想中的学校——戈登思陶恩男校。该校起初只有 2 名学员，但这并没有动摇汉恩的决心。由于不断努力，同年 9 月该校就有了 21 名学员，不久，该校就成了一个非常有名的学校。此后，学校的招生人数稳步增长。

在这所学校里，通过在海上、山谷中、遍布湖泊的山野以及沙漠中的磨炼可以让人得到生存的体验。通过这种体验可建立起对个人价值的认知，也会更清楚地意识到人与人之间的相互依靠，以及所有人都要关心和帮助处于困境和危险中的人们。

二、拓展训练的发展

（一）拓展训练国外发展状况

随着社会的进步，当人类进入工业化社会，很多管理者在面对飞快的工作节奏和复杂的人际关系时，往往思想保守、情绪焦虑、精神压抑，更为严重的是，很多人因承受不了压力而做出极端的行为，种种现象给企业和个人带来了很大的损失。于是，在英国慢慢形成了以培训管理者和企业人为对象，以培训管理者的心理适应能力和管理技能为培训目标的学校。在这些学校里，拓展训练的独特创意和训练方式受到青睐，并逐渐被推广开来，训练目标也由单纯的体能、生存训练扩展到心理训练、人格训练、管理训练等。

真正将拓展训练推广开来的是美国马萨诸塞州哈密尔顿维恩哈姆高中的校长皮赫（J. Pieh）。在当时的美国，有一些学校的老师开始对学生进行短期的探险教育。这时，拓展训练教育活动还没有被列入正规教学大纲中，仅限于教师个人的尝试和教育实践，内容包括攀爬岩石、绳类活动等拓展训练项目，活动大多以野外活动俱乐部的形式进行，有时也会作为日常教学课程的一部分。皮赫认为，仅仅这样是不够的，他觉得必须将拓展训练活动方法与高中课程紧密结合起来，并开始寻找它们的结合点和结合方法。后经皮赫的努力，联邦教育局给了他大规模辅助经费。利用这些辅助经费，皮赫聘请了许多拓展训练活动家作为专家，开始研究并制定新的课程大纲。此后，越来越多的教师对此有兴趣并积极参与到这项活动中来。由于教师、专门职员和学校管理人员的广泛参与和支持，带有拓展训练的新的课程大纲得以更顺利地推进。皮赫将拓展训练的方法应用于学校教育中，最终把拓展训练的方法与现存的学校制度结合起来，为教育开辟了新的思路和领域。此后，拓展训练实践活动大纲得到了世人的关注和好评。1974 年，该大纲被“全美教育普及网络（NDN）”评选为优秀教学大纲。

（二）拓展训练国内发展状况

1970 年，中国香港成立了香港外展训练学校，是注册慈善和非营利机构，一直得到香港赛马会慈善信托基金支持，这是中国第一个加入国际组织的专业培训机构。1999年，该组织在广东肇庆建立了外展训练基地，这是国内第一个该训练组织下属的培训基地。

随着国内拓展训练的普及，参训单位也由最初的外企发展到国企、事业单位，参训学员从高层领导直至普通员工以及新员工。1999年，清华大学率先将体验式培训引入MBA、EMBA的教学体系中。随后，北京大学光华管理学院、中欧国际工商学院、中山大学岭南学院、浙江大学、中国工商管理学院、暨南大学等学校的MBA、EMBA教学中也纷纷把拓展训练作为指定课程内容。

在拓展训练近几年的发展中，其课程出现了多元化，活动项目也日益丰富，以拓展训练经典的活动项目为主体，结合野外活动、室内活动项目，研发出许多新型项目，有的企业还在其他培训活动、年会、旅游团体活动中穿插拓展训练项目。

三、拓展训练的特点

（一）综合活动性

拓展训练的所有项目都以体能活动为引导，引发出认知活动、情感活动、意志活动和交往活动，有明确的操作过程，要求学员全身心地投入。

（二）挑战极限

拓展训练的项目都具有一定的难度，表现在心理考验上，需要学员向自己的能力极限挑战：跨越“极限”。

（三）集体中的个性

拓展训练实行分组活动，强调集体合作，力图使每一名学员竭尽全力为集体争取荣誉，同时从集体中吸取巨大的力量和信心，在集体中显示个性。

（四）高峰体验

在克服困难，顺利完成课程要求以后，学员能够体会到发自内心的胜利感和自豪感，获得人生难得的高峰体验。

（五）自我教育

教员只是在课前把课程的内容、目的、要求以及必要的安全注意事项向学员讲清楚，活动中一般不进行讲述，也不参与讨论，充分尊重学员的主体地位和主观能动性。即使在课后的总结中，教员也只是点到为止，主要让学员自己来讲，以达到自我教育的目的。

（六）其他方面

认识自身潜能，增强自信心，改善自身形象；克服心理惰性，磨炼战胜困难的毅力；

启发想象力与创造力，提高解决问题的能力；认识群体的作用，增进对集体的参与意识与责任心；改善人际关系，学会关心，更为融洽地与群体合作；学习欣赏、关注和爱护大自然。

四、拓展训练项目

（一）空中单杠

项目类型：个人挑战项目。

项目描述：在培训师的指导下，从独立杆爬上顶端，站在小圆盘上，纵身向前跃起，双手抓住上前方的三角杠。

培训目的：培养个人勇气、信念，跨越心理障碍，挖掘个人潜能，摆正自己的位置，敬业奉献，正确对待不同意见和挫折，当机立断、抓住机遇，忍耐，体验友爱支持。

（二）空中断桥

项目类型：个人挑战项目。

项目描述：在培训师的指导下，学员从断桥一侧立杆蹬上断桥小平台，迈步跨到对面木板上。

培训目的：目标管理；善于抓住各种机遇，果断行动；坚持忍耐；挑战体能极限；克服逃避本性和自我惰性；激发个人潜能；学会关爱他人；学会正确面对困境，积极处理危机。

（三）天梯

项目类型：双人合作项目。

项目描述：参训的2名队员在进行安全保护的情况下，相互配合，从天梯低端一直上到最高处。

培训目的：学会群体决策；角色定位；面对困境寻求解决问题的科学方法；人力资源合理利用；演绎人生苦旅，一步一个脚印扎实工作；工作目标的确定与实现；为他人奉献；双人条件下的沟通交流。

（四）飞夺泸定桥

项目类型：个人挑战项目。

项目描述：模拟当年红军“飞夺泸定桥”的情景，站在10m的高空处，凭借人体自我平衡，跨过一段相隔半米有一个木板的软“桥”。

培训目的：战胜你心里看不见的敌人；挑战个人生理、心理极限；学会处变不惊，泰然应对挑战；体验朋友的支持和关爱；掌握寻找科学解决问题的方法。

（五）合力桥

项目类型：团队合作项目。

项目描述:一人或两人一组,登上 9m 高吊板(共 3 块)。每块板下方由 4~6 人控制绳索以保证吊板平衡。上方人员靠自己的努力和相互配合踩过每一块吊板,最终成功到达彼岸。

培训目的:团队的合作和协作,岗位奉献,角色定位,做好本职工作就是对团队的最大奉献,友爱、关怀、支持,创造和谐团结的氛围和工作环境。

(六)天使之手

项目类型:单人或双人合作项目。

项目描述:参训学员靠自己的努力或二人间的相互支持帮助,在一条钢丝上走到成功的彼岸。

培训目的:心理极限的挑战;工作的方法与技巧;不同条件下的沟通;团队的支持鼓励;决策、角色分工与协作;角色定位;面对困境寻求解决问题的科学方法;人力资源合理利用;演绎人生苦旅,一步一个脚印扎实工作;工作目标的确定与实现;为他人奉献;双人条件下的沟通交流。

(七)空中相依

项目类型:二人合作项目。

项目描述:2 名学员面对面、手推手,在 2 条钢缆上横向前进到另一端。

培训目的:团队合作,依靠,资源的有效利用,肢体语言的沟通,科学的方法与技巧,激发个人潜能,挑战心理极限。

(八)悬崖绝壁

项目类型:单位或双人合作项目。

项目描述:参训学员靠自己的勇气和技巧,在一面无任何抓手的绝壁墙上从一边攀登到另一边。

培训目的:个人自信心的建立,潜能激发;调适人的心理舒适区;科学的方法与技巧;学会把握自我;团队的支持与鼓励。

(九)毕业墙

项目性质:团队合作项目。

项目描述:所有的参训队员,相互帮助,全部攀登到 4m 高的墙顶。

培训目的:提高学员的互助和协作能力,合理安排人力资源,群策群力寻找解决问题的科学方法;为团队自觉奉献;个人在团队中的角色定位;吃苦耐劳;处理局部与大局的关系;正确面对人生和工作中遇到的困境和坎坷;向共同的目标冲刺。

(十)模拟电网

项目类型:团队协作项目。

项目描述：在大家的配合下，所有人员在规定时间内，从网的一边通过到网的另一边，在完成过程中，人的所有部位不得碰触网的任何部位，且一个网眼只能使用一次。

培训目的：计划的重要性；组织纪律；学习方法；合理利用资源；学会倾听；摆正自己的位置；领导者作用；计划、草案、行动；确立规则，精心操作；正确对待不同意见和挫折；细节决定成败。

（十一）信任背摔

项目性质：个人心理挑战与团队合作项目。

项目描述：队员依次站到 1.4m 的小平台上，背向后倒在下面队员用胳膊交叉的网上。

培训目的：挑战自我，相互信任，换位思考，学会包容。

（十二）有轨电车

项目类型：团队激励项目。

项目描述：队员适当分组，两脚站在木板上，手拉提绳，共同前进。

培训目的：培养团队精神及协调配合的理念，步调一致才能得胜利，计划的重要性，领导艺术，团队执行力。

（十三）孤岛求生

项目性质：团队合作项目。

项目描述：将参训队员分成 3 组，分别置于太平岛、盲人岛和哑巴岛，而后将所有人员救助到太平岛上。

培训目的：群体决策，领导作用的发挥，合理安排人力资源，团队合作，寻求解决问题的科学方法，主要矛盾和次要矛盾的处理。

第三节　极限飞盘

极限飞盘，既是指一项运动，亦指这项运动使用的器具。当指运动的时候，英文为 ultimate，盘友们之所以会翻译成极限飞盘，取其极限与终极的原意，我国台湾地区称之为飞盘争夺赛，我国香港地区称之为终极飞盘。当指运动器具的时候，英文名为 ultimate disc。

极限飞盘运动是一项七人制的团队竞技运动，没有裁判，男女混合，受到大学生和白领阶层的热捧，近年来在国内开始流行（见图 11-5）。

图 11-5　极限飞盘

一、运动来源

(一)国外发展

1968 年,在哥伦比亚高中(美国新泽西州的梅普尔伍德市)就读的 Joel Silver 向校学生会建议了他以飞盘进行美式足球运动的想法(这也是国际公认的极限飞盘运动的起源),并起名为 frisbee ultimate。这项糅合美式足球(American football)的飞盘新玩法,广受各年龄段学生们的热爱,次年该校便组织了两支学生队伍进行了第一次比赛。

1969 年,该校成立了校队并固定在一块公园的场地开展活动。当时的规则非常随意,没有边界,只选用电线杆或者用衣服堆砌作为得分区的标识。

1970 年,Joel Silver 联合 Buzzy Hellring 和 Jon Hines 制定了比赛的规则。在该年的 11 月 7 日,哥伦比亚高中校报也发起了第一场校际间的比赛,他们以 43 ∶ 10 的绝对优势战胜了密尔本高中。

1972 年 11 月 6 日,罗格斯大学和普林斯顿大学举办了美国首届高校极限飞盘赛,罗格斯大学以 29 ∶ 27 的优势赢得了冠军。有趣的是,103 年前这两所学校也在相同的地方举行了美国首届校际橄榄球比赛,罗格斯大学也是以 2 分的微弱优势赢得了比赛。

1975 年 4 月 25 日,八所高校在耶鲁大学举办了首届美国大学极限飞盘联赛。最终,罗格斯大学以 28 ∶ 24 战胜伦斯勒理工学院获得冠军。1976 年,耶鲁大学锦标赛的规模进一步扩大,并更名为美国极限飞盘锦标赛,罗格斯大学再次捧杯而归。

(二)国内发展

飞盘大概在 20 世纪 70 年代末 80 年代初出现在中国大地,但极限飞盘运动具体进入中国的时间如今已无法考证。已知最早的极限飞盘赛事是在上海工作的一群外国人从

2000 年开始举办的上海公开赛，这是一个以环太平洋为主的世界俱乐部之间交流的赛事。

随后在北京也出现了由一群外国人组织的大哥队极限飞盘俱乐部，推动了北京区域的极限飞盘运动发展，北京先后也出现了许多中国队伍。

几乎同时，天津也出现了一支由天津体育学院学生成立的天津 Speed 队伍，也正是该队伍与北京大哥队撮合出了中国第一届全国极限飞盘公开赛(2007 年，天津)。

同样，在南方的深圳和广州也出现了极限飞盘队伍。特别是在深圳，留学归来的 Balance 和 Xielin 通过互联网和朋友介绍认识了 Fay 和 Ken，在 2006 年组建了深圳第一个极限飞盘俱乐部。Balance 主办了国内第一个中文飞盘网站——中国极限飞盘世界(已更名为中国飞盘网)，该网站组织了第一个 QQ 群，通过在互联网论坛上大量发布极限飞盘的介绍信息，将国内玩飞盘的人聚集成为一个圈子。

通过众人的努力下，深圳飞盘爱好者们于 2013 年在深圳市民政局正式成立全国首个飞盘运动协会——深圳市飞盘运动协会，该协会通过举办赛事、培训和推广，推动了深圳飞盘运动的发展。

由于早期国内无法购买到专业的极限飞盘用品，故极限飞盘运动的传播受到限制。深圳市的几个飞盘爱好者在 2006 年年底决定私人出资研制更适合中国人的专业极限飞盘，创立了中国第一个极限飞盘品牌 X-COM，成立了深圳市艾克体育用品有限公司，推动着国内极限飞盘运动的普及。如今，该公司已成为全球最大的专业飞盘制造商之一，支持飞盘运动在全球的发展，赞助国际队伍和赛事。其 175g 专业极限飞盘和 145g 大学生极限飞盘通过了国际最高级别 WFDF 比赛用盘认证，远销海内外。

2008 年，宁波诺丁汉大学社团 UFO 飞盘社的 6 名社员，创办了以推广极限飞盘运动为目标的体育文化公司。UltiPro 优扑极限飞盘自 2008 年起，支持赞助了中国国内 90% 以上的赛事，推动、协助 2008~2012 年中国极限飞盘公开赛，促进国内各地区极限飞盘的发展。致力于支持中国极限飞盘，UltiPro 于 2010 年、2012 年支持中国飞盘联合队，出征捷克布拉格“2010 世界极限飞盘俱乐部冠军杯”及日本大阪“2012 世界极限飞盘与勇气世界杯”，让中国极限飞盘走向世界。

2012 年，又出现了一个以普及和教学为主的飞盘教室网，该网的出现填补了国内的空白，让更多爱好者可以通过网络自学极限飞盘。

2013 年，国内 22 所高校联合发起中国大学生极限飞盘联盟 CUUA，其目的是为了联合高校的飞盘爱好者，更好地开展和推广极限飞盘运动。

2014 年，艾克体育与北京体育大学社会体育系签署战略合作协议，开办全国学校教师飞盘运动培训班,共同推广极限飞盘。

2015 年,首届中国大学生极限飞盘联赛成功举办,引起了社会的广泛关注,带动了更多高校的飞盘社团发展。

国内极限飞盘运动的路还很长,希望在各位爱好者的推动下,更好地传播极限飞盘运动的精神,使它成为国内的主流运动之一。

二、基本技术

(一)基本投掷

学习 Ultimate 或五人制 B-mate 时,扎实掌握投掷与传盘的基本要领,是学习飞盘技术至关重要的内容。

当传递飞盘时,要面向自己的投掷目标,并向前迈出一步,或者至少将自己的中心由后腿转移到前腿上,同时集中注意力在肩、胯和腿上直至飞盘出手,随后身体作顺势动作。在运盘的过程中要保持手臂伸直并与身体有一定的距离,然后弯曲手臂并甩动手腕增加飞盘在出手时的旋转;同时调整好出盘的角度也是给出一个精准投掷的重要因素。

其中反手正手多航向投掷法是所有形态与赛制的 Ultimate 玩家们必须要掌握的内容。

1.反手投掷

反手投掷是最基础的投掷方法。以扇形法或拳式握法皆宜。开始练习时,面向目标向左转身侧身站立,手持飞盘,从身体侧边挥盘投掷出手,投掷时手臂发力的控制,必须充分掌握飞盘飞行力学的要领,也就是必须协调地运用臂力与腕力。

2.正手投掷

正手投掷,同样也是基础投掷法。面向目标侧身站立,手持飞盘,大拇指置于盘面,食指和中指抵住盘内缘,无名指小指合并,贴靠盘外缘,向着目标摆动手臂并震动手腕,透过中指传递腕力投出飞盘。这一动作极其类似抽打毛巾。

(二)基本接盘方法

接盘时,可以用任何一只手(或双手)来接由同伴传出或者自己投掷出的飞盘。

由于飞盘是在不停地旋转,因此在接盘时必须用力抓紧飞盘的盘缘。

接盘方式:

(1)三明治接盘法。一手在上一手在下的接盘方式。

(2)左右式接盘法。分别以双手接握飞盘两侧的方式。

(3)上下式接盘法。腰部以下的拇指上接盘,腰部以上或空中盘旋飞行的拇指下接盘。

三、极限飞盘十项简易规则

（一）场地

正式比赛场地为长方形，长 64m，宽 37m。得分区分别位于场地两端，深 18m（或 23m）（见图 11-6）。

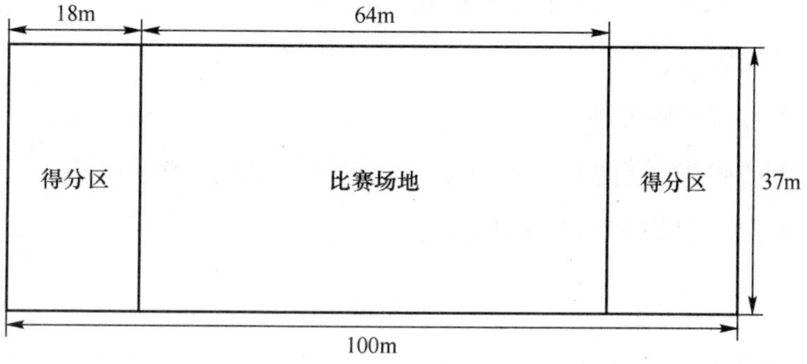

图 11-6　场地

（二）开盘

每一分比赛开始时，双方选手在各自防守的得分区内排成一队。先防守的队伍把飞盘扔给进攻的队伍（称为“发盘”）。正规的比赛中，每支队伍只许有七位选手上场。

（三）得分

如果进攻方选手在对方的防守得分区内接住飞盘，则得一分。

（四）传盘

选手可以往任意方向传盘给自己的队友。不允许持盘跑动。持有飞盘的选手（称为“掷盘者”）有 10s 的时间来掷盘。防守掷盘者的选手（称为“防盘者”）应该大声地数出这 10s（称为“延时计数”）。

（五）失误

如果进攻方传盘没有成功（例如出界、掉地、被对方断下、被对方截获），则视为失误。此时防守方获得盘权，立刻攻防转换。

（六）换人

只有在得分之后或选手受伤的情况下才允许替换场上比赛选手。

（七）无身体接触

选手之间不应该有任何身体接触。也不允许阻挡别的选手的跑动。发生身体接触时判为犯规。

（八）犯规

当一方选手跟另一方选手发生身体接触时，视为犯规。犯规的选手要立刻喊出“犯规(Foul)”,此时所有场上选手要停在当前位置不得移动,直到比赛重新开始。如果犯规没有影响进攻方的盘权,比赛继续;如果影响了进攻方的盘权,飞盘交还给进攻方继续比赛。如果防守方选手不同意犯规,飞盘还给前一位持盘者,重新开始比赛。

(九)自判

比赛没有裁判,场上选手自行裁决犯规、出界和失误。选手们应该文明讨论与解决争议。

(十)极限飞盘的比赛精神

极限飞盘很重视体育道德和公平竞争。它鼓励选手们去激烈对抗,但激烈对抗必须建立在互相尊重、遵守规则和享受乐趣的基础上。

思考题

11-1 简述实地判定方位的方法。

11-2 简述基本定向技巧。

11-3 简述拓展训练的起源。

11-4 简述极限飞盘的十项简易规则。

第十二章 其他运动

学习目标

(1)了解滑板运动的起源、特点与价值。

(2)掌握体适能的概念、分类;了解体适能与健康之间的关系。

(3)了解跳绳的起源,掌握正确的跳绳方法及跳绳前后注意事项。

情境导入

对于绝大多数没接触过滑板的人来说,滑板运动是极限运动,充满危险,又或者是一群叛逆的小孩玩的。但对于一个真正热爱滑板的滑手来说,其不仅仅是一项运动,更是一种文化。区别于传统的运动项目,体适能的训练、跳绳、滑板等运动项目都能起到强身健体的作用。

第一节 体适能

一、体适能的概念

体适能(physical fitness)可视为身体对生活、活动与环境的综合适应能力,是一种满足生活需要和有足够的能量完成各种活动任务的能力。

在科技进步的文明社会中,人类身体活动的机会越来越少,营养摄取越来越多,工作与生活压力和休闲时间相对增加,每个人都切身感受到良好体适能和规律运动的重要性。体适能较好的人身体健康、有匀称的体型、体姿良好、体态健美,拥有比实际年龄小的生理年龄,勇于接受挑战与压力;能缓解器官老化、身体机能衰退所导致的疾病的发生;精力充沛,很少感到力不从心,身体经常处在康宁状态,能与人融洽相处;会享受生活,兴趣广泛,有足够的体力进行休闲活动;遇到紧急情况,反应敏捷,有理智,能快速应变危急状况而远离危险。

二、体适能的分类

体适能一般分为三类:一是与健康有关的,我们称为健康体适能,包括心肺耐力(心肺适能）、柔韧性、肌肉力量和肌肉耐力（肌肉适能）及身体成分；二是与动作技能有关的，我们称为运动技能体适能，包括灵敏性、平衡感、协调性、速度、肌肉爆发力、反应时间等；三是功能性体适能。

（一）健康体适能

即与健康有关的体适能，主要包括四个方面。

1.心肺适能

心肺适能是指身体摄取氧和利用氧的能力。通常心肺适能与“有氧工作能力”是同义词。心肺适能越强，完成学习和工作任务，以及走、跑、跳、劳动时就会越轻松，并能够胜任强度较大的工作，且对较为激烈的运动能够逐步适应。

2.肌肉适能

包括肌肉力量与肌肉耐力。肌肉的力量是竭尽全力从事抵抗阻力的活动能力。肌肉强壮有助于预防关节的扭伤、肌肉的疼痛和身体的疲劳。肌肉耐力是肌肉持续承受某种适当负荷进行工作的能力，运动的重复次数的多少、持续运动时间的长短可体现这种能力。肌肉适能的重要性在于避免肌肉萎缩、松弛，维持较匀称的身材，有利于防止身体疲劳，减少运动伤害发生，提升身体活动能力，提高生活质量。

3.柔韧性

柔韧性是指用力做动作时扩大动作幅度的能力，包括身体各个关节的活动幅度以及跨过关节的肌肉、肌腱、韧带、皮肤等软组织的弹性和伸展能力。

柔韧性对于提高身体活动水平、维持正确的体姿、减少运动器官损伤、改善动作效果都有重要意义。

4.身体成分

身体成分指组成人体各组织器官的总成分。总重量为体重，含脂肪成分和非脂肪成分。体适能与体内脂肪比例的关系最为密切。脂肪越多，心肺的负担就越重，要维持适宜的体内脂肪，就必须注意能量的吸收与消耗的平衡。

人的体脂肪重量占体重的百分比称为体脂百分比，余下的包括骨、水分、肌肉等称为去脂体重。体适能的强弱与合理地控制体重和体脂百分比关系密切。体重得当、体成分适宜是健康的标志。肥胖给健康带来威胁，体重过轻也不利于健康，对脑力、体力均有负面影响，易出现体质虚弱、骨密质较差的现象。

综上所述，衡量健康体适能状况的四大要素为心肺适能、肌肉适能（包括肌肉力量与肌肉耐力）、柔韧性、身体成分。

（二）运动技能体适能

运动技能体适能包括灵敏性、平衡感、协调性、速度、肌肉爆发力、反应时间六个要素。

灵敏性：指身体或身体某部位迅速移动，并快速改变方向的能力。

平衡感：指人体在静止站立或运动时能够维持身体稳定性的能力。

协调性：指肌肉系统表现的正确、和谐优雅的活动动作，这主要反映一个人的视觉、听觉和平衡感觉与熟练的动作技能相结合的能力。

速度：指人体进行快速移动的能力或最短时间完成某种运动的能力。

肌肉爆发力：指肌肉在最短时间收缩时所产生的最大张力，通常用肌肉单位时间的做功量来表示。

反应时间：指对某些外部刺激做出生理反应的时间。体适能较好的人，动作协调、轻巧、灵活、敏捷，在活动中动作准确、变换迅速。

（三）功能性体适能

功能性体适能主要针对老年及体弱人群，在此不做过多的介绍。

三、体适能与健康

（一）心肺适能与健康

心肺适能是身体整体氧气供输系统能力的优劣，包括肺呼吸、心脏以及血液循环系统的机能，因此，在健康上特别受到重视。

1.增强心肌

心肺和骨骼肌类似，经由运动的刺激，可以变得较强而有力。所以，心肺适能良好的人，心脏的尺寸和收缩力量会增大，对健康有益。具体的表现是每搏输出量增多，因此，每分钟的心跳次数会减少。

2.有益于血管系统

血管系统的责任是使由心脏挤送出来的血沿动脉微血管至组织，再由组织汇回静脉，流返心脏的顺畅流程。心肺适能好，表现为良好的血管弹性及通畅无阻的血管口径；另外，微血管在组织中的生长分布也较密，比较有利于血液的供应。血管口径变窄，血管壁逐渐硬化失去弹性，是造成健康威胁的直接因素。

3.强化呼吸系统

心肺适能好，肺呼吸量大，肺泡与微血管间进行气体的交换效率较高。

4.改善血液成分

肺适能好的人，血液中的血红素含量较多，有利于氧的输送。也利于增加血液中高密度脂蛋白与低密度脂蛋白的比值，可减少心脏病的发病率。

5.有氧能量的供应较为充裕

日常生活中,无论运动时间的长短,都要依赖有氧能量系统供应能源,而有氧能量系统的运作与心肺适能关系密切。因此,心肺适能好,进行长时间的身体活动不会过早出现疲劳现象。

6.减少心血管循环系统疾病

由于心脏、血管以及血液成分都因心肺适能的改善而好转,因此,有助于减缓血液循环系统机能退化性疾病的威胁。即使不幸患上此类疾病,心肺适能好的人存活率高,康复率也较高。

(二)肌肉适能与健康

肌肉适能对人体的益处如下:

(1)适当的肌力可使肌肉变得比较结实而有张力,避免肌肉萎缩、松弛。

(2)适当的肌肉有助于维持比较匀称的身材,因为肌力的运动可以阻止肌肉流失,故肌肉适能较好的人外形较健美。

(3)肌肉适能好,身体的动作效率较佳。肌力、肌耐力较好,使肌肉在应付同样的负荷时比较省力,也较耐久。

(4)肌肉适能好,肌肉、关节等部位有较好的保护,有减缓受伤的防护功效。尤其是运动员,肌肉适能是避免运动伤害的重要因素。

(5)肌肉适能好,是维持好的身体姿势的基本条件。

(6)腹部和背部的肌肉适能与背部疼痛有密切关系。尤其是腹部肌力、肌耐力不好,骨盆就无法被悬吊在正常的位置而出现前倾,会迫使下背部位的腰椎过度前弯,可能压迫脊髓神经造成疼痛。

(7)肌肉适能好有助于提升身体运动能力,这种运动能力,能够让你充分享受到运动的成就感与乐趣。

(三)柔韧性与健康

柔韧性指的是关节可动范围。柔韧性在体适能的要素里常常被忽略。通常,人们认为比赛选手才需要有好的柔韧性,而一般人则不需要,这是错误的看法。虽然我们目前尚无法很精确地指出柔韧性到底要多好才符合标准,但是,保持适当的柔韧性会使人的关节不会因岁月的增加而越来越僵硬。所以,柔韧性被公认为与健康有关的体适能的要素之一,是人体保持健康的不可忽视的重要因素。

人体关节保持适当的柔韧性具有以下好处:

(1)避免关节僵硬及肌肉萎缩,保持适当的柔韧性会使身体的活动更灵活,并能减少肌肉紧张所带来的提早疲劳与疼痛。

(2)柔韧性好的人,身体动作比较优美,表现年轻,并充满活力。

(3)柔韧性好的人,有助于减少运动伤害。肌肉的延展性较佳,关节活动的范围较大,在用力运动状况下,不易出现运动危险。

(4)柔韧性好的人,有助于提升运动能力。如跨栏选手髋关节柔韧性要好;游泳选手的肩关节和肘关节的柔韧性是游泳运动的重要因素。

(四)身体成分与健康

大量流行病学调查显示,由于膳食结构不合理、运动不足导致脂肪堆积的肥胖症倾向对人类健康造成了极大威胁。从健康的角度出发,肥胖不仅是体重超标,也包括体脂百分比超过正常水平,因而身体成分的测量与评价一直是医生评价健康的依据。

身高标准体重:

165cm 以下者标准体重=身高(cm) - 100;

166~175cm 者标准体重=身高(cm) - 105;

176cm 以上者标准体重=身高(cm) - 110;

女性体重比男性相应组别减去 2.5kg;

超过标准体重的 15%为 I 度肥胖(轻度肥胖);

超过标准体重的 30%为Ⅱ度肥胖(中度肥胖);

超过标准体重的 50%为Ⅲ度肥胖(重度肥胖)。

四、体适能评价

(一)身体成分评价

体质指数计算方法:实际体重(kg)/身高^2(m^2)。

国际上常用的是世界卫生组织(WHO)建立的标准:成人正常值为 19~25;低于 18.5 为体重偏轻,高于 26 为超重。

(二)心肺适能评价

1.静态心跳率

把食指及中指放在动脉上便可感到搏动,计时 15s,将读数乘以 4 就是每分钟的脉搏次数。正确的静态心跳率应在连续 3 个早上醒来时立即量度足 1min,连续量度 3 天取平均值即可。静态心率应为 60~100 次/分。

2.以 3min 踏台阶测试评估心肺功能

完成 3min 踏台阶后,5s 内立刻开始量度 1min 的脉搏,然后记下心跳次数,并查出其等级所属。若动态后心率越低，你的心肺功能越好。18～25 岁 3min 台阶测试心率常模表见表 12-1。

表 12-1　18～25 岁 3min 台阶测试心率常模表

（次）

组别	欠佳	尚可	一般	良好	优异
男性	>115	105～114	98～104	89～97	<88
女性	>125	117～124	107～116	98～106	<97

3.最大摄氧量

以 12min 耐力跑测试心肺耐力，最大摄氧量是反映机体吸入氧、运输氧和利用氧的能力（见表 12-2）。

表 12-2　20～29 岁 12min 耐力跑测试心肺耐力常模表

（mL）

组别	欠佳	尚可	一般	良好	优异
男性	<1900	1901～2100	2101～2400	2401～2600	>2601
女性	<1500	1501～1700	1701～2000	2001～2200	>2201

4.肺活量

最大深吸气后，再做最大吸气时所呼出的气量，为肺活量（VC）。肺活量可以评价人的呼吸系统机能。肺活量测试常模表见表 12-3。

表 12-3　肺活量测试常模表

（mL）

组别	欠佳	尚可	一般	良好	优异
男性	≤3050	3100～3680	3700～4280	4300～4700	≥4800
女性	≤1950	2000～2500	2600～2900	3000～3300	≥3350

（三）肌肉适能评价

1.最大力量测试

手握力测试可评估最大力量。20～29 岁手握力测试前臂肌力常模表见表 12-4。

表 12-4　20~29 岁手握力测试前臂肌力常模表

（kg）

组别	欠佳	尚可	一般	良好	优异
男性	≤60	61~69	70~81	82~91	≥92
女性	≤34	35~39	40~47	48~54	≥55

2.肌肉耐力测试

1min 仰卧起坐测试可评估肌肉耐力。18~29 岁 1min 仰卧起坐测试常模表见表 12-5。

表 12-5　18~29 岁 1min 仰卧起坐测试常模表

（次）

组别	欠佳	尚可	一般	良好	优异
男性	≤25	26~34	35~40	41~49	≥50
女性	≤18	19~30	31~36	37~43	≥43

（四）柔韧性评价坐位体前屈测试（见表 12-6）

表 12-6　19~29 岁坐位体前屈测试常模表

（cm）

组别	欠佳	尚可	一般	良好	优异
男性	10.5~13.5	14.4~16	16.5~18	18.5~20	>23
女性	9.3~12	17~19	19.3~20.3	20.5~22	>24.5

第二节　跳绳

一、跳绳概述

跳绳是我国民间流行的一项传统体育活动，历史悠久。早在宋代高承的《事物纪原》中就已有跳百索的记载。跳百索在明清时即已盛行，如《宛署杂记》中说："（正月）十六日，儿以一绳长丈许，两儿对牵，飞摆不定……群儿乘其动时，轮跳其上，以能过者为胜，否则为索所绊，听掌绳者绳击为罚。"清代的《松风阁诗钞》对当时的跳绳活动有这样的描绘："太平鼓，声咚咚，白光如轮舞索童。一童舞索一童唱，一童跳入光轮中。"

到了近代，跳绳运动有了长足的发展，首先表现在绳子的制作上，原来跳绳用的绳子都是草绳或者麻绳，不仅质地粗糙而且笨重，而现在用的绳子在制作材料上有了很大的进步，使其更加轻便，而且在短绳的两端加上手柄，更有利于摇绳。绳子的颜色多采用鲜艳、明朗的色调，使跳绳更加具有趣味性，更加人性化。喜爱这一运动的人越来越多，为了更好地对这个项目进行组织和推广，国内外先后成立了国际跳绳联合会、欧洲跳绳联盟、中国跳绳网、美国跳绳网。这些组织和网站的出现在一定程度上说明跳绳已经不再是单纯的游戏，它已具备了作为一个独立的运动项目而存在的条件。

经常练习跳绳既能增强四肢的肌肉力量，又能提高身体的协调性、灵敏性，对青少年的骨骼生长和身体发育有良好的促进作用，也能全面提高身体素质。成年人、老年人进行跳绳锻炼可促进血液循环和新陈代谢，使心肌发达、心搏有力。坚持跳绳锻炼不仅能增加肺活量，使呼吸系统和神经系统的机能明显改善，也能有效地消除身体的多余脂肪，大大提高健康水平。

二、跳绳基本技术动作

（一）单摇跳

摇绳一回环，跳跃一次叫单摇跳。单摇跳分前摇跳和后摇跳，是最基本、最简单的跳绳技术。

1.单摇双脚跳

（1）前单摇双脚跳。双手持绳两端，绳在背后，向上、向前摇绳，摇绳时应以肘关节为轴，使用前臂与腕部力量，并与双脚跳跃动作协调配合，在绳将到脚下时，双脚跳起越过绳并用前脚掌落地，如此连续跳跃。

（2）后单摇双脚跳。将绳放在体前，双手由前向后摇绳回环，两脚同时跳起让绳从体后向前通过。除摇绳方向相反，其他动作同前单摇双脚跳。

2.单摇双脚交换跳

（1）前摇两脚交换跳。由体后向前摇绳一回环，两脚交替单脚跳起，即原地跑步跳绳，也可以向前方做跳绳跑。原地两脚交换跳时，小腿屈膝上抬，不要后摆，两脚依次踏地并交替放松休息。

（2）后摇两脚交换跳。后摇两脚交换跳则是由前向后摇绳做两脚交换跳练习。

单摇双脚交换跳的特点是跳得高、跳得快、跳的时间比较持久。前后单摇双脚交换快速跳绳常用于个人定时记数比赛。

（3）两臂体前交叉摇绳跳。在向前摇绳至体前方向下落的过程中，两臂在体前顺势交叉摇绳，当脚跳过绳后，绳摇至头上时，两臂向左右分开，摇跳一次，这样一摇一交叉摇绳跳。另一种方法是在臂交叉后不立即分开，在两臂前交叉的姿势中继续摇绳跳若干次，分开跳几次之后再进行交叉。同样也可以在向后摇绳过程中，用以上方法进行两臂体前交叉摇绳跳，脚下的跳跃动作既可采用双脚跳，也可以采用单脚交换跳的方式。此方法常用于花样定时记数或定数计时比赛。

（二）双摇跳

双摇跳又叫两摇跳，也叫双飞跳。技术动作为身体跳起时，加快摇绳速度，使绳在脚下通过两次。双摇绳又分双摇双脚跳和双摇单脚跳两种技术。

1.双摇双脚跳

前双摇双脚跳是各种双摇跳的基础技术。学习双摇跳时可先做几个单摇跳，使摇绳回环有了初速度，再突然加快摇绳，双脚同时高跳起，每跳跃一次摇绳两回环。双摇跳技术的关键在摇绳与跳跃的配合，高速快摇有利于完成动作。初练双摇跳，可稍收腹并屈腿，有利于增加腾空时间，使跳绳能顺利通过脚下两次，掌握技术后可以连续做双摇跳练习。后双摇双脚跳，是由前向后摇绳两回环跳，可将跳绳放长一些，两臂稍外展，快速摇绳使绳有打地声，这样便于控制起跳时机和节奏。

2.双摇单脚跳

双摇单脚跳与双摇双脚跳的方法基本相同，只是用单脚跳起通过摇绳两回环。在掌握了双摇双脚跳以后方可做双摇单脚跳练习。

（三）带人跳绳

带人跳绳是一种常见的具有趣味性、娱乐性的跳绳活动。通常是一人摇绳带一人同跳，称双人跳绳；也可以一人带多人齐跳或轮流跳，或两人合摇一条短绳带人跳等，跳法多种多样。

1.一人带一人摇跳

由一人摇绳，另一人可以从背后或体前趁机跑入跳绳，也可以趁绳摇至头顶上方时，从摇绳者的体侧跑至体前或体后，还可以原地或行进间做共同移动的跳跃。带人跳时，要求摇绳速度均匀，两人面对面距离稍近，相互密切配合、协调动作。可先做两人定位的带跳练习，熟练后被带者再做切入跳绳练习。被带者可将手扶在摇绳者的腰部，这样就容易做到同时起跳，默契配合。

2.钻绳洞

甲、乙先相对站立，甲前摇绳带乙，甲乙齐跳 3 次后，甲放慢摇绳速度并用左臂将摇绳抬高，乙弯腰从甲的左臂下快速钻跑到甲的身后，两人再齐跳 3 次。在第 4 次摇绳时，乙再从甲的右臂下快速钻到甲的身前。这样“三跳一钻”有规律的双人跳绳十分活泼有趣,乙在跳绳时像钻洞一样,故称为钻绳洞。熟练后,甲可以带2~3人做钻绳洞游戏。

为了使乙顺利钻绳洞,甲应尽量为乙钻过创造有利条件,除抬臂外,还可将绳偏向一侧摇动。若乙钻得慢,甲应慢摇绳;若乙钻得快,甲也应及时加快摇绳。钻洞者要灵巧敏捷,密切配合。

3.双人外手摇绳带人跳

两人并立,均用外侧手分别握同一条跳绳的两端,互相配合进行摇跳,熟练后可在中间、前、后带人一起跳。三人能够协调摇跳时,还可以同时向前移动,称为跳进(用单脚交换跳的方法,跑两步跳一次绳)。

4.带人双摇跳

带人双摇跳又称为双人双摇跳。要求双方都能熟练掌握双摇跳,这种带人双摇跳互相配合的要求更高。被带者可用双手扶在带人者的腰部,这样就容易把握起跳和落地的时机。

带人双摇跳,两人应保持直体上跳,不要弯腰,避免因相互撞头、碰脸而造成伤害。可把跳绳适当缩短,这样既可加快速度又省力。也可以做向后双摇带人跳,但难度较大,需要更好地配合练习。

带人跳绳方法有很多,除了上述几种基本方法以外,还有轮带、转带、变换带等多种方法。练习者学会基本方法以后,可灵活变换并学习和设计其他带人跳绳的方法。

三、跳绳前后注意事项

医学专家们认为,跳绳对心脏机能有良好的促进作用,连续跳绳可以使呼吸加深,心跳加快,加速新陈代谢,使血液获得更多的氧气,使呼吸和心血管系统得到充分锻炼;同时,跳绳的减肥作用也十分显著,可以消除多余脂肪,使形体不断健美。

跳绳用的绳子,既可以到体育商店购买,也可以自制。绳子的长度以用脚踩住绳子的中点,两头可抵达腋窝处为理想。

跳绳时,可以先用双腿同时跳(注意:要用脚尖着地而不是全脚掌或脚后跟),然后再过渡到两只脚轮流跳,就像在绳子上做小跑似的。跳绳时不必跳的过高,以能让绳子通过为限。在一段时间内,应保持每天连续跳5min,每星期跳6天。逐步过渡到连续跳200下,休息1min,再跳200下,再休息1min。如此反复多次进行。

(一)跳绳前期准备

空手跳绳者:空手跳绳指的是不会跳绳时不用绳子,不拿跳绳而摆动双臂,做出跳绳的动作,但是消耗的热量和跳绳者消耗的热量是一样的。空手跳绳者也要准备一双稍厚一点的软底运动鞋。

在跳绳之前要进行压腿、伸展、转动腰肢等准备活动，这样可以把身体的各个关节都打开，尽可能地减少在运动不适时对身体造成的伤害，同时会提高身体的柔软性。特别要注意伸拉小腿腓肠肌和跟腱，这两个部位最重要，因为整个跳绳过程中它们始终处于高度紧张状态。

注意事项：

不管是空手跳绳者还是运动跳绳者，在跳绳的过程中都不要急于求成，由于各人的体质不同，所以运动坚持的时间也不同，要循序渐进，耐力小的可以先跳 5min，第二天再跳 10min，第三天再跳 15min，经过一段时间的磨合和训练，一定可以坚持的时间越来越长的。

在跳绳的时候很多人习惯双脚一起点地，其实应该采取单脚交换点地的方法，而且不应该把脚抬的太高，因为采取单脚交换点地的方法可以减少在运动过程中的疲劳感，而且可以避免小腿因过分承担重量而肌肉酸痛并长出难看的"萝卜腿"。

（二）跳绳后的正确拉伸动作

（1）人站直，一条腿往前伸并保持笔直，后腿弯曲，身体微微向前伸，双臂在前拉紧。坚持 8~12s，换腿再做一次。

（2）人站直，跷起一腿，用手抓住鞋子，尽量靠近臀部。保持臀部平衡，膝盖并拢，直立的那条腿微微弯曲，如保持平衡困难，可以扶住墙或椅子。坚持 8~12s，换腿再做一次。

（3）一般来说，全套拉伸运动所需时间大约是 10~12min，做时动作要到位，把身体主要的关节、韧带都打开。但是也要配合当时天气和温度，加长或者缩短。要感觉到身体体温上升，但是呼吸要保持畅通。

第三节　滑板

一、滑板运动的起源

滑板是冲浪运动在陆地上的延伸。前者受地理和气候的限制，而后者则有更大的自由度。

20 世纪 50 年代中、后期，美国南加州海滩社区的居民们发明了世界上第一块滑板，也就是一块 50cm×10cm×50cm 的木板固定在轮滑的铁轮子上。然而，这样一个简单的运动器械，因为能给人们带来和冲浪相同的感受，开始受人瞩目。

第二代滑板诞生于 1962 年，由橡木多层板压制而成的板面、轮滑转向桥和塑料轮子组成。与第一代滑板相比，这种滑板无疑是技术上的一个飞跃。但是，这种滑板的塑料轮的性能依然不理想。它的过小的附着摩擦力使滑板转弯时易失控;而它的低弹性则使滑板遇到即使微小的障碍物也会戛然而止,把滑手摔下来。同时,它的耐磨性也太差。尽管如此,这种滑板仍然受到滑手们的普遍欢迎。毕竟,和前一代滑板相比,它已经有了很大程度的进化,相对宽大的板面使滑手们更容易站立和操纵。

1973 年,一个叫弗兰克的滑板爱好者首次将聚氨酯轮子安在他的滑板上并取得了意想不到的效果。这种柔韧的轮子不仅耐磨,而且可以使滑板安全稳当地急转弯,轻而易举地碾过地上的小障碍。这就是第三代滑板。20 世纪 70 年代中期,是滑板飞速发展的时期,聚氨酯的潜力被充分发挥出来。各种材料的踏板、转向桥如雨后春笋般涌现。而全美各地星罗棋布的滑板公司也向人们揭示着一个新的运动的到来。

由于滑板是冲浪运动的衍生,20 世纪 70 年代的滑板文化带着冲浪的印记,滑板爱好者修建的滑板公园都是在模拟冲浪的地形。直到美国加州圣塔莫尼克的“西风”滑板队摒弃了冲浪道具,首次把钥匙孔游泳池作为练习垂直表面滑板的场地,并在全美掀起了“泳池滑板热”,至此,滑板运动开始从冲浪中(不仅是从器材、场地,也从人员上)彻底分离出来,并形成了自己的语言、技巧、服饰风格和音乐爱好。

20 世纪 80 年代末,由于滑板运动本身的发展和滑手们对滑板技巧要求的提高,以及为了适应 U 形池(vert ramp)双向滑行的需要,一种与前三代滑板形状完全不同的两头翘起、形状对称的滑板出现了,这就是第四代滑板。制作这种滑板的材料叫硬岩枫,重量更轻、弹性更好;滑板轮硬度高、弹性好,更适合高速滑行。由于重量平衡,第四代滑板更适合各种翻转动作。

20 世纪 90 年代初,滑板从一头改为两头,因而出现了许多前一代滑板不可能完成的动作。这个时期是滑板运动的技巧性动作(technical tricks)时代。滑手们发明了很多新的动作。同时为了使滑板更容易翻转,滑板板面变得很窄,轮子变得很小。这个时期一块典型的滑板宽度只有 7 英寸(17.78cm),而轮子直径只有 39mm 左右。这样的滑板虽然更易于做出复杂的动作,但是较小的轮子却妨碍了它的滑行性能。如今国际上极限运动比赛常用的滑板属于第四代滑板,板面普遍以五层、七层或九层枫木板微波冷压,也有用铝合金、碳纤维等材料做成的。板面上粘上一层防滑层(俗称“砂”(griptape)),轮子一般采用聚氨酯为主要材料,用合金制成的滑板支架(又称“转向桥”(truck))与板面相连。

二、滑板分类

(一)双翘

双翘滑板是一种灵活的,专门用来做技术动作的极限滑板,分板头、板尾。和其他种类的滑板一样有桥、轮、轴、砂纸、板面几大部件。

（二）长板

长板的长度通常在 33~59 英寸（84~150cm）之间，宽 9.0~10.0 英寸（22.8~25.4cm）之间。主要材质包括枫木、竹子、玻璃纤维、碳纤维、金属、混合材质等。

长板的玩法特别多样。这些玩法在国际上并没有一个严格的规定。长板的玩法几乎都与速度挂钩，在速降时，速度通常可达 30~120km/h。现有世界纪录为 143.89km/h。长板的乐趣在于：downhill（速降）、slide（滑行）、drift（漂移）、dancing（在板面上做出各种技巧动作，形似跳舞）、freestyle（花式）、slalom（过障碍）、代步等。

（三）小鱼板

小鱼板是滑板运动器材中最为迷你的一种滑板，其标准尺寸为 64cm×16.5cm，因为板身较小，所以较适合小孩子和女生初学者，其面积较少更容易受力控制。

（四）漂移板

漂移板最先由美国的极限运动者 Ryan Farrelly 于 2004 年发明，最初灵感来自于滑板高山速降运动，于是漂移板便变成了陆上的速降运动。其是全球最轻、最小的滑板，体积小、材质轻，能随身携带到任何地方。

（五）游龙板

游龙板（活力板系列）也叫龙板、蛇板、陆地冲浪板，是一种新型滑板，韩国新品。其利用身体、双脚扭动及手的摆动来驱动前进，由于其运动前行的样子有如龙蛇一般游走，故又名为龙板，是时下新兴的休闲活动，最近在韩国、欧美及世界各地流行起来。

三、滑板运动的特点与价值

滑板运动之所以发展迅速、风靡全球，这与它的特点和价值是分不开的。

（一）特点

滑板是一项以滑行为特色，崇尚自由的运动。它不同于传统运动项目，不拘泥于固定的动作模式，需要滑手自由发挥想象力，在运动过程中强调身心自由，推崇与自然相互融合的运动理念，滑行者可以享受创造和成功的喜悦。

（二）价值

1.增强身体柔韧性

进行滑板运动时，丰富多变的动作能够使身体的各个部位充分伸展，各个关节充分拉伸，从而激活僵硬的身体，使身体的柔韧性增强。

2.锻炼身体协调能力

优美流畅的滑板动作需要身体各部位和各关节的充分配合和协调，上下起伏的动作变换使身体重心不断切换，从而使身体的协调平衡能力在无形中得到锻炼。

3.愉悦身心

滑板运动动作丰富、自由度强，青少年在运动过程中可以充分展示自己的创造才华，发挥自己的想象力，在完成炫目的技术动作的同时愉悦身心。

思考题

12-1 简述体适能与健康的关系。

12-2 简述单摇双脚交换跳的方法。

12-3 简述滑板的起源与发展。

12-4 简述滑板运动的特点与价值。

参考文献

[1]卓贤迪,谢银儿.体育与健康[M].3 版.北京:科学出版社,2019.

[2]李振佳,齐爽.大学生体育与健康[M].北京:中国人民大学出版社,2020.

[3]高锐,李春林.体育与健康[M].北京:电子科技大学出版社,2019.

[4]王斌.大学体育理论与实践[M].北京:首都师范大学出版社,2019.

[5]高巍,赵栋.体育与健康[M].北京:科学出版社,2018.

[6]刘晓辉,孟繁威.体育与健康[M].北京:北京师范大学出版社,2018.